AF581314

MICHAEL KENNA

Venezia. Memorie e Tracce
Venice. Memories and Traces

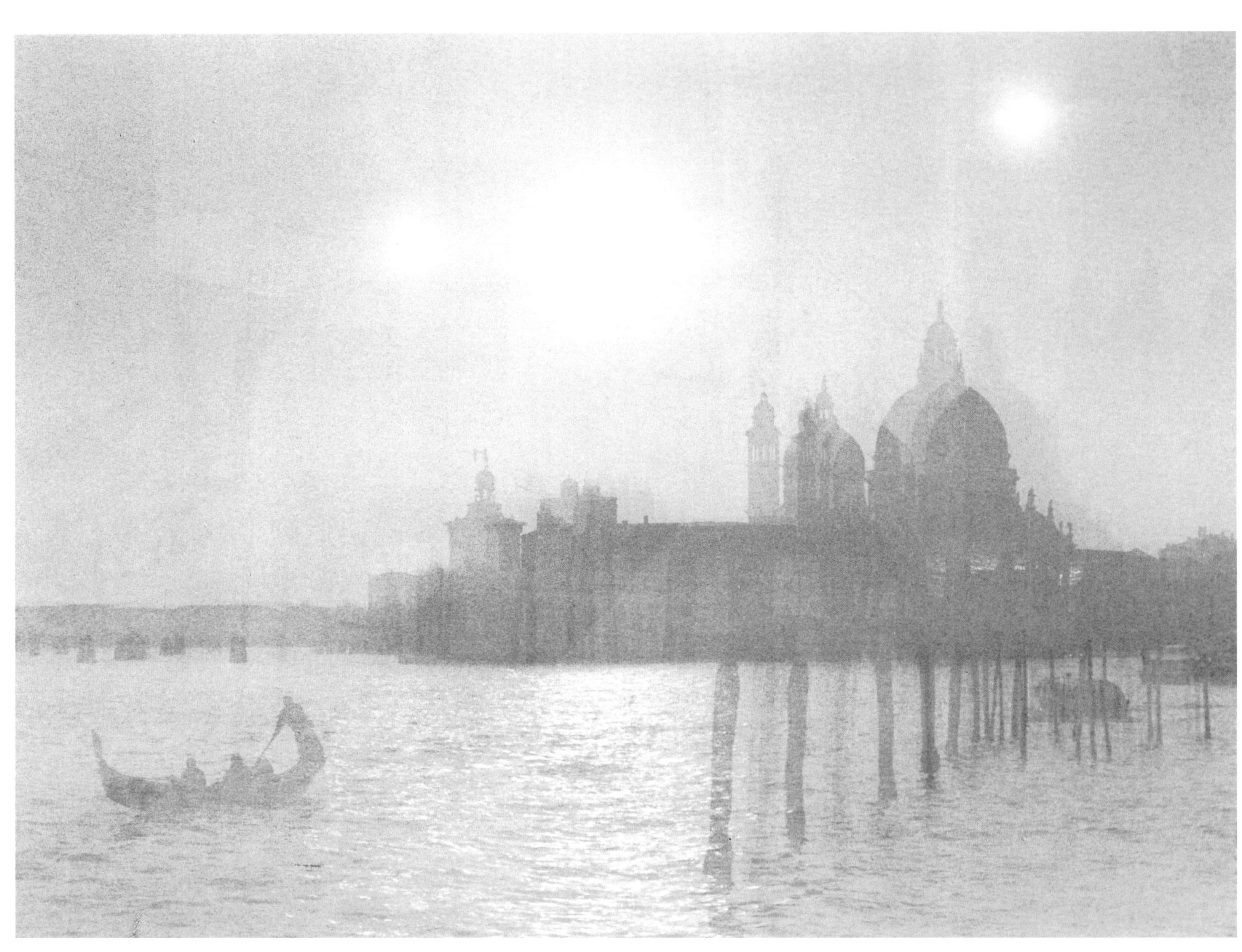

Gondoliere e Basilica di Santa Maria della Salute / Gondolier and Basilica di Santa Maria della Salute, Venezia, Italia / Venice, Italy, 1980

MICHAEL KENNA

Venezia. Memorie e Tracce *Venice. Memories and Traces*

a cura di / edited by
Sandro Parmiggiani

SKIRA

Sommario / Contents

Prefazione

Michael Kenna

"Venezia! Questa sola parola sembra far scoppiare nell'anima un'esaltazione, eccita ciò che vi è di poetico in noi, scatena tutte le nostre facoltà di ammirazione. E quando arriviamo in questa città unica, la contempliamo immancabilmente con sguardo benevolo e rapito, con gli occhi dei nostri sogni."

Guy de Maupassant

Nel corso dei secoli molti illustri scrittori hanno condiviso pensieri e osservazioni gioiose e ispirate legate alle loro prime impressioni veneziane. Il mio primo, umile incontro con questa città dei sogni avvenne alla fine degli anni settanta, l'epoca dell'Interrail, quando si poteva saltare su qualsiasi treno diretto in qualsiasi paese europeo, senza bisogno di prenotazioni. Ero arrivato alla stazione di Innsbruck, in Austria, una mattina di inizio settembre, senza alcun programma particolare, facendo quello che ero solito fare in quel momento dell'anno: viaggiare utilizzando i soldi guadagnati col lavoro estivo prima della ripresa della scuola. Alla stazione vidi che di lì a poco un altro treno sarebbe partito per Venezia, così salii a bordo con il mio zaino, la tenda e l'attrezzatura da cucina. A giudicare dagli orari attuali, il viaggio deve essere durato più di quattro ore. È probabile che stessi dormendo quando il treno entrò nella stazione di Santa Lucia – sicuramente ero un po' ubriaco a causa del bottiglione di vino scadente che avevo acquistato da qualche parte durante il viaggio.

I primi ricordi nitidi che ho di Venezia sono immagini di luoghi affollati, sole accecante e luccichio di acque, il tutto filtrato dalle lenti scure dei miei occhiali da sole. Ricordo il vento, i colori abbaglianti, la confusione e poco altro. Beh, è pur vero che la cosa risale a circa quarantacinque anni fa! Insieme ad altri campeggiatori che avevo conosciuto sul treno, prendemmo un vaporetto per il Lido dove, secondo le nostre guide Lonely Planet, ci aspettava un camping. Qui trovammo un buon punto in cui montare la tenda e, chiusa l'entrata con un piccolo lucchetto (non so proprio perché ero convinto che sarebbe stato un deterrente per eventuali ladri), tornammo indietro per esplorare la città e comprare qualcosa da mangiare. Fu lì che ebbi il primo dei miei tanti incontri con le onnipresenti acque della laguna. Nel frattempo si era alzato il vento e aveva cominciato a piovere. Udii un tuono in lontananza e presto vidi lampi che attraversavano il cielo. Dopo la pizza eravamo andati a San Marco, e davanti al Palazzo Ducale cominciammo a correre per prendere il battello che ci avrebbe riportato al Lido. L'acqua scrosciava a catinelle giù dalle grondaie delle case. Le gondole legate agli ormeggi rimbalzavano su e giù. L'aria era piena delle grida dei gabbiani che la tempesta aveva risvegliato dal loro sonno. Eccitati e trafelati, raggiungemmo la fermata del vaporetto e ci precipitammo sotto la tettoia per proteggerci dalla pioggia mentre la pensilina, sballottata dal vento e dalle acque turbolente, si muoveva su e giù. Aspettammo pazientemente, bagnati e infreddoliti, ma la barca non arrivava. Finalmente una persona gentile ci disse che i trasporti pubblici erano sospesi per quella notte perché le condizioni atmosferiche erano troppo sfavorevoli e ci offrì ospitalità nel suo piccolo appartamento a Cannaregio. Anche se avremmo dovuto dormire per terra, quella ci sembrò una prospettiva migliore rispetto alla pensilina del vaporetto, fredda e paurosamente ondeggiante. Questo fu il mio primo – e di nuovo non ultimo – incontro con l'ospitalità veneziana.

Il mattino dopo mi alzai presto. Ancora leggermente intontito, m'incamminai per le calli deserte che costeggiano le acque tranquille dei canali e cominciai ad avere la percezione dell'immensa bellezza della città. Aveva smesso di piovere e il vento si era calmato. Non c'era molta gente in giro: Venezia usciva lentamente dal torpore notturno. Provavo un senso di pace e al tempo stesso di stupore, misto a uno stato di leggera ipnosi. Alla fine ritrovai la pensilina sotto la quale avevo rischiato di dormire la notte prima e ben presto mi ritrovai a scivolare sull'acqua, in direzione del Lido. Mentre il vaporetto si allontanava da San Marco, davanti a me si aprirono le vedute che immancabilmente lasciano i turisti a bocca aperta. Guardandomi indietro per ammirare Santa Maria della Salute

Preface

Michael Kenna

"Venice! That single word seems to send an exaltation exploding in the soul, it excites everything poetic within us, it provokes all our faculties of admiration. And when we arrive in this unique city, we inevitably study it with forewarned and ravished eyes, we look upon it with our dreams."

Guy de Maupassant

For centuries, a stream of illustrious writers have shared exultant and inspirational thoughts and observations of their first views of Venice. My own quite humble introduction to this city of dreams occurred back in the late seventies, the days of European Rail Passes, when one could jump on any train, going anywhere, with no reservations needed. I had arrived at the Innsbruck train station in Austria, one early September morning, without any particular plans. I was doing what I usually did back in the day: spending the earnings from my summer job travelling, before school recommenced. After noting that a train soon left for Venice, I boarded, along with my backpack, camping and cooking gear. The journey must have taken over four hours judging by current schedules. Perhaps I was asleep when we pulled into Venice's Santa Lucia station, certainly I would have been a little drunk from the large bottle of cheap wine I had purchased en route on some random train platform.

My first clear memories of Venice are of large crowds, blinding bright sunshine and sparkling waters, all seen through my dark sunglasses. I recall wind, dazzling colours, much confusion and little else. Well, it was about forty-five years ago! Tagging along with some fellow campers I had met on the train, we took a public boat out to the Lido where, according to our Lonely Planet guides, a camp site awaited us. Snagging a decent spot, setting up the tent, leaving a tiny lock on the entrance flap (why did I think that would make any difference to would-be thieves?), we all headed back into town to explore and find something to eat. Which is where my first, and far from last, encounter with the ubiquitous Venetian lagoon waters occurred.

The winds had picked up, and it started to rain. I heard distant thunder, and soon, lightning was streaking across the sky. We were in San Marco, post-pizza, running past the Palazzo Ducale to find the boat which would take us back to the Lido. Sheets of water poured from the building rooftops. Gondolas bounced up and down, tethered to mooring posts. Gulls shrieked, their normal sleep patterns disturbed.

We reached the vaporetto stops on the waterfront, breathless and excited, and ran into the boat shelter out of the rain. The shelter itself was moving up and down, buffeted by the wind and turbulent waters. We waited, and waited, wet and cold, but the boat did not arrive. A kindly local came by and informed us that public transport would not operate that night for the conditions were too bad. He invited us to sleep on the floor in his small apartment in Cannaregio, which seemed a much better idea than out in the cold, swaying vaporetto shelter. My first, and again not last, encounter with Venetian hospitality.

Rising early the next morning, slightly hung over and figuring out where I was, I walked through the empty streets and quiet canals of Venice, and began to appreciate how absolutely gorgeous this city was. The rain had stopped and the wind had calmed down. There were few people out. Venice was just waking from its night's slumber. I felt at peace, in wonder and a little hypnotized. I found the same vaporetto shelter I had almost slept in the night before and was soon back out on the water heading to the Lido. The views leaving San Marco were breathtaking, as they always are. Looking back and gazing on Santa Maria della Salute and then San Giorgio Maggiore, I experienced a floating sensation, which I now find quite normal in this most singular and unsettling world of wonder. Finding the camp site on the Lido, I returned to reality with a thump – my soggy tent sat in a lake of water.

I stayed a few days in Venice before returning to the Santa Lucia train station with the intention of again scanning the big board to discover the destination of my next adventure. It happened to be on the morning of the famous Regata

e San Giorgio Maggiore, ebbi come l'impressione di galleggiare, la stessa che oggi trovo del tutto normale in questo mondo pieno di meraviglie, così straordinario e sconcertante. Arrivato al Lido e rientrato nel camping, sperimentai un brusco ritorno alla realtà trovando la mia tenda fradicia e immersa in una pozza d'acqua.

Rimasi alcuni giorni a Venezia prima di decidermi a riguadagnare la stazione di Santa Lucia e studiare di nuovo il tabellone per scoprire la meta della mia prossima avventura. Era la mattina della celeberrima Regata storica, una sfilata cerimoniale lungo il Canal Grande cui partecipano imbarcazioni tradizionali con figuranti in costumi d'epoca. Ogni tipo di mezzo pubblico era sospeso e Venezia era gremita di spettatori, mostrando così un altro lato di sé: quello di meta turistica tra le più popolari, visitata ogni giorno da migliaia di persone. Finalmente riuscii ad arrivare alla stazione e salii su un treno per Roma che a mia insaputa era in sciopero – ma questa è un'altra storia. Qualche volta, ripensandoci, vorrei aver scattato più fotografie del mio primo soggiorno veneziano; in altri momenti invece sono contento di aver esplorato la città con gli occhi, il cuore e l'anima prima ancora che con la macchina fotografica. Del resto, i negativi che conservo nel mio archivio – che a questo punto hanno una memoria molto migliore della mia – documentano oltre venti soggiorni veneziani dopo quella prima visita.

Nel corso dei miei cinquant'anni di attività, sono sempre stato affascinato dall'atmosfera creata dagli echi del passato, dalla patina del tempo, e sono convinto che potrei passare una vita intera a Venezia senza esaurire neppure lontanamente le mie possibilità creative. Eppure, questa città bellissima e misteriosamente seducente, questa perla nella corona del mare Adriatico non è così facile da fotografare come si è portati a credere. Quando ero studente, qualcuno mi disse che è meglio realizzare la fotografia straordinaria di un soggetto banale anziché la fotografia ordinaria di un soggetto straordinario. Il fatto è che a Venezia di banale non c'è proprio niente! Perciò è necessario sfruttare al massimo le proprie capacità per restituire un'immagine che sia all'altezza di un soggetto tanto elegante e maestoso. Personalmente, ci provo da oltre quarant'anni con alterni successi, e sono dunque felicissimo e molto grato a Skira per la pubblicazione di questa raccolta dei miei tentativi.

Da quando conosco Venezia, il pensiero impossibile che la città sprofondi nella sua stessa laguna è sempre stato lì, ed è una realtà fin troppo possibile. Forse proprio a causa della sua natura così fragile e vulnerabile, Venezia offre un'opportunità preziosa per lasciarsi alle spalle la vita quotidiana e concentrarsi sul qui e ora. Questo mi ricorda le sagge parole di Stephen Covey: "La cosa principale è mantenere la cosa principale come cosa principale". L'impermanenza è, dopo tutto, un fatto della vita. Il tempo scorre inesorabile e non rallenta, né tantomeno si ferma per permetterci di contemplare il suo passaggio. Venezia è un luogo che sostiene e nutre nel profondo: trascorrervi del tempo significa avere momenti per riprendere fiato e addirittura per rigenerarsi.

Nel corso degli anni ho avuto il piacere e la fortuna di condividere gran parte dei miei soggiorni veneziani con la famiglia e gli amici. Così ora, quando vagabondo per le calli, ogni angolo di questa antica città è un potenziale serbatoio di memorie. Per ragioni simili le fotografie raccolte in questa bella pubblicazione di Skira, una collezione di ricordi visivi, mi riempiono di gratitudine. Se non mi è possibile ringraziare tutti coloro che hanno partecipato al progetto (ci vorrebbe un altro saggio), colgo l'occasione per esprimere la mia profonda stima e il mio sincero ringraziamento ad alcune persone, senza le quali questo libro sarebbe ancora solo una bella idea. Alessandro Degnoni, Pietro Della Lucia, Nathalie Prat, Sandro Parmiggiani, Sabine Troncin-Denis, Mark Silva e Matteo Colla: *mille grazie a tutti voi.*

Pur essendo impossibile contare i giorni che ho trascorso a Venezia, vorrei comunque che fossero molti di più. Anche mentre scrivo queste parole, la mia adorabile moglie Mamta è impegnata a prenotare biglietti e alberghi per il nostro prossimo soggiorno, previsto per la fine di quest'anno. Saremo accompagnati dalla famiglia allargata, e già pregustiamo con gioia la prospettiva di rinnovare il nostro incontro con questa formidabile e maestosa signora dei mari: La Serenissima.

11 maggio 2024

Storica, a ceremonial parade along the Grand Canal of historical boats manned by Venetians in period costume. All public transport was cancelled and Venice was jam packed with spectators. I could barely move through the crowds. This is another side of Venice – extremely popular with thousands of tourists flocking in every day. Eventually, I got to the station and boarded a train to Rome, which, unbeknown to me was on strike, but that's another story. Sometimes, when I think back now, I wish that I had made more photographs during that first, brief visit to Venice. At other times, I am happier that my eyes, heart and soul explored the city before my camera. Looking through my negative files, which at this point have a far better memory than do I, they document that I have visited Venice well over twenty times since that first encounter.
Throughout my fifty years of photographing, I have been fascinated with the atmosphere inherent in the resonance and patina of passing time, and I am convinced that I could spend a lifetime in Venice without even getting close to exhausting the creative possibilities. Venice is a deliciously beautiful and mysteriously seductive city, a jewel in the Italian crown of the Adriatic Sea. In my personal experience, I have found that it is not as easy to photograph as I/we would like to think. I remember being warned as a student that it is better to make an extraordinary photograph of ordinary subject matter than an ordinary photograph of extraordinary subject matter. The fact is, absolutely everything about Venice is extraordinary! So it is necessary to be at the top of one's game to make worthy photographs of such dignified and graceful subject matter. I have been trying my best now for over forty years, albeit with limited success, and am absolutely delighted and very grateful that Skira is publishing this collection of my efforts.
Sticks in water have long been a recurring theme in my work. I often make long exposures during the dawn and dusk when light changes rapidly, and I cannot predict with any amount of certainty what is being recorded. While out walking in February 1980, again on an early morning, I began to photograph some mooring poles, oddly absent of gondolas or other boats. After developing my film, some weeks later, I was delighted to find one frame, made in between light and dark, which showed the lines of passing boats, creating an horizon which I was not able to see in the mist. While gulls slept atop some poles, the streetlights had evidently gone out half way through the exposure, and shadow details are revealed, but not overly so. I must have made a dozen or more images of this subject matter, but this one, impossible to predict or control, stands out magically above the rest. I now believe this particular image was probably the start of my ongoing photographic Venetian Odyssey, which continues today.
For as long as I have visited Venice, there has been the impossible thought of the city sinking into its own lagoon, and the reality is all too possible. I believe that Venice, perhaps precisely because of its extreme vulnerability and fragility, offers invaluable opportunities to leave our everyday lives behind and focus on the here and now. It reminds me of Stephen Covey's wise words: "The main thing is to keep the main thing the main thing". Impermanence is, after all, a fact of life. Time runs inexorably on and does not slow down or stop for us to contemplate its passing. Venice is a profoundly sustaining and nourishing place. Spending time there encourages moments to catch our breath and even regenerate.
Over the years, I have had the great pleasure and good fortune to share much of the time I have spent in Venice with family and friends. Now, whenever I wander around this venerable city, each calli, canal and corner has the potential to become a catalyst for recollection. The photographs compiled in this beautiful Skira publication, a collection of visual memories, fill me with gratitude for similar reasons. Whereas it is not possible for me to thank everybody involved in this project, (it would require another essay), I will take this opportunity to express my deep appreciation and sincere thanks to some individuals, without whom this book would still be just a nice idea: Alessandro Degnoni, Pietro Della Lucia, Nathalie Prat, Sandro Parmiggiani, Sabine Troncin-Denis, Mark Silva and Matteo Colla. Mille grazie a tutti voi.
Unable to tally all the days I have spent in Venice, I certainly wish there had been far more. Even as I write these words, my lovely wife Mamta is busily booking tickets and making hotel reservations for our next sojourn, later this year. We will be accompanied by extended family, and we are already excitedly relishing the prospect of renewing our acquaintance with this formidable and deserving mistress of the seas, La Serenissima.

11 May 2024

I viaggi di Michael Kenna a Venezia, dai chiarori dell'aurora fino al termine della notte

Sandro Parmiggiani

C'è qualcuno che possa sostenere di non avere mai subito il fascino di Venezia? Sarebbe arduo trovare qualche persona che potesse, magari per snobistica civetteria, rispondere affermativamente. Chi scrive sarebbe del resto l'ultima persona a poterlo fare, essendosi recato a Venezia, nel corso di almeno cinquant'anni, per rinnovare il piacere del *flâneur* alla scoperta dei segreti della città, peraltro ricca di mostre e di eventi quali l'Esposizione Internazionale d'Arte, e per incontrare qualche amico artista che ha scelto di abitarvi. Anch'io sono stato contagiato dal "mal di Venezia", avendo coltivato il sogno di andarvi un giorno a vivere, quando, rarefattisi gli impegni di lavoro, avrei potuto fare scelte che fino a quel momento non avevo avuto l'opportunità, o il coraggio, di compiere. Quel momento mai è arrivato, e non è stata affatto una questione di destino... Ora le immagini di Michael Kenna rinnovano quella ferita, riaccendono quel desiderio, che del resto torna a insinuarsi ogni volta che incontro, negli esiti dell'arte, della letteratura, del cinema, della fotografia, l'incanto di una città davvero unica al mondo.

Anche Michael Kenna, viaggiatore instancabile in tutti i continenti – in particolare, negli ultimi decenni, nell'Estremo Oriente – alla ricerca di scorci di città e soprattutto di visioni di paesaggi che si mettano in sintonia con la sua "educazione sentimentale", non poteva riuscire a sottrarsi al fascino di Venezia. Accesosi nel 1980, e alimentato con incursioni nel corso del decennio, il fuoco della passione deve avere covato a lungo, per poi ardere impetuoso, tra il 2007 e il 2022, quando Michael ha cercato di piegare la sua condizione di eterno *globetrotter* a una visita, pressoché una volta all'anno, a Venezia, talvolta per trascorrervi qualche giorno di *charme* con la famiglia ma più spesso per condurre le sue spedizioni solitarie alla caccia di immagini da riunire un giorno nel libro che andava prendendo forma nella sua mente e che ora vede finalmente la luce. (In verità, parte del suo lavoro su Venezia è venuto affiorando progressivamente negli ultimi anni: un'autonoma sezione di trentatré fotografie della Serenissima fu pubblicata nel 2010 nel catalogo della mostra antologica di Kenna al Palazzo Magnani di Reggio Emilia[1], mentre nello stesso anno uscì un volume edito da Nazraeli Press con quaranta immagini[2].)

La successione delle centonove fotografie su Venezia, che si dipanano nelle pagine di questo volume, si snoda attraverso un ideale duplice percorso, all'insegna sia di una rotta geografica sia del mutare della luce nel corso di una giornata. Tuttavia, giunti a un certo punto del cammino attorno e poi fin dentro il cuore di Venezia, si ritorna all'indietro, come se si sentisse l'esigenza di ripercorrere i passi già intrapresi, per verificare affinità visive e confronti che si generano dall'affioramento di memorie dello sguardo, magari legate all'irrompere e all'imporsi di un certo tipo di luminosità. È simbolica la scelta, compiuta da Kenna, di partire dalla laguna e dal mare per poi farvi ritorno, quasi che, in una realtà circondata, assediata dall'acqua, fosse inevitabile tornare all'origine di tutto: è, questo, un percorso labirintico, dal mare alla terraferma e di nuovo verso il mare, come se nella laguna fosse sempre arduo trovare l'uscita. Del resto, quando lo scrittore Gustav von Aschenbach nella *Morte a Venezia* di Thomas Mann sta viaggiando in nave da Pola verso quella che lui definisce la "più inverosimile città del mondo", si rende conto che "arrivare a Venezia dalla terraferma era come entrare in un palazzo dalla porta di servizio"[3].

L'*introibo* della sequenza di immagini veneziane di Kenna sono due fotografie emblematiche delle visioni alternative nelle quali ci si sta per immergere e del senso profondo della città che Michael ha introiettato e che ha inteso trasmetterci: nella prima, il gondoliere e la Basilica di Santa Maria della Salute sullo sfondo sono immerse in un'atmosfera da sogno, quando le forme si sdoppiano e, nella devastazione operata dalla luce, tutto balugina e pare incerto nella definizione; nella seconda, i pali e le *bricole* – le strutture di legno usate nella laguna per indicare le vie d'acqua e per l'ormeggio delle imbarcazioni – che emergono e si riflettono sulla liquida superficie diventano forme oscure, residui spettrali, mentre

Michael Kenna's Venice Journeys: From the First Light of Dawn to the End of the Night

Sandro Parmiggiani

Is there anyone who can claim that they were never fascinated by Venice? It would be hard to find someone who could answer in the affirmative, but only out of coy snobbishness. I certainly would be the last person in the world to do so, since I've been travelling to Venice for at least fifty years to renew the pleasures of a *flâneur* exploring the city's secrets. I have also had the chance of visiting it with artist friends who have chosen to live in the city, which hosts a wealth of exhibitions and events such as the Biennale. I, too, was infected by the *mal di Venezia* and have long cherished the dream of living there one day. With work commitments reduced, I could have made choices that until then I had neither the opportunity, nor the courage, to make. That moment never came, and it was not at all a matter of destiny... Now Michael Kenna's images reopen that old wound; they rekindle a desire that creeps back at every encounter – in art, literature, cinema, photography – with the enchantment of a city that is truly unique in the world.
Not even Michael Kenna, a tireless traveller to all continents – particularly to the Far East in recent decades – seeking glimpses of cities and, above all, visions of landscapes that fit in with his "sentimental education", could escape the allure of Venice. Ignited in 1980, and fuelled by incursions throughout the decade, the fire of passion smouldered for a long time before burning impetuously between 2007 and 2022. It was then that Michael tried to interrupt his eternal globetrotting with an almost yearly visit to Venice. At times he spent a few charming days there with his family but more often he made solitary expeditions in search of images to be assembled one day in the book taking shape in his mind and that has now finally seen the light of day. (Actually, some of his work on Venice has gradually come to the surface in recent years: an autonomous section of thirty-three photographs of the Serenissima was published in 2010 in the catalogue of Kenna's anthological exhibition at Palazzo Magnani in Reggio Emilia,[1] while in the same year a volume of forty images was published by Nazraeli Press.[2])

The one hundred and nine photographs of Venice showcased in this volume weave their way along an ideal parallel route, following both a physical landscape and the changing light over the course of a day. However, having reached a certain point in the journey around and into the heart of Venice, one might turn back. It's as if one felt the need to retrace the steps already taken, to verify visual affinities and comparisons generated by the surfacing of memories of a gaze, linked perhaps to a certain type of light. Kenna's choice to start from the lagoon and the sea and then come back to it is symbolic, almost as if, in a reality surrounded and besieged by water, the return to the origin of everything were inevitable. The path is a labyrinth, from the sea to the mainland and back, as if it were always difficult to get away from the lagoon. After all, when the writer Gustav von Aschenbach in Thomas Mann's *Death in Venice* is travelling by ship from Pula to what he calls this "most unlikely of cities", he realizes that "arriving in Venice by land via the train station was like entering a palace through one of the back doors".[3]

Kenna's sequence of Venetian images opens with two photographs emblematic of the alternative visions you are about to enter, capturing the profound sense of the city that Michael has assimilated and wishes to offer readers. In the first one, the gondolier and the Basilica of Santa Maria della Salute in the background are immersed in a dreamlike atmosphere, where the forms split apart and, in the devastation wrought by the light, everything flashes and lacks definition. In the second, the poles and *bricole* – the wooden structures used in the lagoon to indicate waterways and moor boats – that emerge and are reflected on the liquid surface become dark shapes, spectral residues, while everything exudes an ambiguous continuity, making it impossible to identify clear boundaries between the water in the foreground and the sky in the background. Then begins the approach to the city through images captured in the far reaches of the lagoon: Codevigo (Padua), Chioggia,

tutto trasuda un'ambigua continuità, un'impossibilità di individuare un confine netto tra l'acqua in primo piano e il cielo sullo sfondo. Inizia poi l'avvicinamento alla città attraverso immagini catturate da Kenna nei lembi estremi della laguna: Codevigo (Padova), Chioggia, Marghera, per poi inoltrarsi nell'esplorazione di alcune delle tante isole che, come un arcipelago, la popolano – Burano, Torcello, Poveglia (che se ne sta di fronte al quartiere di Malamocco nell'isola del Lido), San Francesco del Deserto – e penetrare poi dentro il cuore della città, con l'apparizione di piazza San Marco e del Palazzo Ducale, inondati di luce, visti dall'isola di San Giorgio Maggiore. Presto ci rendiamo conto che il rapporto mai pacificato di Venezia con l'acqua non può essere eluso: la basilica e la colonna in piazzetta San Marco sono sotto l'assedio dell'acqua alta – insinuante annuncio di una condizione che ritroveremo anche nella parte finale delle immagini, situazione ineludibile con la quale Venezia è chiamata a convivere, come se, essendo già in atto lo sprofondamento della città, inarrestabile fosse la sua sommersione. La fotografia del leone alato di San Marco che veglia sulle sorti della Serenissima pare rassicurante, ma la sequenza – quasi per una subitanea associazione mentale legata al pensiero della scomparsa della città e delle persone che la abitano – ci porta all'isola di San Michele, che ci appare come *L'isola dei morti* di Böcklin. Qui, Kenna si sofferma sulle tombe e su alcune statue e bassorilievi del cimitero, dove sono sepolti molti protagonisti della cultura (tra gli altri, Carlo e Gasparo Gozzi, Sergej Djagilev, Frederick Rolfe *alias* Baron Corvo, Ermanno Wolf-Ferrari, Igor e Vera Stravinskij, Ezra Pound, Luigi Nono, Emilio Vedova, Franco Basaglia, Virgilio Guidi, Zoran Mušič, Iosif Brodskij); tre sono le aree riservate ai defunti di fede cattolica, ortodossa ed evangelica, mentre il cimitero ebraico è nell'isola del Lido. Il *flâneur* Kenna vaga nella città, si sofferma sulla Punta della Dogana, sulla Giudecca, entra nel sestiere di Dorsoduro, scrigno a ogni passo di inattese scoperte, si spinge fino al Lido – all'Hotel des Bains ci fu il fatale incontro di Aschenbach con Tadzio... –, dove sorge pure l'Hotel Excelsior, legato alla Mostra Internazionale del Cinema, indugia sulle gondole con il loro ferro di prua a cinque denti e coglie altri scorci della città. Memorabili sono le immagini delle Procuratie che avvolgono piazza San Marco e i ponti che necessariamente consentono di valicare l'acqua che scorre pigramente: tra i tanti, quello dell'Accademia, di Rialto e dei Sospiri, oggi ritenuto un *must* sotto il quale, transitando nel canale sottostante, gli innamorati dovrebbero baciarsi, ma che in verità svolgeva una funzione dolorosa, essendo il camminamento da percorrere per i detenuti che passavano, in entrambe le direzioni, dal tribunale alle prigioni. Siamo ormai sprofondati e immersi nel buio della notte, nella quale Kenna, attraverso le lunghe esposizioni delle sue pellicole analogiche, cattura vere e proprie apparizioni fantasmatiche (un battello che pare uno spettro indemoniato in corsa nella notte, una gondola evanescente) e scie luminose disegnate dal passaggio delle barche, per poi lasciare la città, fare ritorno alle isole (Torcello, Murano, Burano) e spingersi fino a Chioggia, per fissare le tracce di luce lasciate dalle stelle vaganti nel cielo e dalle imbarcazioni transitanti lungo un canale. Una visione rassicurante, che scalda il cuore, quella del Leone alato accanto all'albero di Natale, conclude il periplo delle immagini veneziane di Kenna, quasi a volere suggellare con un segno familiare, di speranza, il suo viaggio tra mare e terra, tra chiarori dell'aurora e immersione nel "cuore di tenebra" della notte.

Abbiamo detto che il secondo possibile itinerario individuabile nella sequenza delle immagini di Kenna pare seguire il dipanarsi delle luci di una giornata – anche qui con ritorni all'indietro –, dal primo baluginio che annuncia il venire alla vita di un nuovo giorno, quando l'aurora s'afferma con i suoi chiarori, fino al momento in cui la luce – così invasiva e penetrante in tutta la laguna, giacché essa si riflette sulle acque e viene catapultata nell'aria, andando a insinuarsi ovunque – sbaraglia ogni residuo nebbioso mantello, che talvolta può tuttavia persistere per una parte o per l'intera giornata, rendendo pressoché indistinguibile il confine plumbeo tra cielo e mare. Subentra, quando la nebbia viene dissipata, la pienezza del giorno, che lentamente declina fino all'inesorabile scendere del manto della notte, con qualche ultimo riflesso che qua e là resta acceso, prodotto da una luce sulla terraferma o proveniente da una barca che ancora non ha trovato il suo approdo. Quando più intensi si fanno il buio assoluto e il livore della notte, gli stessi riflessi emanati dalle pietre dei palazzi e dai camminamenti nelle piazze e nelle calli contribuiscono ad ampliare il mistero di una città che, in quei momenti, nel fulgore della sua inattingibile bellezza solitaria, pare annunciare il tempo, non si sa quanto

Marghera. Kenna goes on to explore some of the many islands that, like an archipelago, populate it – Burano, Torcello, Poveglia (which stands in front of the Malamocco district on the island of Lido), San Francesco del Deserto. Finally he enters the heart of the city, with the appearance of Piazza San Marco and the Palazzo Ducale, bathed in light, as seen from the island of San Giorgio Maggiore. We soon realize that Venice's never-peaceful relationship with water cannot be avoided: the basilica and the column in Piazzetta San Marco are under siege by the *acqua alta* – an insinuating prelude to a condition that we will also find in the final images, an inescapable situation that Venice has to live with, as if the sinking of the city was already underway and its submergence inevitable. The photograph of San Marco's winged lion watching over the fate of the Serenissima seems reassuring, but the sequence – suddenly associated with the demise of the city and the people who inhabit it – takes us to the island of San Michele, which appears to us as Böcklin's *Island of the Dead*. Here, Kenna dwells on the tombs and on some of the statues and bas-reliefs of the cemetery, where many protagonists of culture are buried, including Carlo and Gasparo Gozzi, Sergei Diaghilev, Frederick Rolfe *alias* Baron Corvo, Ermanno Wolf-Ferrari, Igor and Vera Stravinsky, Ezra Pound, Luigi Nono, Emilio Vedova, Franco Basaglia, Virgilio Guidi, Zoran Mušič and Joseph Brodsky. Three areas are reserved for the dead of the Catholic, Orthodox and Evangelical faiths, while the Jewish cemetery is on the island of Lido. The Kenna *flâneur* wanders through the city, lingers at the Punta della Dogana, on the Giudecca, enters the Dorsoduro district, a treasure trove of unexpected discoveries at every step, and goes as far as the Lido – where Aschenbach and Tadzio had their fateful encounter at the Hotel des Bains, and where the Hotel Excelsior, linked to the Venice Film Festival, also stands. He lingers over the gondolas with their five-toothed prow head and captures other glimpses of the city. There are memorable images of the Procuratie that wrap around Piazza San Marco and the bridges that allow one to cross the lazily flowing water. These include that of the Accademia, Rialto and the Ponte dei Sospiri, today considered a *must* where lovers should kiss while passing through the canal below, but which in truth fulfilled a painful role as the walkway taken by prisoners moving, in both directions, between the court and the prisons. We are now plunged and immersed in the darkness of the night, when Kenna captures, through the long exposures of his analogue films, real ghostly presences (a boat that looks like a possessed spectre running through the night, an evanescent gondola) and luminous trails drawn by the passage of boats. Then he leaves the city and returns to the islands (Torcello, Murano, Burano), venturing as far as Chioggia to gaze at the traces of light left by wandering stars in the sky and boats passing along a canal. A reassuring, heart-warming vision of the winged lion next to the Christmas tree concludes Kenna's circumnavigation of Venetian images, almost as if wishing to seal with a familiar sign, of hope, his journey between sea and land, between the glow of dawn and immersion in the "heart of darkness" of night.

We said that the second identifiable itinerary in the sequence of Kenna's images seems to follow the unravelling of the lights of a day – sometimes also going back – from the first flash of light that announces the birth of a new morning when the dawn asserts itself. It continues up to the moment when the light – so invasive and penetrating throughout the lagoon as it reflects off the water and is catapulted into the air, creeping in everywhere – dispels any residual misty cloak, which may nevertheless persist for part or all of the day, making the leaden border between sky and sea almost indistinguishable. When the fog dissipates, the fullness of the day takes over, slowly declining until the inexorable descent of the mantle of night, with a few last reflections here and there, produced by a light on land or coming from a boat that has not yet found its landing. When the absolute darkness and the lividness of the night become more intense, the same reflections emanating from the stones of the *palazzi* and from the walkways in the piazzas and *calli* extend the mystery of a city that, in those moments, in the splendour of its unattainable solitary beauty, seems to announce the time, however distant or likely, of its disappearance, almost as if those dark reflections were the omen and the last glow. After all, we know that, due both to the rising sea level linked to ongoing climate change and to subsidence phenomena, Venice is slowly sinking.

What can really save the city is an issue which has not yet been fully resolved, despite the adoption of the MOSE, a system of mobile barriers strategically installed at the

lontano e verosimile, della sua scomparsa, quasi che quei cupi riverberi ne fossero il presagio e l'ultimo bagliore. Sappiamo del resto che, sia per l'innalzamento del livello del mare legato ai cambiamenti climatici in corso, sia per i fenomeni di subsidenza, Venezia sta lentamente affondando. Che cosa possa davvero salvare la città – ricordiamo l'adozione del MOSE, le barriere mobili alle bocche di porto di Lido, Malamocco e Chioggia, per la protezione dalle acque alte quando la marea si propaga dal mare Adriatico in laguna –, al di là degli intenti continuamente ribaditi dai pubblici poteri – recente è la decisione del Comune di far pagare una "tassa d'ingresso" nella città nelle festività e nei fine settimana per contenere in un qualche modo l'afflusso dei turisti – e dai riconoscimenti internazionali – Venezia è entrata dal 1987 nel Patrimonio Universale dei Beni Culturali –, è una strada di cui tuttora non si riesce a individuare un percorso efficace. Forse la risorsa fondamentale sarebbe la crescente, universalmente diffusa, totale e assoluta consapevolezza che una città come Venezia non possa, in nessun modo, essere perduta. Qualcosa che possa anche sembrare inatteso e che ci ricordi la vicenda rievocata da Simone Weil in *Venezia salva*, tragedia che lei comincia a scrivere nel 1940 sulla base del racconto di Saint-Réal, *Conjuration des Espagnols contre la République de Venise*. Nel 1618, alcuni congiurati spagnoli vogliono impadronirsi di Venezia e distruggerla, occupando nella notte della vigilia di Pentecoste la città, appiccando il fuoco nei quartieri e uccidendo tutti coloro che avrebbero tentato di resistere. Tuttavia, uno dei capi della congiura, Jaffier, che ha alla fine introiettato lo splendore e l'unicità di Venezia ("Una cosa come Venezia, nessun uomo può farla. Dio solo. Ciò che un uomo può fare di più grande, che più lo avvicini a Dio, poiché non gli è dato creare simili meraviglie, è preservare quelle che già esistono"), tradisce i compagni e rivela il progetto di conquista al Consiglio dei Dieci, salvando la città. Come commenta Cristina Campo nella prefazione al testo di Simone Weil, "una città perfetta, che sta per essere piombata nel sogno orrendo della forza; un uomo attento che, all'improvviso, la *vede* e la salva"[4]. Fotografie come quelle di Michael Kenna ci aiutano a vedere l'incanto segreto e l'essenza più vera di Venezia, rendendoci consapevoli che essa non può essere perduta, che deve essere salvata.

Le immagini scattate a Venezia nel corso degli anni da Kenna sono un ulteriore scavo e un arricchimento del suo stile e della sua poetica, immediatamente riconoscibili nel panorama della fotografia internazionale, come confermano le stesse immagini veneziane, diverse dal modo prevalente di guardare la città. Nel percorso sviluppato da Michael in cinquant'anni di attività la ricognizione sul paesaggio – sia quello inteso in senso tradizionale, nel respiro largo di scorci di terra, mare e cielo, sia quello originato dal formarsi di un agglomerato urbano – è stata sostanzialmente unitaria, con un'attenzione che qui si ripete e si rinnova su certi elementi – alberi solitari, pali conficcati nell'acqua, muti guardiani della desolazione. Anche qui lo sguardo di Kenna va al di là del mero fatto visivo fissato sulla pellicola e, nella dilatazione dello scorrere del tempo che lui predilige, arriva a congiungere le due metà dell'arte individuate da Baudelaire: "il transitorio, il fuggitivo, il contingente" e "l'eterno e l'immutabile". La stessa immagine di apertura, *Quattro pali e tre bricole*, con il titolo che fa ricorso alla mera numerazione algebrica, conferma la ricchezza di senso di un frammento del reale che, pur definito attraverso una banale specificazione, lascia tuttavia a chi osserva la possibilità di comprendere che ciò che appartenne a un momento determinato, ormai trascorso, è diventato perenne. Questa tensione al superamento dell'occasionale e del transitante innerva tutta la poetica di Kenna; pensiamo, in queste immagini veneziane, all'aspetto marmoreo dell'acqua che lui ci presenta: qualcosa di mutevole, in perenne movimento, che ormai si è fatto sedimento incancellabile nella nostra memoria e annuncio di un futuro che verrà.
Assenti sono, nelle immagini di Kenna, le persone, anche se tutto evoca la capacità umana di avere plasmato nel tempo lo scenario che se ne sta davanti a noi, innestandosi sulla realtà che possiamo definire "natura" – e questa riflessione è particolarmente vera per Venezia, città duramente conquistata alle acque e difesa per secoli. Solo in qualche scatto esito di una lunga esposizione possiamo scorgere labili ectoplasmi di figure umane, senza consistenza di corpo, come in quello dei tavolini e delle sedie semisommersi dall'acqua alta in piazza San Marco, o in quello delle ombre sull'estremità della Punta della Dogana. Anche in queste fotografie veneziane ritroviamo le inquadrature sapienti di Kenna: magistrale è quella della quadriga di cavalli davanti alla Basilica di San Marco, con il frammento degli zoccoli anteriori che incornicia la visione. Né mancano gli scorci di assoluta poesia e di romantica malinconia: l'isola di Poveglia e le antistanti reti da pesca; la

Lido, Malamocco and Chioggia inlets, to protect it from the *acqua alta* when the tide propagates from the Adriatic into the lagoon. Not to mention the intentions continually reaffirmed by the public authorities – the City Council recently decided to charge an "entrance fee" in the city on holidays and weekends to somehow contain the influx of tourists – and the international recognition of Venice as a World Heritage Site in 1987. Perhaps the fundamental resource would be the growing, universally widespread and absolute awareness that a city like Venice cannot, in any way, be lost. Something that might even seem unexpected and that reminds us of the event recalled by Simone Weil in *Venice Saved*, a tragedy she began to write in 1940 based on Saint-Réal's short story, *Conjuration des Espagnols contre la République de Venise*. In 1618, Spanish conspirators wanted to take over Venice and destroy it, occupying the city on the night of Whitsun Eve, setting fire to it and killing all those who attempted to resist. However, one of the ringleaders of the conspiracy, Jaffier, understanding the splendour and uniqueness of Venice ("Something like Venice no one can do. Only God. The greatest achievement for mankind and the one that approaches it most to God, since it cannot create such wonders, is to preserve those that exist"), betrays his comrades and reveals their plans for conquest to the Council of Ten, thus saving the city. As Cristina Campo explains in the preface to the Italian edition of Simone Weil's text, it is the story of "a perfect city about to be plunged into the horrendous nightmare of force and of an attentive man who suddenly *sees it* and saves it".[4] Photographs like Michael Kenna's help us see the secret enchantment and truest essence of Venice, making us aware that it cannot be lost, that it must be saved.

The images taken by Kenna in Venice over the years are a further excavation and enrichment of his style and poetics, immediately recognizable in the panorama of international photography, as confirmed by the images themselves, different from the prevailing way of looking at the city. In the path developed by Michael in fifty years of activity, the reconnaissance of the landscape – both in the traditional sense, in the broad sweep of glimpses of land, sea and sky, and that originated by the formation of an urban agglomeration – has been substantially unified with a focus that is here repeated and renewed on certain elements: solitary trees, poles stuck in the water, mute guardians of desolation. Here, too, Kenna's gaze goes beyond the mere visual fact fixed on the film and, in the dilation of the passage of time that he favours, comes to join the two halves of art identified by Baudelaire: "the transitory, the fugitive, the contingent" and "the eternal and the immutable". The opening image itself, *Four Poles and Three Bricole*, with its title resorting to mere algebraic numbering, confirms the rich meaning of a fragment of reality that, though defined through a banal specification, still leaves the observer with a possible understanding that what belonged to a specific moment, now passed, has become eternal. This tension beyond the occasional and the transitory innervates all of Kenna's poetics. In these Venetian images we should think of the marble aspect of the water that he presents to us: something mutable, in perennial movement, that has now become indelible sediment in our memory and announcement of a future to come.

People are absent from Kenna's images, although everything evokes the human capacity to mould the scenery that lies before us over time, grafting itself onto the reality that we define as "nature". This reflection is particularly true for Venice, a city hard-won from the waters and defended for centuries. We can only glimpse ectoplasms of human figures, without the consistency of a body in a few shots resulting from a long exposure faint as in that of the tables and chairs half-submerged by the high water in Piazza San Marco, or in that of the shadows on the end of the Punta della Dogana. In these photographs we again find Kenna's skilful framing: a masterful one of the quadriga of horses in front of the Basilica di San Marco, with the fragment of the front hooves framing the vision. Nor is there any lack of glimpses of absolute poetry and romantic melancholy: the island of Poveglia and the fishing nets in front; the abandoned house at Madonna del Monte, the last bulwark standing between sky and sea; the fishing structures at Chioggia, drawing dance steps in the void, with the climb from dark to bright – Kenna is a master in capturing the infinite gradations of shadow and light; the line of hanging wet clothes and the mutilated tree at Burano. In Michael's photographs – and particularly in these of Venice – light plays a fundamental role, since he tries, with the sensitivity of a diviner, to grasp all the subtle, infinite

casa abbandonata a Madonna del Monte, ultimo baluardo che resiste tra cielo e mare; le strutture per la pesca a Chioggia, che disegnano nel vuoto passi di danza, con lo scalare dal cupo al luminoso – Kenna è un maestro nel cogliere le infinite gradazioni dell'ombra e della luce –; il filo per appendere i panni bagnati e l'albero mutilato a Burano.
Nelle fotografie di Michael – e in particolare in queste di Venezia – la luce ha sempre un ruolo fondamentale, giacché lui cerca, con la sensibilità di un rabdomante, di coglierne tutte le sottili, infinite variazioni che essa può assumere nel corso di una giornata, anche nella notte, quando non spenta è ogni forma di luminosità residua. Sulla luce fissatasi sulla pellicola Kenna lavora attraverso il suo fondamentale intervento nel corso dello sviluppo in camera oscura – pensiamo alla scelta, tipica del suo stile, di contornare un certo elemento dell'immagine con una sorta di aureola luminosa che ne esalta l'unicità e il senso mistico, o alla sua costante sensibilità per le nubi naviganti il cielo, come nella cupa, incipiente nuvola di tempesta che incombe sulla struttura in ferro in San Francesco del Deserto. Ciascuna immagine di Venezia presentataci da Kenna rivela questa sua capacità di "sentire", quasi fisicamente, la luce, qui esaltata dalla peculiare situazione dell'eterno rapporto tra terra, edifici e acqua, in un alternarsi di luminosità e cupezze: penso, tra i tanti possibili riferimenti, al Palazzo Ducale e alla piazza San Marco inondati dalla luce diffusa che sembra volerli dissolvere come se fossero sotto l'azione degli specchi ustori di Archimede, al gondoliere al crepuscolo nel Canal Grande, alla spettrale figura del Molino Stucky che si riverbera nel canale della Giudecca, alla cupa Torre dell'Arsenale, alle duplicazioni di Palazzo Ducale, delle Procuratie Nuove e della Basilica di San Marco nell'acqua alta – riflessi esaltati in pittura, tra gli altri, dal sommo William Turner.
Anche a Venezia Kenna, come ha fatto in ogni sua ricerca fotografica, rivela una continua tensione all'individuazione di certi elementi "elettivi" del paesaggio: qui sono le lame di terra che, navigando nella laguna, si scorgono in lontananza, all'orizzonte, e gli ineludibili punti di riferimento del viaggio dentro la città, quali la piazza e la Basilica di San Marco, il Canal Grande, gli edifici che si riflettono nell'acqua, valorizzando relazioni, segni, rime, geometrie – ad esempio, piazza San Marco vista dall'isola di San Giorgio, con la dissonanza tra il profilo della città schermato dalla nebbia e i gradini e le linee geometriche che nitidamente svettano sotto i nostri piedi. Anche nelle immagini veneziane, Kenna sa cogliere magistralmente il rapporto, e i pesi reciproci, tra i due grandi antagonisti della visione, il cielo e la terra, fissando ogni minimo digradare dei toni, delle luci e delle ombre, o il loro acuto contrasto, che si originano in alcune peculiari condizioni atmosferiche (nebbia, foschia, fumi che fuoriescono dagli impianti industriali, cieli plumbei e cieli gravidi di pioggia e di tempesta, albe e tramonti, notti in cui i contrasti s'accentuano, lune e pallidi soli lontani) o dalla presenza di elementi che introducono e intensificano il mistero nella visione (acque che riflettono ciò che sta sulle loro rive; aloni luminosi di incerta origine; lampioni solitari o allineati in sequenze). Michael vanta una lunga tradizione di attenzione alle fotografie di vecchi edifici, magari recanti residui di sculture e bassorilievi[5], che peraltro ritroviamo in alcune immagini veneziane, di qualche sito industriale[6] o nelle testimonianze dei viaggi nell'Inghilterra settentrionale[7]. Non sorprendono allora, di Venezia, gli scatti dell'edificio sul molo di Marghera, con il riverbero del biancore della sua facciata – che ricorda i riflessi esaltati nei dipinti veneziani di Claude Monet –, la vecchia fabbrica del vetro a Murano, con le ciminiere che svettano nel cielo, Marghera tra fumi e torri e lo *skyline* dei suoi impianti industriali sullo sfondo – quasi a fare da contrappunto –, l'acqua solcata da battelli e l'uccello in volo al tramonto: "Era già l'ora che volge il disio / ai navicanti e 'ntenerisce il core / lo dì c'han detto ai dolci amici addio", come scrive Dante Alighieri nel canto VIII del *Purgatorio*.

Di Venezia Kenna accentua certi caratteri che sono propri dell'incanto di questa città e che lo affascinano – visioni e angoli che, soprattutto nella notte, evocano misteri e fantasmi e ci immergono in un'aura diffusa di silenzio, di solitudine e di isolamento dal resto del mondo –, restituendoci nei pali conficcati nella laguna, ai quali sono andate ad attraccare le gondole, e nelle immagini notturne, il sentimento di essere stati catapultati nella fantasia e nel sogno di una Venezia ormai abbandonata, rimasta sola a sfidare il tempo: una città da cui l'uomo pare essersi allontanato e quel che resta è solo il rapporto, ora conflittuale ora armonico, tra le architetture sublimi di un tempo glorioso e sfarzoso e l'acqua che da sempre la assedia e che inesorabilmente la corrode. Sono particolarmente affascinato dalle fotografie di Kenna di

variations it can take on in the course of a day, even at night, when all residual luminosity is not extinguished. Kenna works on the light fixed on the film through his fundamental intervention during development in the darkroom – think of the choice, typical of his style, of surrounding a certain element of the image with a sort of luminous halo that enhances its uniqueness and mystical sense, or his constant sensitivity to the clouds that sail the sky, as in the gloomy, incipient storm cloud that looms over the iron structure in San Francesco del Deserto. Each image of Venice that Kenna presents reveals his ability to almost physically "feel" the light, here enhanced by the peculiar, eternal relationship between land, buildings and water, an alternation of brightness and gloom. Among many possible references, I am thinking of the Palazzo Ducale and Piazza San Marco bathed in the diffused light that seems to want to dissolve them as if they were under the action of Archimedes' burning mirrors. Or the gondolier at dusk on the Grand Canal, the ghostly figure of Molino Stucky reverberating in the Giudecca Canal, the gloomy Arsenale Tower, the duplications of the Palazzo Ducale, the Procuratie Nuove and Basilica di San Marco in the high water – reflections exalted in painting by, among others, the great William Turner.
In Venice, too, Kenna, as in all his photographic studies, reveals a continuous tension towards the identification of certain "elective" elements of the landscape. Here, they are the blades of land that, sailing in the lagoon, can be glimpsed in the distance, on the horizon, and the inescapable landmarks of the journey into the city, such as the Piazza and Basilica of San Marco, the Grand Canal, the buildings reflected in the water, emphasising relationships, signs, rhymes, geometries – take, for instance, the Piazza San Marco seen from the island of San Giorgio, with the dissonance between the city skyline screened by the fog and the steps and geometric lines that clearly stand out beneath our feet. In the Venetian images, Kenna masterfully captures the relationship and reciprocal weights between the two great antagonists of the vision, the sky and the earth. He fixes every slight gradation of tone, light and shadow, or their sharp contrasts, originating in certain peculiar atmospheric conditions (fog, mist fumes escaping from industrial plants, leaden skies and skies pregnant with rain and storm, sunrises and sunsets, nights when contrasts are accentuated, moons and pale distant suns) or from the presence of elements that introduce and intensify the mystery (waters reflecting what lies on their banks, luminous halos of uncertain origin; lonely street lamps or aligned in sequences). Michael has a long tradition of paying attention to photographs of old buildings, perhaps bearing remnants of sculptures and bas-reliefs,[5] also found in some Venetian images, industrial sites,[6] or accounts of his travels in northern England.[7] It is not surprising then to find shots of the building on the wharf in Marghera, with the glare of the whiteness of its facade – reminiscent of the reflections enhanced in Claude Monet's Venetian paintings –, the old glass factory in Murano, with its chimneys soaring into the sky, Marghera amidst fumes and towers and the skyline of its industrial plants in the background. It is almost a counterpoint, with the water ploughed by boats and the bird in flight at sunset: "It was already the hour that turns back the desire / of seafarers and softens their hearts, on the day / they have said farewell to their sweet friends", as Dante Alighieri writes in Canto VIII of *Purgatory*.

Kenna accentuates certain characteristics of Venice inherent to the city's enchantment that fascinate him – visions and corners that, especially at night, evoke mysteries and ghosts and immerse us in a diffuse aura of silence, solitude and isolation from the rest of the world. The poles driven into the lagoon, where the gondolas have gone to dock, and the nocturnal images, give us the feeling that we have been catapulted into the fantasy and dream of a now abandoned Venice, left alone to defy time. It becomes a city that man seems to have deserted; what remains is only the relationship, both conflicting and harmonious, between the sublime architecture of a glorious and opulent time and the water that has always besieged Venice and inexorably corroded it. I am particularly fascinated by Kenna's photographs of a nocturnal Venice, bathed in a livid, lunar light, inside a kind of nightmare and desolation, translating into images the feelings that many writers have conveyed or that one experiences when entering the heart of the city after sunset. Studying these images, the peculiar, sharp memory of a distant visit I made to the lagoon city sprang to mind. From 11 to 13 November 1977, a conference promoted by

una Venezia notturna, immersa in una luce livida e lunare, dentro una sorta di incubo e di desolazione, che traducono in immagini i sentimenti che molti scrittori ci hanno trasmesso o che si provano addentrandosi nel cuore della città dopo il tramonto. Davanti a queste immagini si è riaffacciata alla mia mente la peculiare, nitida memoria di una mia lontana visita nella città lagunare. Dall'11 al 13 novembre 1977, si tenne a Venezia un convegno promosso da "il manifesto", "Potere e opposizione nelle società post-rivoluzionarie", al quale partecipai e nel quale intervennero alcuni dei più importanti dissidenti provenienti dai paesi dell'Est: tra gli altri, Leonid Pliusch, russo; István Mészáros, ungherese; Zdeněk Mlynář e Jiří Pelikán, cecoslovacchi; Krzysztof Pomian, polacco (che di recente ha pubblicato i suoi tre fondamentali volumi, *Il museo. Una storia mondiale*)[8]. Conservo nella memoria alcuni momenti di quelle giornate: il dolore inestinguibile che emergeva in molte delle testimonianze; la figura esile e tormentata di Pliusch, insigne matematico, che fumava continuamente tenendo il mozzicone della sigaretta che s'andava formando tra le sue dita in una postura che più i miei occhi non avrebbero incontrato (forse contratta nell'ospedale psichiatrico in cui era stato rinchiuso per anni); qualche frammentaria conversazione con Rossana Rossanda (animatrice del convegno) e con Emilio Vedova. Al termine dei lavori, mi capitò in entrambe le giornate di camminare nell'ormai buia Venezia, prima di infilarmi nel letto della pensione in cui alloggiavo. Più non avrei ritrovato quella notturna, tenebrosa città: andavo per calli e *sotoporteghi*, non sempre conoscendo la giusta direzione e finendo spesso per perdermi, con l'orecchio attento ai rumori che emergevano nella notte – il fruscio dell'acqua che pure non riuscivo a vedere, i passi di qualche viandante che allo stesso modo non potevo distinguere, giacché la nebbia tutto avvolgeva e sovrastava, nel mistero che ovunque nell'aria umida si respirava.

John Ruskin, che visitò Venezia e le sue isole per undici volte, aveva, già a metà dell'Ottocento, acutamente colto, nel suo *The Stones of Venice*, questo aspetto fantasmatico della città, che ritroviamo in molte delle immagini di Kenna: "Venezia [...] giace ancora dinanzi ai nostri sguardi come era nel periodo finale della sua decadenza: un fantasma sulle sabbie del mare, così debole, così silenziosa, così spoglia di tutto all'infuori della sua bellezza, che qualche volta quando ammiriamo il suo languido riflesso nella laguna, rimaniamo incerti quale sia la Città e quale l'ombra"[9]. Lontani erano, quando Ruskin scriveva e disegnava, i tempi del grande fulgore della città, iniziati con la Venezia marinara e mercantile del Medioevo, nel quale un suo cittadino, Marco Polo, si era spinto in Estremo Oriente. Erano, i suoi viaggi, l'emblema del ruolo e della tensione costanti svolti dalla Serenissima come ponte tra l'Ovest e l'Est del mondo. Questa perenne vocazione al viaggio e all'apertura è stata suggestivamente colta da un grande poeta, Andrea Zanzotto: "La città potrebbe anche lei essere una delle zattere di limo erboso: che ha viaggiato a lungo e ha raccolto echi di molti Orienti e Occidenti, di molte Atlantidi o Pangee scomparse, miraggi riferibili ai più diversi paesi e non-paesi, una zattera che si è poi assestata, ma sempre con ormeggi di ragnatela radiosa, in questo punto della costa, e che ne è stata mollemente imprigionata, ma tra molti varchi, finestre, aperture"[10]. Altrettanto lontani erano i tempi della potenza manifatturiera di Venezia, quando nel Cinquecento fiorisce l'industria della seta: allora il suo territorio, oltre che al Veneto e al Friuli, si estende a parte della Lombardia, all'Istria e alla Dalmazia, all'Albania, a settori della Grecia fino a Cipro – non è un caso che per secoli il mare Adriatico sia stato chiamato golfo di Venezia. Meno lontana era la gloria del Settecento, quando Venezia è meta imprescindibile del Grand Tour: la città, una delle più colte e raffinate d'Europa, assurge universalmente a un mito, centro di attrazione di artisti e persone di cultura – rappresentano simbolicamente quella stagione due figure, un grande autore di commedie, Carlo Goldoni, e una persona dai molteplici talenti, Giacomo Casanova. In quel secolo i cammini di due grandi città dell'Europa, Parigi e Venezia, si incrociano ripetutamente: come scrive Alberto Tenenti, "centri culturali che hanno saputo irraggiare da sé e attrarre verso di sé tutto un insieme di valenze e di giudizi" che concorrono a formarne "il loro rispettivo mito"[11]. Tuttavia, dopo più di mille anni di indipendenza – nell'isola di Torcello, una lapide testimonia che nel 639 esisteva Venezia –, il 12 maggio 1797 la città deve arrendersi a Napoleone Bonaparte[12]. Il crollo della Repubblica Veneta segna una radicale decadenza economica e demografica, nonostante la città diventi nell'Ottocento un importante centro industriale (Marghera): se gli abitanti crescono fino ai 147.000 del 1901, si riducono drasticamente nel Novecento; oggi sono scesi, nel centro storico, sotto la soglia dei 50.000 –

the newspaper *il manifesto*, "Power and Opposition in Post-Revolutionary Societies", was held in Venice. I attended, and some of the most important dissidents from Eastern Europe spoke, including the Russian Leonid Plyushch, the Hungarian István Mészáros, Zdeněk Mlynář and Jiří Pelikán both from Czechoslovakia, Poland's Krzysztof Pomian (who recently published his three seminal volumes, *Le musée, une histoire mondiale*).[8] I have a clear memory of a few moments of those days: the unquenchable pain that emerged in many of the narratives; the slender and tormented figure of Plyushch, a distinguished mathematician, who smoked continuously holding the cigarette butt forming between his fingers in a posture that my eyes would never encounter again (perhaps contracted in the psychiatric hospital where he had been confined for years); a few fragmentary conversations with Rossana Rossanda (the conference organizer) and Emilio Vedova. Both days after the proceedings, I strolled through a now dark Venice before slipping into bed in the *pensione* where I was staying. I would never find that dark, nocturnal city again: I walked along the *calli* and *sotoporteghi*, not always knowing the right direction and often ending up getting lost, my ear attentive to the noises that emerged in the night – the rustling of the water I could not see, the footsteps of some traveller also indistinguishable, given the fog that enveloped and overhung everything and the mystery that was everywhere in the humid air.

Even then, in his *The Stones of Venice*, John Ruskin, who visited Venice and its islands eleven times, in the middle of the 19th century, sharply grasped this phantasmal aspect of the city found in many of Kenna's images: "Venice ... is still left for our beholding in the final period of her decline: a ghost upon the sands of the sea, so weak, so quiet, so bereft of all but her loveliness, that we might well doubt, as we watched her faint reflection in the mirage of the lagoon, which was the City, and which the Shadow".[9] The times of the city's great splendour were far away when Ruskin was writing and drawing. These were the times that began with the seafaring and merchant Venice of the Middle Ages, when one of its citizens, Marco Polo, ventured to the Far East. His travels were emblematic of the Serenissima's constant role and tension as a bridge between West and East. This perennial vocation for travel and openness was suggestively captured by a great poet, Andrea Zanzotto: "The city could also be one of the rafts of grassy silt: that has travelled a long way and gathered echoes of many Easts and Wests, of many Atlantis or vanished Pangaea, mirages referable to the most diverse countries and non-countries, a raft that has then settled, but always with moorings of radiant cobweb, at this point of the coast, and that has been softly imprisoned, but among many openings, windows, apertures".[10] Equally distant were the eras of Venice's manufacturing power, when the silk industry flourished in the 16th century; then, in addition to Veneto and Friuli, its territory extended to parts of Lombardy, Istria and Dalmatia, Albania, parts of Greece and as far as Cyprus – it is no coincidence that for centuries the Adriatic Sea was called the Gulf of Venice. Less distant was the glory of the 18th century, when Venice was an essential destination of the Grand Tour: the city, one of the most cultured and refined in Europe, universally rose to mythical status, a centre of attraction for artists and people of culture. Two figures symbolically represent that season, a great playwright, Carlo Goldoni, and a person of many talents, Giacomo Casanova. In that century, the paths of two great cities of Europe, Paris and Venice, repeatedly crossed: as Alberto Tenenti writes, they were "cultural centres that were able to radiate from themselves and attract to themselves a whole set of valences and judgements" that contributed to forming "their respective myths".[11] However, after more than a thousand years of independence – on the island of Torcello, a plaque testifies that Venice existed as early as 639 – on 12 May 1797 the city surrendered to Napoleon Bonaparte.[12] The collapse of the Venetian Republic marked a radical economic and demographic decline, despite the city becoming an important industrial centre (Marghera) in the 19th century. While the number of inhabitants rose to 147,000 in 1901, they fell drastically in the 20th century; today there are fewer than 50,000 in the historic centre – with a further 27,000 on the islands in the lagoon – due to urban decay and the exodus to the mainland, within a progressive ageing of the population.[13] Michael Kenna has steered clear of the siege of tourists who come in every season – think of the impenetrable crowds in Piazza San Marco during Carnival or the Grand Canal overflowing with people for the Regata Storica – and has chosen to give us a secret, intimate Venice which invites those who travel there not to be distracted, to fill their eyes with

con altri 27.000 nelle isole della laguna –, per effetto del degrado urbano e dell'esodo verso la terraferma, dentro un progressivo invecchiamento della popolazione[13].
Michael Kenna si è tenuto al largo dall'assedio dei turisti che vi si recano in ogni stagione – pensiamo alla folla impenetrabile in piazza San Marco in occasione del Carnevale e al Canal Grande traboccante di gente per la Regata Storica – e ha scelto di restituirci una Venezia segreta, intima, che presuppone che chi vi viaggia non subisca distrazioni, possa riempirsi gli occhi del suo incanto e abbia l'opportunità di sintonizzarsi con la propria interiorità. Eppure, non sempre chi visita oggi Venezia si rende conto di quella che potremmo definire una lenta agonia della città; le immagini di Kenna sono in fondo l'elegia di un mondo al tramonto.

Mentre scorriamo le fotografie di Venezia di Michael Kenna sarebbe utile riandare con la memoria alle rappresentazioni trasmesseci dalla pittura e dalla fotografia. Moltissimi – e il nostro elenco è del tutto parziale – l'hanno dipinta: Carlevarijs, Marieschi e Canaletto[14], Bellotto, Longhi, Guardi, Turner, Ruskin[15], Bonington, Corot, Whistler, Sickert, Singer Sargent, Gustave Moreau, Callow, Monet, Caffi, Ciardi, Fragiacomo[16], Boccioni, Italico Brass, Ettore Tito, de Pisis, de Chirico, Virgilio Guidi (che ha saputo mirabilmente rendere il nucleo di verità di una città devastata dalla luce). Quanto alla fotografia, occorre in premessa registrare una radicale differenza tra le immagini di Kenna e quelle scattate da tanti fotografi e che sono giunte fino a noi. Se in Kenna dissolte sono le persone, e se solo in qualche sua rara immagine esse sono l'evanescente forma che cerca di affermarsi dentro il vuoto dell'aria, negli album di fotografie all'insegna del "pittoresco" destinati ai turisti tra la fine dell'Ottocento e l'inizio del Novecento – spesso recanti il titolo "Ricordo di Venezia", ornati da motivi floreali in copertina e legature con nastri colorati –, le persone abitano la città, ne sono in un qualche modo i protagonisti accanto ai palazzi, alle chiese, ai canali e ai ponti, come del resto testimoniano libri importanti di documentazione con immagini che vanno dalla metà dell'Ottocento all'inizio del Novecento[17]. Se poi ci inoltriamo nelle esperienze dei fotografi che si sono misurati con Venezia – sempre consapevoli di stilare un elenco assolutamente manchevole, ma con l'intento di fornire qualche verificabile elemento di confronto e suggestione – ritroviamo le persone, abitanti e visitatori, a Venezia, nelle immagini di Ferruccio Leiss[18] – il quale predilige le riprese notturne, lontano dal culto del vedutismo e sensibile ai misteri che ovunque si annidano –, di Ernst Haas[19] con le sue immagini in movimento, di Fulvio Roiter[20] – diventato noto nel 1977 con le fotografie a colori di *Essere Venezia*, un vero e proprio caso editoriale internazionale –, di un grande innamorato di Venezia, Gianni Berengo Gardin[21], di Franco Fontana[22], di Ferdinando Scianna[23] – autore di una intensa ricognizione nel quartiere ebraico –, di Luca Campigotto[24], che, con le sue cupe visioni notturne, possiamo avvicinare a Kenna.
Altre suggestioni e visioni di Venezia le si possono trovare in molte opere della letteratura e del teatro, dalle quali sono anche stati tratti dei film: *Il mercante di Venezia* e *Otello* di William Shakespeare; molte commedie di Carlo Goldoni; *Storia della mia fuga dai Piombi* di Giacomo Casanova; *Ultime lettere di Jacopo Ortis* di Ugo Foscolo; *Il carteggio Aspern* di Henry James; *Senso* di Camillo Boito; *Il fuoco* di Gabriele D'Annunzio; *La morte a Venezia* di Thomas Mann, fino a due opere che citeremo, *Fondamenta degli incurabili* di Iosif Brodskij e *Dizionario per gli amanti di Venezia* di Philippe Sollers. E tra i tanti film ambientati a Venezia, che ci mostrano scorci della città, non possiamo dimenticare *Anonimo veneziano* di Enrico Maria Salerno (1970), *Morte a Venezia* di Luchino Visconti (1971), *Casanova* di Federico Fellini (1976), *La chiave* di Tinto Brass (1983), *La Venexiana* di Mauro Bolognini (1986), fino a *Indiana Jones e l'ultima crociata* di Steven Spielberg (1989).
Infine, non è possibile chiudere questa digressione su Venezia come luogo di avventure letterarie e cinematografiche senza nominare Hugo Pratt, il creatore nel 1967 di Corto Maltese, il marinaio viaggiatore, amante della libertà e dell'avventura, protagonista dell'omonima *graphic novel*. Pratt, in una intervista televisiva, ci ha ironicamente ricordato il volto di una città ormai perduta: "... vado e vengo per il mondo, quasi senza meta. Ma a Venezia ci torno sempre. Cammino per le sue calli, attraverso i canali, mi fermo sui ponti e osservo che sulle rive non ci sono più i granchi che al pomeriggio se ne stavano pigramente a prendere il sole". Pratt si è in un'altra occasione soffermato sull'inesauribile scrigno di misteri che si incontrano quando si cammina nella città: "Ci sono a Venezia tre luoghi magici e nascosti: uno in calle dell'Amor degli Amici, un secondo vicino al ponte delle Maravegie e il terzo in calle dei Marrani, nei pressi di San Geremia in Ghetto Vecchio. È qui

its enchantment and to connect with their inner selves. Yet, those who visit Venice today are often unaware of what we might call the city's slow agony; Kenna's images are ultimately the elegy to a world in decline.

As we scroll through Michael Kenna's photographs of Venice, it is useful to cast our minds back to the representations conveyed to us by painting and photography. There are many – and our list is entirely partial – who have painted it: Carlevarijs, Marieschi and Canaletto,[14] Bellotto, Longhi, Guardi, Turner, Ruskin,[15] Bonington, Corot, Whistler, Sickert, Singer Sargent, Gustave Moreau, Callow, Monet, Caffi, Ciardi, Fragiacomo,[16] Boccioni, Italico Brass, Ettore Tito, de Pisis, de Chirico and Virgilio Guidi (who admirably rendered the core of truth of a city devastated by light). As far as photography is concerned, we first have to register a radical difference between Kenna's images and those taken by the many photographers that have come down to us. In Kenna people are dissolved, and only in some of his rare images are they evanescent forms trying to prevail within the emptiness of the air. Instead, in the "picturesque" albums of photographs for tourists in the late 19th and early 20th centuries – often bearing the title "Memories of Venice" and adorned with floral motifs on the cover and bound with coloured ribbons – people inhabit the city. They are in some way its protagonists alongside the palaces, churches, canals and bridges, as indeed important books of documentation with images dating from the mid-18th to the early 20th century prove.[17] If we then move on to the experiences of photographers who have grappled with Venice – still aware of drawing up a list that is inadequate, but hoping to provide some verifiable element of comparison and suggestion – we find people, inhabitants and visitors in Venice. There are the images by Ferruccio Leiss,[18] who prefers night shots, far from the cult of landscapes and sensitive to mysteries lurking everywhere; Ernst Haas[19] with his pictures in motion; Fulvio Roiter,[20] who became famous in 1977 with the colour photographs of *Essere Venezia*, a real international sensation; the great lover of Venice, Gianni Berengo Gardin;[21] Franco Fontana;[22] Ferdinando Scianna,[23] author of an intense exploration in the Jewish quarter; Luca Campigotto,[24] whose dark night visions bring us closer to Kenna.
Other suggestions and visions of Venice can be found in many works of literature and theatre, and the films based on them: William Shakespeare's *The Merchant of Venice* and *Othello*; comedies by Carlo Goldoni, Giacomo Casanova's *Story of My Escape from the Piombi*, Ugo Foscolo's *The Last Letters of Jacopo Ortis*, Henry James's *The Aspern Papers*, Camillo Boito's *Senso*, Gabriele D'Annunzio's *The Fire* and Thomas Mann's *Death in Venice*. These also include two other works, Joseph Brodsky's *Foundations of the Incurables* and Philippe Sollers's *Dictionary for Lovers of Venice*. Moreover, among the many films set in Venice that show us glimpses of the city, we must not forget *Anonimo veneziano* by Enrico Maria Salerno (1970), *Morte a Venezia* by Luchino Visconti (1971), Federico Fellini's *Casanova* (1976), *La chiave* by Tinto Brass (1983), *La Venexiana* by Mauro Bolognini (1986) and *Indiana Jones and the Last Crusade* by Steven Spielberg (1989).
We cannot end this digression on Venice as a place of literary and cinematographic adventures without mentioning Hugo Pratt, the creator in 1967 of Corto Maltese, the travelling sailor, lover of freedom and adventure, protagonist of the graphic novel of the same name.
In a television interview, Pratt ironically reminded us of the face of a city now lost: "... I come and go throughout the world, almost aimlessly. But I always come back to Venice. I walk through its *calli*, I cross the canals, I stop on the bridges and observe the crabs that used to sunbathe lazily in the afternoon are no longer on the banks". On another occasion, Pratt dwelt on the inexhaustible treasure chest of mysteries one encounters when walking in the city: "There are three magical, hidden places in Venice: one in Calle dell'Amor degli Amici, a second near the Maravegie bridge and the third in Calle dei Marrani, near San Geremia in Ghetto Vecchio. This is where Venetians take refuge when they are tired of the established authorities, in these secret courts where doors lead them forever to beautiful places and other stories...".[25] Kenna, who spent entire nights walking in the city, could tell us about other discoveries, other places of wonder – "one of those places in the heart of Venice", as Thomas Mann wrote in *Death in Venice*, "that seem asleep in a magical oblivion". Here are Michael's nocturnal photographs in the sleepy *calli* and neighbourhoods: the trees in Rio Terà dei Gesuati and in the Sestiere Dorsoduro, the desolate Campazzo San Sebastian, with the two alternative streets that open onto it, that evoke, for me, one of Robert Frost's most beautiful poems, *The Road Not Taken*.

che si rifugiano i veneziani quando sono stanchi delle autorità costituite, in queste corti segrete in cui si aprono Porte che li conducono per sempre in posti bellissimi e in altre storie..."[25]. Kenna, che ha trascorso intere notti camminando nella città, potrebbe raccontarci di altre scoperte, di altri luoghi di meraviglia – "uno di quei luoghi nel cuore di Venezia", come scrive Thomas Mann nella *Morte a Venezia*, "che sembrano addormentati in un magico oblio". Ecco le fotografie notturne di Michael nelle calli e nei quartieri assonnati: gli alberi nel Rio Terà dei Gesuati e nel Sestiere Dorsoduro, il desolato Campazzo San Sebastian, con le due vie alternative che vi si aprono, che in me evocano una delle poesie più belle di Robert Frost, *La strada non presa*.

La Venezia di Kenna sembra essersi spogliata, almeno negli aspetti di vita quotidiana che si possono desumere dalle sue immagini, degli antichi splendori, che pure persistono se li si va a scovare nei musei e nelle chiese: i dipinti memorabili di Giovanni Bellini, Carpaccio, Tiziano, Tintoretto, Veronese. Forse, camminando nella città, sentiamo riecheggiare le parole di coloro che, avendo avuto l'opportunità di soggiornarvi, ne hanno scritto – oltre i nomi già citati, e tra i primi che mi sovvengono, Chateaubriand, Goethe, Rousseau, Byron, Paul Morand, Hippolyte Taine, Dominique Fernandez, Henry James, Rilke, Comisso, Piovene, Parise[26] – e di coloro che hanno voluto trascorrere periodi, più o meno lunghi, della loro vita a Venezia – tra i tanti, Ruskin, Henry James, Proust, D'Annunzio, Ezra Pound, Hemingway, Jacques Lacan, che vi si recava almeno una volta all'anno, Iosif Brodskij, Philippe Sollers. Brodskij, nel suo *Fondamenta degli incurabili*[27], si sofferma su un'altra meraviglia della città, che tutti possono condividere quando percorrono su un vaporetto il Canal Grande o camminano nelle calli della città, e che Ruskin aveva sintetizzato nell'espressione *open-air art*: "Il pizzo verticale delle facciate veneziane è il più bel disegno che il tempo-*alias*-acqua abbia lasciato sulla terraferma, in qualsiasi parte del globo". Molti hanno scelto e scelgono ancora oggi di andare a vivere a Venezia, nonostante le difficoltà della vita materiale. La loro quotidiana immersione nella città ci ha lasciato retaggi memorabili. Diego Valeri, finissimo poeta e scrittore, è stato completamente sedotto da Venezia; scrive in *Fantasie veneziane*: "D'estate Venezia è tutt'un impasto amoroso di sole, di pietra e d'acqua. D'inverno, invece, pare che i raggi la tocchino appena, illuminandola senza penetrarla [...]. La pietra resta pietra, l'acqua acqua. [...] E così, spoglia d'ogni velo, e tanto più casta quanto più nuda, Venezia, pur nella sua concretezza nuova, ha tutta l'aria di un paese metafisico". Innamorato perso di Venezia, Valeri rammenta i suoi trasalimenti quando è scesa "l'aria di fine autunno, che porta odore di freddo. [...] Ora vado lungo una lama d'acqua ferma, lustra, che raccoglie nel suo grigiore oleoso l'ultimo barlume del crepuscolo. E a un tratto sono assalito da uno strano sgomento: che cos'è questo camminare sul ciglio di specchi d'acqua che ripetono di continuo le nostre figure capovolte, i nostri gesti staccati dalle parole, le nostre case col tetto sprofondato in giù, tutte le tinte del nostro cielo senza il calore della vita? Mi par d'essere entrato [...] nel labirinto d'un sogno angoscioso, in cui m'aggirerò per sempre, senza speranza di liberazione"[28].
A Venezia ha scelto di vivere Pier Luigi Pizzi, che la vide per la prima volta a nove anni, quando il padre venne, d'inverno, a Murano per incontrare i maestri vetrai: per il futuro regista teatrale, scenografo e costumista fu un'esperienza indimenticabile. "Durante il lento percorso sul Canal Grande, appena rischiarato da rari lampioni, ebbi la netta sensazione di entrare in una scena di teatro. Ero già stato alla Scala. C'erano sui bordi dell'acqua, imponenti palazzi e chiese monumentali, come fondali di teatro, abilmente dipinti, ma che a me parvero assolutamente finti. Dietro le vetrate spente, nessun sentore di vita. Il fantasma di una città metafisica. L'indomani mattina un pallido sole invernale, attraverso la nebbia, rischiarava il cielo con luce di madreperla, ma, a rendere il risveglio più surreale, l'acqua alta aveva inondato le fondamenta del bacino di San Marco. Provvisti di stivali attraversammo sulle passerelle l'immensa piazza. Niente di più spettacolare: la basilica, la torre dell'orologio, i colonnati delle Procuratie e sull'altro lato Palazzo Ducale e la Biblioteca Marciana si riflettevano nel grande specchio e sembravano galleggiare senza peso. [...] Fin da questo primo incontro Venezia ha rappresentato per me lo spazio effimero dell'immaginazione, che non ha tempo e non ha confini"[29].
Anche Michael Kenna è ormai innamorato di Venezia, come dimostra il suo desiderio di ritornarvi ancora e ancora, al di là del progetto di realizzare questo suo libro fotografico e di condividere con noi le sue immagini, che fanno riaffiorare memorie perdute e scavano nella nostra interiorità, rivelandoci la poesia che s'annida nel reale, anche quello più consueto,

Kenna's Venice seems to have been stripped, at least in the aspects of daily life that can be deduced from its images, of the ancient splendours. Nevertheless, they do persist if you seek them out in museums and churches: the memorable paintings of Giovanni Bellini, Carpaccio, Titian, Tintoretto and Veronese. Perhaps, as we walk through the city, we may hear echoes of the words of those who, having had the opportunity to stay here, have written about it. In addition to the names already mentioned, some of the first that come to mind include Chateaubriand, Goethe, Rousseau, Byron, Paul Morand, Hippolyte Taine, Dominique Fernandez, Henry James, Rilke, Comisso, Piovene and Parise.[26] Then there are those who wished to spend longer or shorter periods of their lives in Venice: Ruskin, Henry James, Proust, D'Annunzio, Ezra Pound, Hemingway, Jacques Lacan – who used to go there at least once a year – Brodsky, Philippe Sollers. Brodsky, in his *Fondamenta degli Incurabili*,[27] dwells on another marvel of the city, which everyone can share when they take a vaporetto along the Grand Canal or walk through the *calli*, summed up by Ruskin in the expression "open-air art": "The vertical lacework of Venetian facades is the most beautiful design that *time-alias-water* has left on land, anywhere on the globe".
Many chose and still choose to live in Venice, despite the difficulties of material life. Their daily immersion in the city has left us with memorable legacies. Diego Valeri, a fine poet and writer, was completely seduced by Venice; he writes in *Fantasie veneziane*: "In summer, Venice is a loving mixture of sun, stone and water. In winter, on the other hand, it seems that the rays barely touch it, illuminating without penetrating it ... Stone remains stone, water remains water ... And so, stripped of every veil, and all the more chaste the more naked, Venice, even in its new concreteness, has all the air of a metaphysical country". Madly in love with Venice, Valeri recalls trembling when "the late autumn air came down, which brings the smell of cold ... Now I walk along a still, shiny blade of water, which gathers in its oily greyness the last glimmer of twilight. And all of a sudden, I was assailed by a strange dismay: what is this walking along the edge of pools of water that continually repeat our figures turned upside down, our gestures detached from words, our houses with their roofs sunk down, all the colours of our sky without the warmth of life? It seems to me that I have entered ... the labyrinth of an anguished dream, in which I will wander forever, without hope of liberation".[28]
It was in Venice that Pier Luigi Pizzi chose to live. He saw "her" for the first time when he was nine years old, when his father came to Murano during the winter to meet the master glassmakers: for the future theatre director, set and costume designer it was an unforgettable experience. "During the slow walk along the Grand Canal, barely illuminated by occasional street lamps, I had the distinct sensation of entering a stage set. I had already been to La Scala. There were on the water's edge, imposing palaces and monumental churches, like theatre backdrops, skilfully painted, but which looked absolutely fake to me. Behind the dull stained-glass windows, no hint of life. The ghost of a metaphysical city. The next morning a pale winter sun, through the fog, illuminated the sky with mother-of-pearl light, but to make the awakening more surreal, high water had flooded the foundations of San Marco's basin. Wearing boots, we crossed the immense square on footbridges. Nothing could have been more spectacular: the basilica, the clock tower, the colonnades of the Procuratie and on the other side the Doge's Palace and the Biblioteca Marciana were reflected in the large mirror and seemed to float weightlessly ... From this first encounter Venice represented for me the ephemeral space of the imagination, which has no time and no boundaries".[29]
Michael Kenna has also fallen in love with Venice, as his desire to return there again and again proves. His love goes beyond the project of producing this book of photographs and sharing his images that bring back lost memories and delve into our inner selves, revealing the poetry that lurks in reality, even the most ordinary, when one is able to look at it with innocent eyes. I am certain that, having made Kenna's journey through his photographs, many will feel the desire to return to Venice, perhaps accompanied by the words of the many who have celebrated it, such as those of Philippe Sollers in his *Dictionnaire amoureux de Venise*,[30] with which we take leave: "Venice is a great historical adventure. It can also be an individual passion ... I arrived there very young, I spent a lot of time every year, spring and autumn, walking, sailing, watching, breathing, sleeping and marvelling. Venice, that is its secret, is an amplifier. If you are happy, you will be ten times happier, unhappy, a hundred times unhappier. It all depends on your inner disposition and your relationship

quando si è capaci di guadarlo con occhi innocenti. Sono certo che, concluso il viaggio di Kenna attraverso le sue fotografie, molti sentiranno il desiderio di ritornare a Venezia, magari accompagnati dalle parole dei tanti che l'hanno celebrata, come quelle di Philippe Sollers nel suo *Dizionario per gli amanti di Venezia*[30], con le quali prendiamo congedo: "Venezia è una grande avventura storica. Può anche essere una passione individuale. [...] Ci sono arrivato giovanissimo, ho passato molto tempo ogni anno, primavera e autunno, camminando, navigando, guardando, respirando, dormendo e meravigliandomi. Venezia, questo è il suo segreto, è un amplificatore. Se sarai felice, sarai dieci volte di più, infelice, cento volte di più. Tutto dipende dalla tua disposizione interiore e dal tuo rapporto con l'amore. L'amore? Sì, e in tutti i sensi: angeli e libertinaggio, architettura, pittura, musica, romanzo, poesia, ma anche aria, pietra, acqua, stelle. Natura e cultura finalmente su un piano di parità. Venezia non è un museo, ma una creazione continua. Se sfuggi ai luoghi comuni, al turismo, alle chiacchiere; se sei riuscito a essere davvero clandestino qui, allora sai cosa significa la parola paradiso. Il mondo sta correndo verso il caos, la violenza, il terrore, la pornografia, il calcolo cieco, la mercificazione totale? Ma no, guarda, ascolta, leggi: ecco il luogo magico e futuro di cui sono testimoni tutti gli artisti e gli spiriti liberi".

[1] Michael Kenna, *Immagini del settimo giorno / Images of the Seventh Day, 1974-2009*, a cura di Sandro Parmiggiani, Skira, Milano 2010.
[2] *Venezia. Photographs by Michael Kenna*, introduzione di Tiziano Scarpa, Nazraeli Press, 2010.
[3] Thomas Mann, *La morte a Venezia*, traduzione di Anita Rho, Giulio Einaudi Editore, Torino 1954.
[4] Simone Weil, *Venezia salva*, a cura di Cristina Campo, Adelphi, Milano 1987.
[5] Michael Kenna, *St. Joseph's College Upholland*, essays by Michael Kenna and Vincent J. Miles, Prestel Verlag, Munich-London-New York 2021.
[6] Michael Kenna, *Rouge*, essay by James Christen Steward, Prestel Verlag, Munich-London-New York 2016.
[7] Michael Kenna, *Northern England 1983-1986*, essay by Ian B. Glover, Nazraeli Press, 2021.
[8] Krzysztof Pomian, *Il museo. Una storia mondiale*, 3 voll., Einaudi, Torino 2021-2023.
[9] John Ruskin, *Le pietre di Venezia*, introduzione di Jan Morris, Mondadori, Milano 1982.
[10] Alessandro Marzo Magno, *Una storia di mare e di terra*, Laterza, Bari-Roma 2022.
[11] Alberto Tenenti, introduzione in *Venezia e Parigi*, Electa, Milano 1989.
[12] Frederic C. Lane, *Storia di Venezia*, Einaudi, Torino 1978.
[13] Giovanni Favero, *Venezia dopo Venezia: Economia e demografia urbana nel Novecento*, in "Laboratoire Italien", vol. 15, pp. 79-89.
[14] Rodolfo Pallucchini, *Meraviglie di Venezia (Carlevarijs, Marieschi, Canaletto)*, introduzione di Guido Piovene, Edizioni Il Polifilo, Milano 1964.
[15] *John Ruskin. Le pietre di Venezia*, catalogo della mostra (Venezia, Palazzo Ducale, 10 marzo – 10 giugno 2018), a cura di Anna Ottani Cavina, Marsilio, Venezia 2018. Emma Sdegno, *A Venezia con Ruskin*, Marsilio Arte, Venezia 2023.
[16] *Venezia nell'Ottocento. Immagini e mito*, catalogo della mostra (Venezia, Ala Napoleonica e Museo Correr, dicembre 1983 – marzo 1984), a cura di Giuseppe Pavanello e Giandomenico Romanelli, Electa, Milano 1983.
[17] Lino Moretti, *Vecchie immagini di Venezia*, Filippi editore, Venezia 1966.
Calli e canali di Venezia e delle isole della Laguna, Filippi editore, Venezia 1976.
[18] Ferruccio Leiss, *Venise*, con testi di Jean Cocteau e Filippo de Pisis, Edizioni Daria Guarnati, Venezia 1953.
Ferruccio Leiss, fotografo a Venezia, a cura di Italo Zannier, Electa, Milano 1979.
[19] *Ernst Haas*, testi di Bryn Campbell e Romeo Martinez, Gruppo Editoriale Fabbri, Milano 1982.
[20] Fulvio Roiter, *Venise à fleur d'eau*, Éditions Clairefontaine (La Guilde du Livre), Lausanne 1954. Dello stesso autore si veda anche: *Essere Venezia*, testo di Andrea Zanzotto, Magnus Edizioni, Maniago 1977; *Laguna*, testo di Goffredo Parise, Magnus Edizioni, Maniago 1978.
[21] Gianni Berengo Gardin, *Venezia. Una storia d'amore*, racconti di Giorgio Soavi, Il Diaframma FotoSelex, 1981. Dello stesso autore si veda anche: *Le Isole della Laguna di Venezia. Un universo inesplorato*, Edizioni L'altra riva, Venezia 1988; *Gli anni di Venezia*, Federico Motta editore, Milano 1994; *Il gioco delle perle di Venezia*, testi di Marco D'Anna, Hugo Pratt, Marco Steiner, Rizzoli Lizard, Milano 2016.
[22] Franco Fontana, *Presenze veneziane*, Maurizio Rossi editore, 1980.
[23] Ferdinando Scianna, *Il ghetto di Venezia 500 anni dopo / The Venice Ghetto 500 years after*, catalogo della mostra, Marsilio, Venezia 2016.
[24] Luca Campigotto, *Venezia Obscura*, testo di Gino Benzoni, con un contributo di Luca Campigotto, Peliti Associati, Venezia 1995. Dello stesso autore si veda anche: *Molino Stucky*, testo di Massimo Cacciari, con un contributo di Luca Campigotto, Marsilio, Venezia 1998; *L'Arsenale di Venezia*, Marsilio, Venezia 2000; *Venezia. Immaginario notturno*, testi di Henry James e Luca Campigotto, Contrasto, Roma 2006; *Venezia. Storie d'acqua*, testi di Tiziano Scarpa e Luca Campigotto, Silvana Editoriale, Cinisello Balsamo 2018.
[25] Hugo Pratt, Guido Fuga, Lele Vianello, *Corto Sconto. La guida di Corto Maltese alla Venezia nascosta*, Rizzoli Lizard, Milano 2020.
[26] Attilio Brilli, *A Venezia, per strade che il piede non calpesta*, in *Il grande racconto delle città italiane*, il Mulino, Bologna 2016, pp. 509-528.
[27] Josif Brodskij, *Fondamenta degli incurabili*, Adelphi, Milano 1991.
[28] Diego Valeri, *Guida sentimentale di Venezia*, Aldo Martello editore, Venezia 1964. Id., *Fantasie veneziane*, Aldo Martello editore, Milano 1972, pp. 7-12.
[29] Pier Luigi Pizzi, *Ritrovare Venezia*, con le fotografie di Lorenzo Capellini, Edizioni Minerva, Argelato 2020, pp. 9-11.
[30] Philippe Sollers, *Dictionnaire amoureux de Venise*, illustrazioni di Alain Bouldouyre, Plon, Paris 2004.

with love. Love? Yes, and in all senses: angels and libertines, architecture, painting, music, novels, poetry, but also air, stone, water, stars. Nature and culture finally on an equal footing. Venice is not a museum, but a continuous creation. If you escape the clichés, the tourism, the chatter; if you have managed to be truly clandestine here, then you know what the word paradise means. Is the world running towards chaos, violence, terror, pornography, blind calculation, total commodification? No, look, listen, read: this is the magical, future place to which all artists and free spirits bear witness".

[1] Michael Kenna, *Immagini del settimo giorno / Images of the Seventh Day, 1974-2009*, edited by Sandro Parmiggiani (Milan: Skira, 2010).
[2] *Venezia. Photographs by Michael Kenna*, introduction by Tiziano Scarpa (Nazraeli Press, 2010).
[3] Thomas Mann, *Death in Venice*, English translation by J. S. Chase (New York: Signet Classics, 1999).
[4] Simone Weil, *Venise sauvée*, Gallimard, Paris 1955; Italian ed. *Venezia salva*, edited by Cristina Campo (Milan: Adelphi, 1987).
[5] Michael Kenna, *St. Joseph's College Upholland*, essays by Michael Kenna and Vincent J. Miles (Munich–London–New York: Prestel Verlag, 2021).
[6] Michael Kenna, *Rouge*, essay by James C. Steward (Munich–London–New York: Prestel Verlag, 2016).
[7] Michael Kenna, *Northern England 1983-1986*, essay by Ian B. Glover (Nazraeli Press, 2021).
[8] Krzysztof Pomian, *Le musée, une histoire mondiale*, 3 vols. (Paris: Gallimard, 2020).
[9] John Ruskin, *The Stones of Venice*, vol. I (Project Gutenberg, 2009).
[10] Alessandro Marzo Magno, *Una storia di mare e di terra* (Bari–Rome: Laterza, 2022).
[11] Alberto Tenenti, Introduction in *Venezia e Parigi* (Milan: Electa, 1989).
[12] Frederic C. Lane, *Storia di Venezia* (Turin: Einaudi, 1978).
[13] Giovanni Favero, "Venezia dopo Venezia: Economia e demografia urbana nel Novecento", *Laboratoire Italien*, vol. 15, 79–89.
[14] Rodolfo Pallucchini, *Meraviglie di Venezia (Carlevarijs, Marieschi, Canaletto)*, introduction by Guido Piovene (Milan: Edizioni Il Polifilo, 1964).
[15] *John Ruskin. Le pietre di Venezia*, edited by Anna Ottani Cavina, exhibition catalogue, Venice, Palazzo Ducale, 10 March – 10 June 2018 (Venice: Marsilio, 2018).
Emma Sdegno, *A Venezia con Ruskin* (Venice: Marsilio Arte, 2023).
[16] *Venezia nell'Ottocento. Immagini e mito*, edited by Giuseppe Pavanello and Giandomenico Romanelli, exhibition catalogue Venice, Ala Napoleonica and Museo Correr, December 1983 – March 1984 (Milan: Electa, 1983).
[17] Lino Moretti, *Vecchie immagini di Venezia* (Venice: Filippi editore, 1966).
Calli e canali di Venezia e delle isole della Laguna (Venice: Filippi editore, 1976).
[18] Ferruccio Leiss, *Venise*, with texts by Jean Cocteau and Filippo de Pisis (Venice: Edizioni Daria Guarnati, 1953).
Ferruccio Leiss, photographer in Venice, edited by Italo Zannier (Milan: Electa, 1979).
[19] *Ernst Haas*, texts by Bryn Campbell and Romeo Martinez (Milan: Gruppo Editoriale Fabbri, 1982).
[20] Fulvio Roiter, *Venise à fleur d'eau* (Lausanne: Éditions Clairefontaine/La Guilde du Livre, 1954). By the same author see also: *Essere Venezia*, text by Andrea Zanzotto (Maniago: Magnus Edizioni, 1977); *Laguna*, text by Goffredo Parise (Maniago: Magnus Edizioni, 1978).
[21] Gianni Berengo Gardin, *Venezia. Una storia d'amore*, short stories by Giorgio Soavi (Il Diaframma FotoSelex, 1981). By the same author see also: *Le Isole della Laguna di Venezia. Un universo inesplorato* (Venice: Edizioni L'altra riva, 1988); *Gli anni di Venezia* (Milan: Federico Motta editore, 1994); *Il gioco delle perle di Venezia*, texts by Marco D'Anna, Hugo Pratt and Marco Steiner (Milan: Rizzoli Lizard, 2016).
[22] Franco Fontana, *Presenze veneziane* (Maurizio Rossi editore, 1980).
[23] Ferdinando Scianna, *Il ghetto di Venezia 500 anni dopo / The Venice Ghetto 500 years after*, exhibition catalogue (Venice: Marsilio, 2016).
[24] Luca Campigotto, *Venezia Obscura*, text by Gino Benzoni, with a contribution by Luca Campigotto (Venice: Peliti Associati, 1995). By the same author see also: *Molino Stucky*, text by Massimo Cacciari, with a contribution by Luca Campigotto (Venice: Marsilio, 1998); *L'Arsenale di Venezia* (Venice: Marsilio, 2000); *Venezia. Immaginario notturno*, texts by Henry James and Luca Campigotto (Rome: Contrasto, 2006); *Venezia. Storie d'acqua*, texts by Tiziano Scarpa and Luca Campigotto (Cinisello Balsamo: Silvana Editoriale, 2018).
[25] Hugo Pratt, Guido Fuga, Lele Vianello, *Corto Sconto. La guida di Corto Maltese alla Venezia nascosta* (Milan: Rizzoli Lizard, 2020).
[26] Attilio Brilli, "A Venezia, per strade che il piede non calpesta", in *Il grande racconto delle città italiane* (Bologna: il Mulino, 2016), 509–28.
[27] Joseph Brodsky, *Fondamenta degli Incurabili* (Milan: Adelphi, 1991).
[28] Diego Valeri, *Guida sentimentale di Venezia* (Venice: Aldo Martello editore, 1964). Id., *Fantasie veneziane* (Milan: Aldo Martello editore, 1972), 7–12.
[29] Pier Luigi Pizzi, *Ritrovare Venezia*, with photographs by Lorenzo Capellini (Argelato: Edizioni Minerva, 2020), 9–11.
[30] Philippe Sollers, *Dictionnaire amoureux de Venise*, illustrations by Alain Bouldouyre (Paris: Plon, 2004).

Venezia. Memorie e Tracce

Venice. Memories and Traces

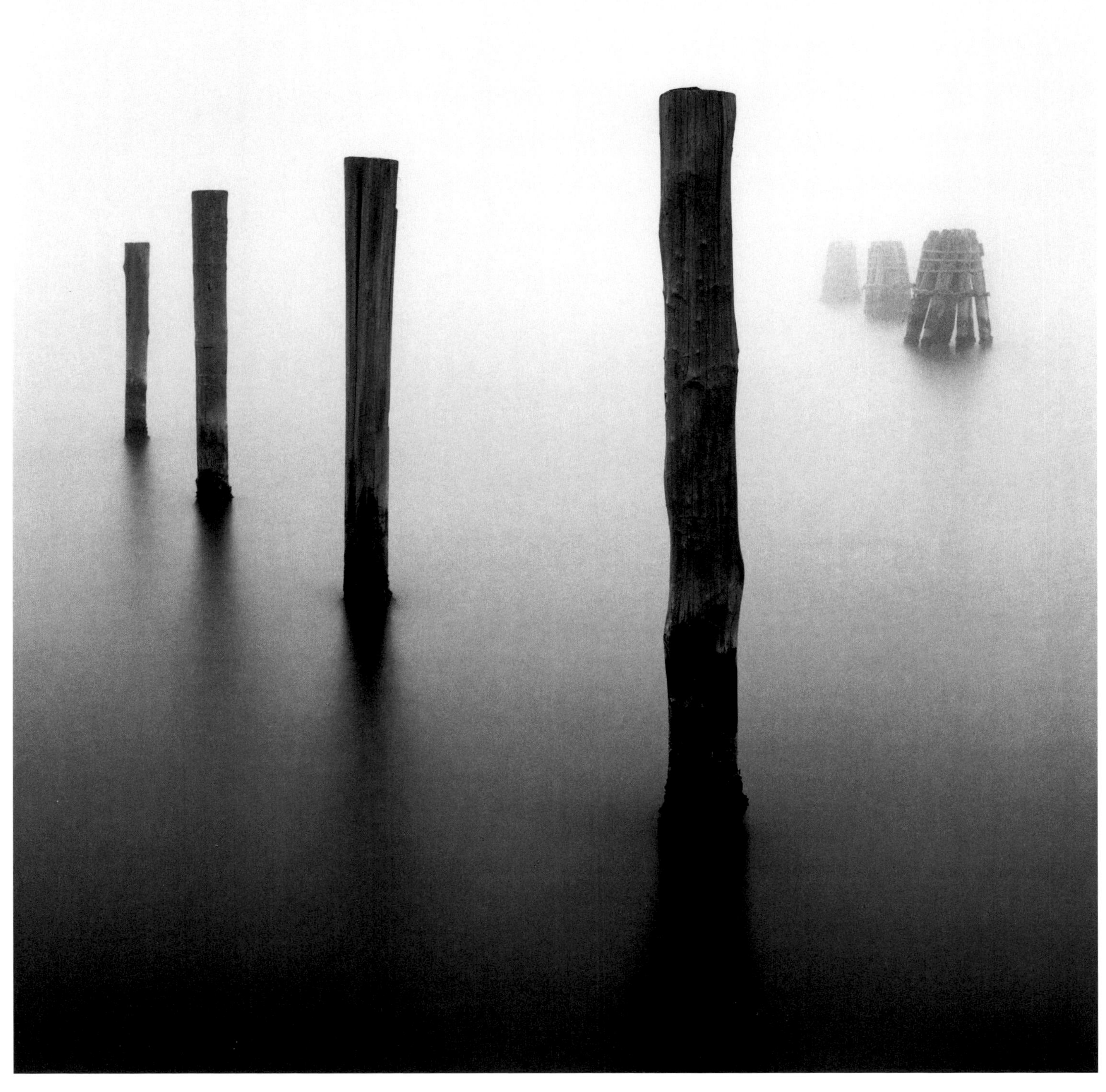

Quattro pali e tre bricole / *Four Poles and Three Bricole*, Venezia, Italia / Venice, Italy, 2022

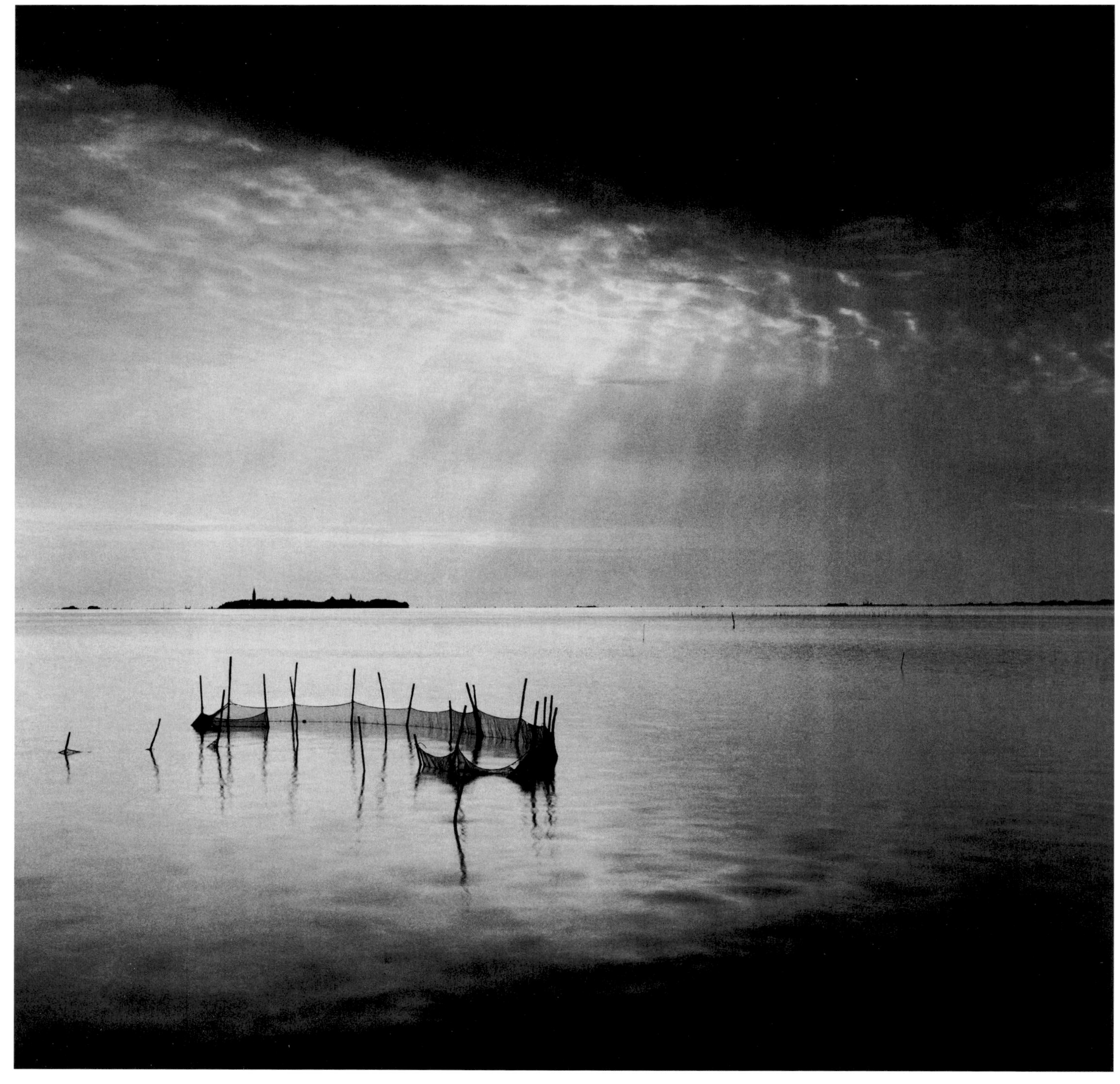

Reti da pesca e Poveglia / Fishing Nets and Poveglia, Venezia, Italia / Venice, Italy, 2021

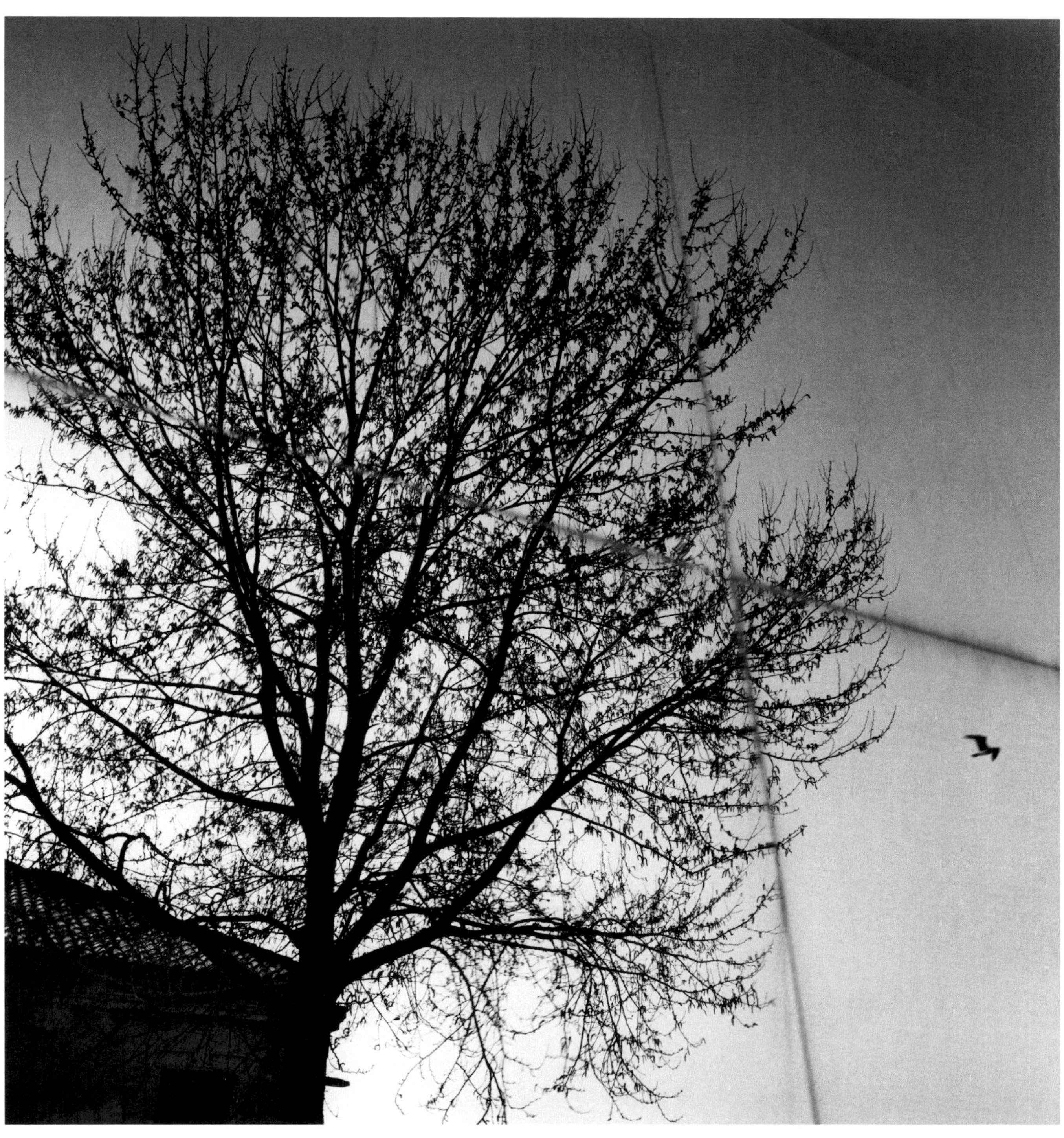

Riflesso di albero e uccello / *Reflected Tree and Bird*, Venezia, Italia / Venice, Italy, 2022

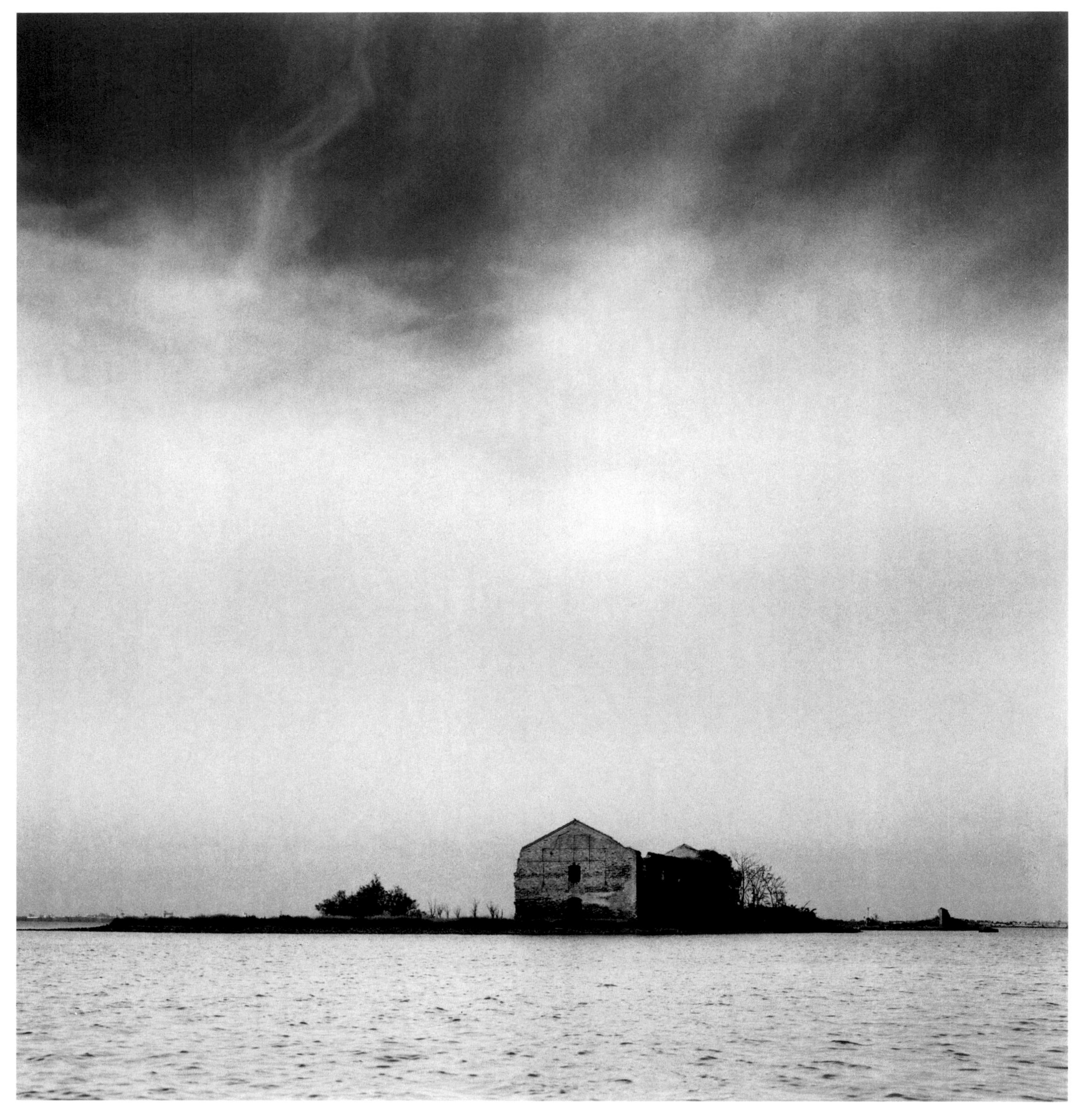

Edificio abbandonato / Derelict Building, Madonna del Monte, Venezia, Italia / Venice, Italy, 2021

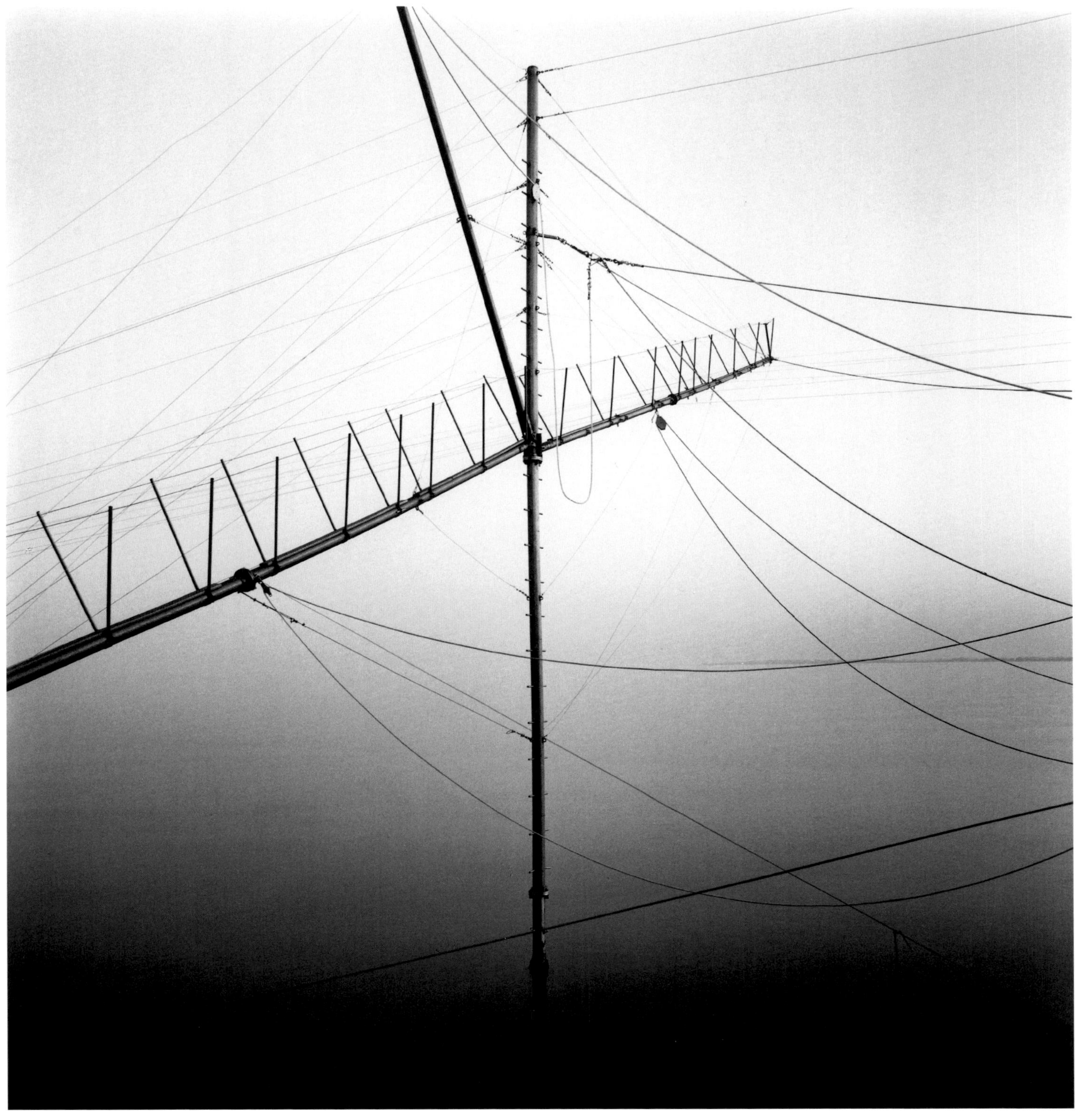

Struttura per la pesca / Fishing Structure, Chioggia, Venezia, Italia / Venice, Italy, 2021

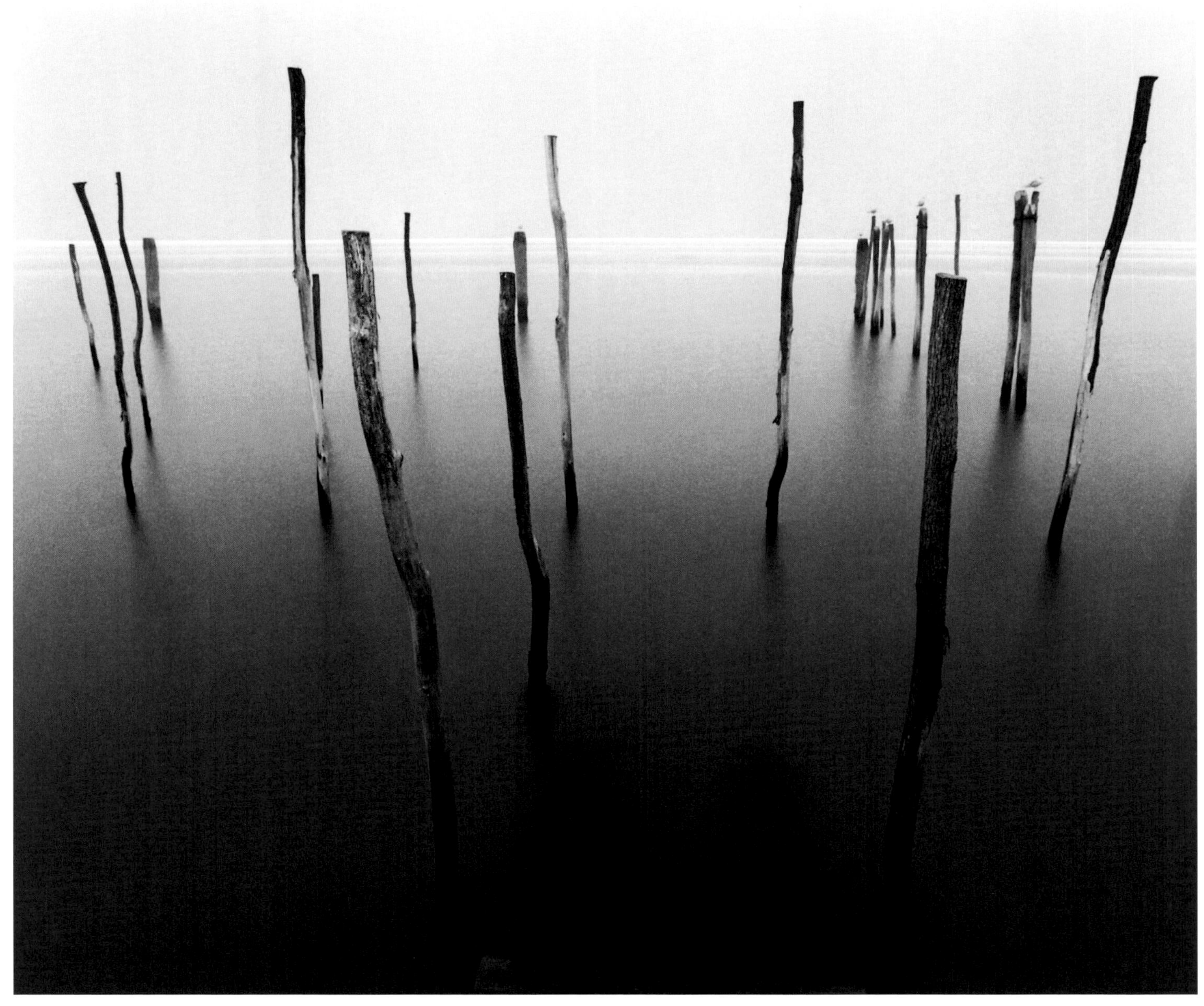

Pali per l'ormeggio / *Docking Poles*, Studio 1 / Study 1, Venezia, Italia / Venice, Italy, 1980

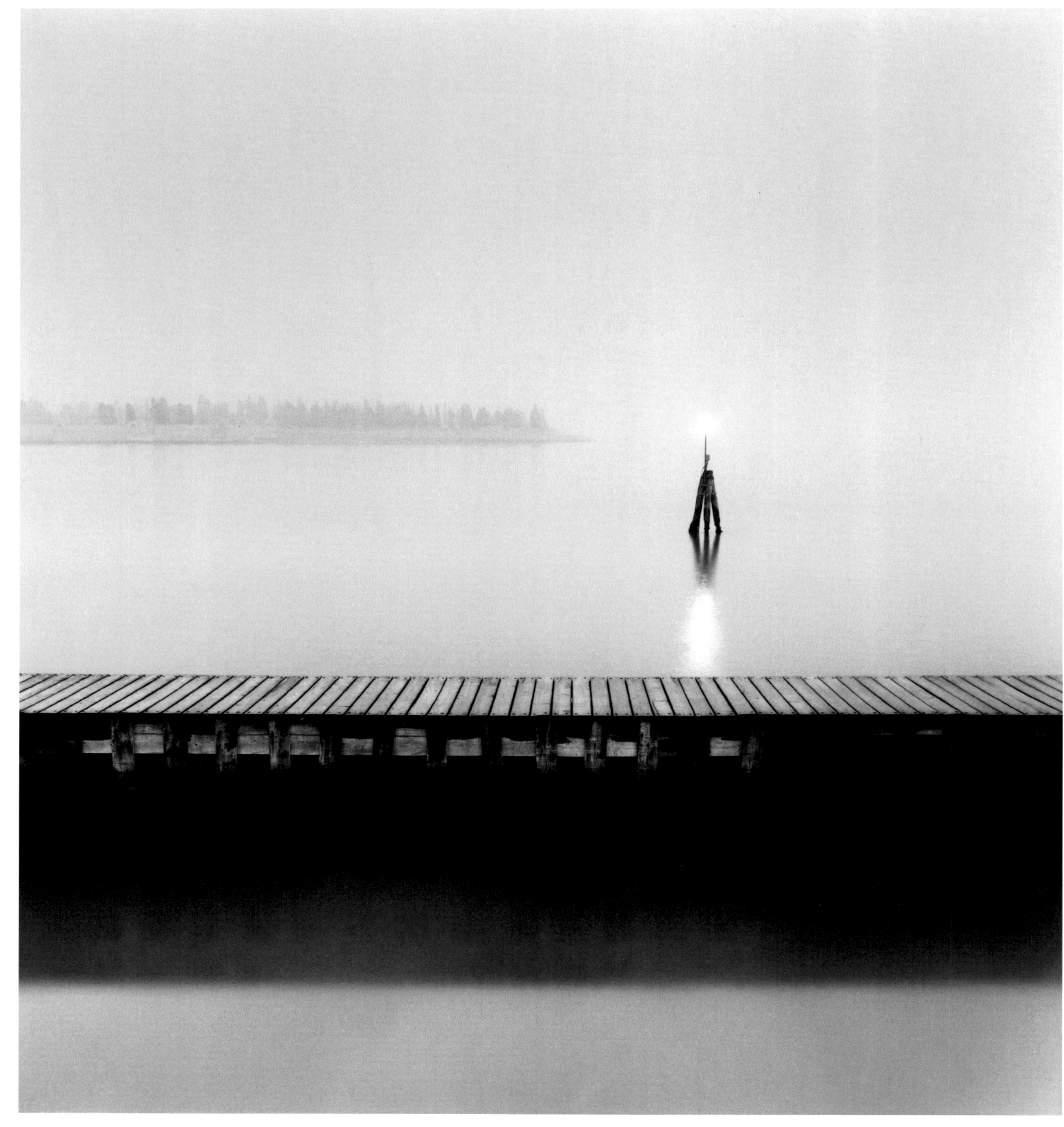

Pontile e lampione per la navigazione / Pier and Navigation Lamp, Venezia, Italia / Venice, Italy, 2006

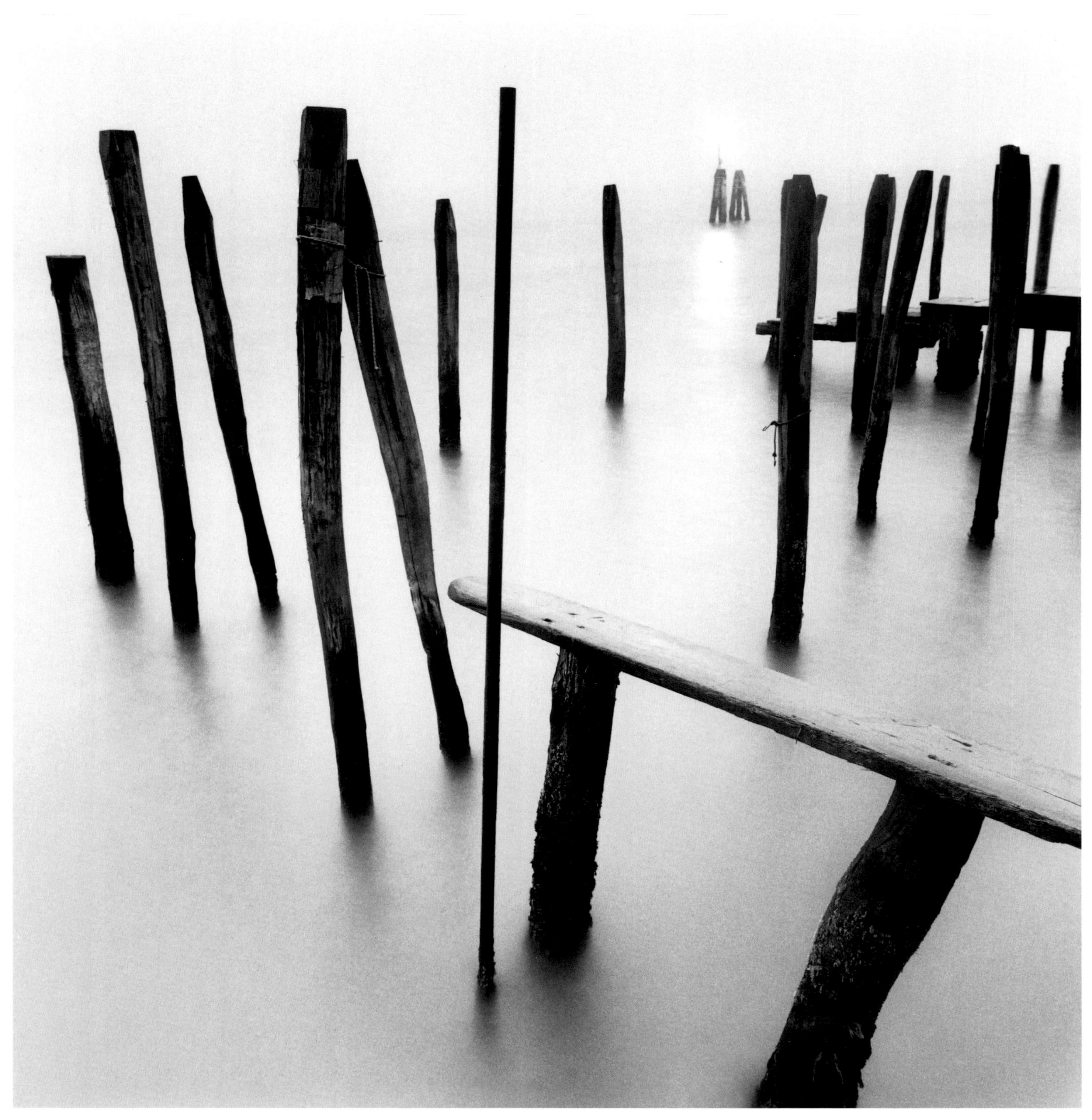

Pali delle Fondamenta Nuove / Fondamenta Nuove Poles, Venezia, Italia / Venice, Italy, 2006

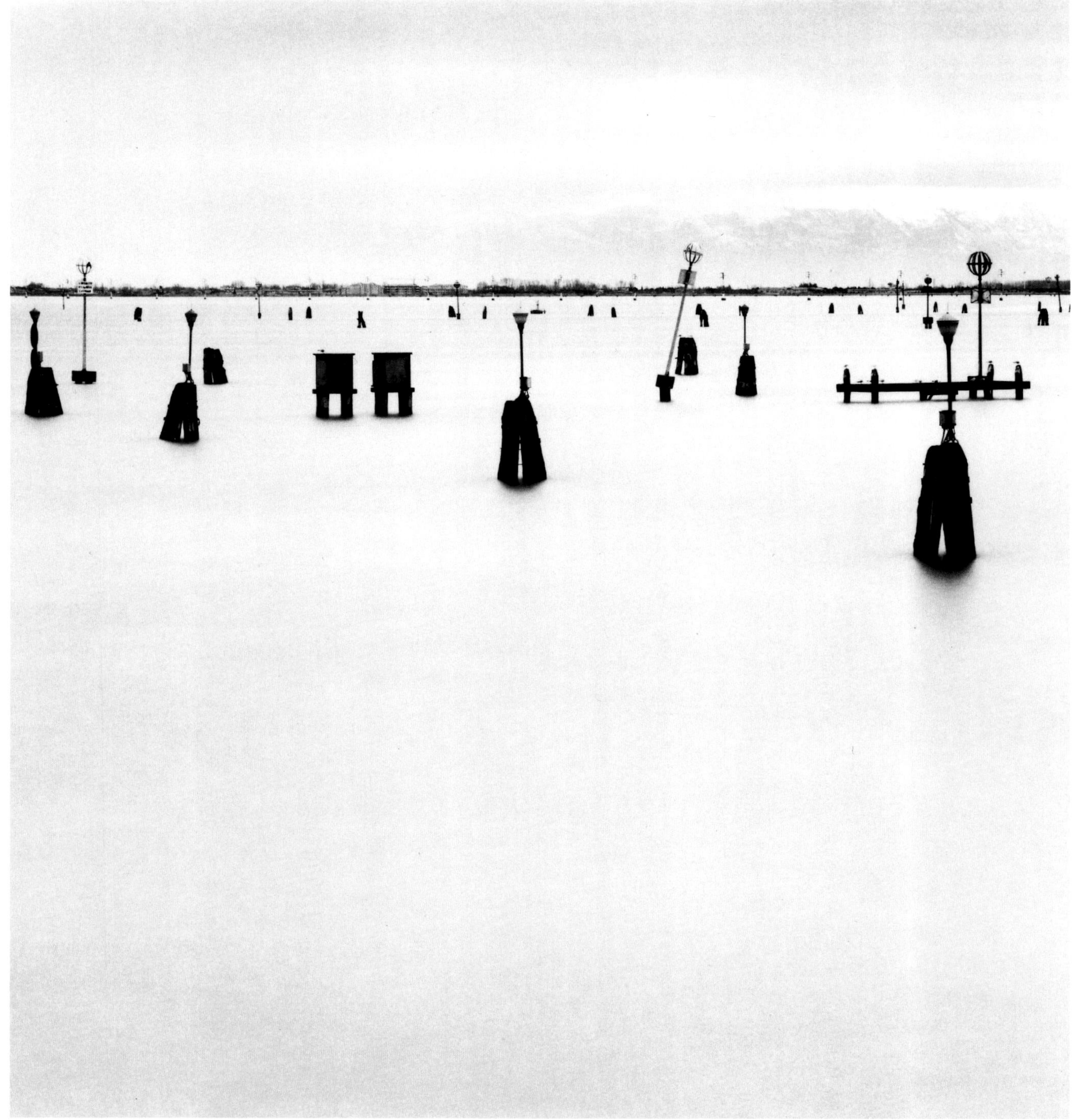

Segnalatori nel canale e montagne / Channel Markers and Mountains, Cannaregio, Venezia, Italia / Venice, Italy, 1987

Chiesa di San Martino, Burano, Venezia, Italia / Venice, Italy, 2019

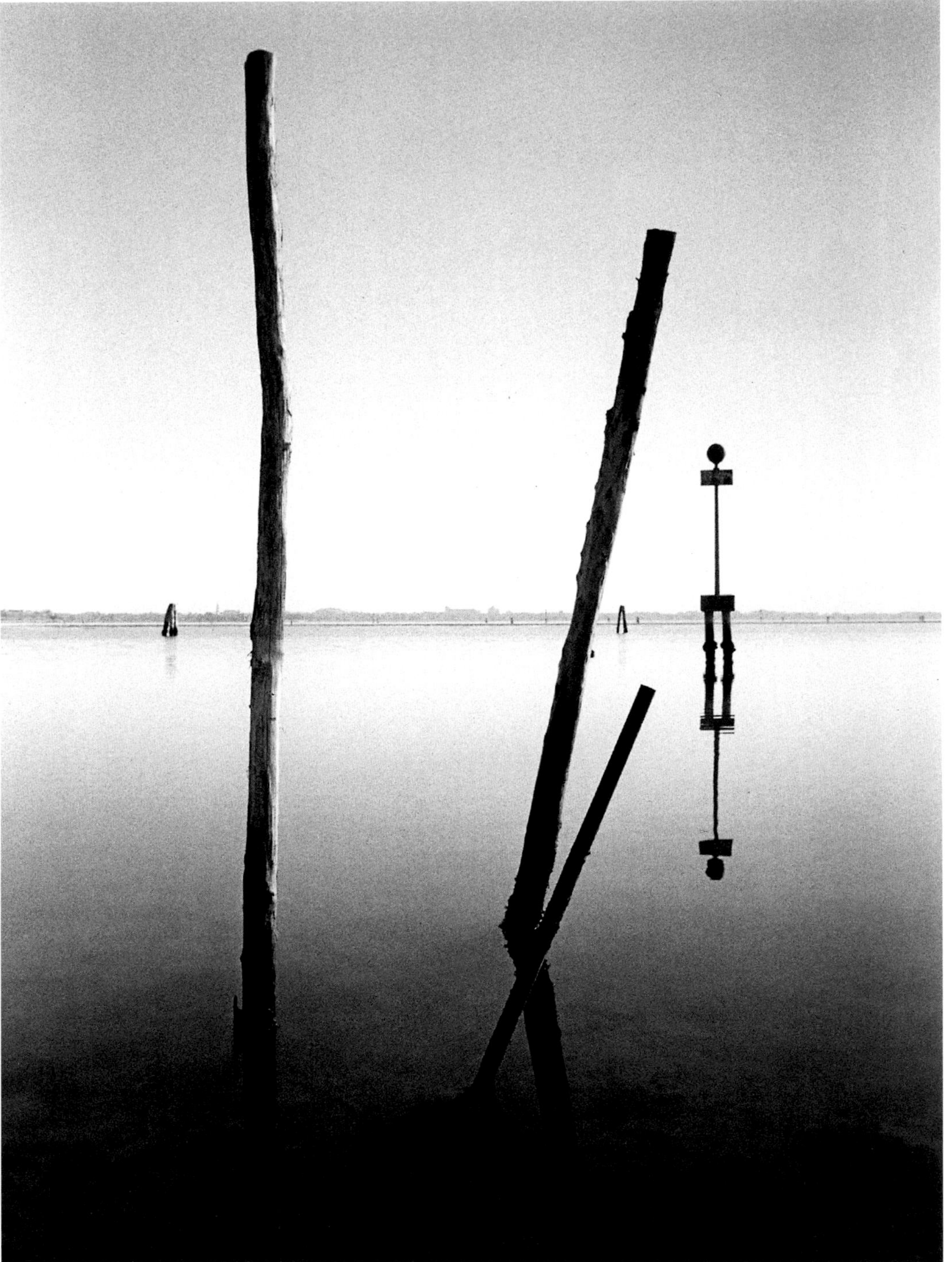

Segnalatori nel canale di Cannaregio / Cannaregio Channel Markers, Venezia, Italia / Venice, Italy, 1989

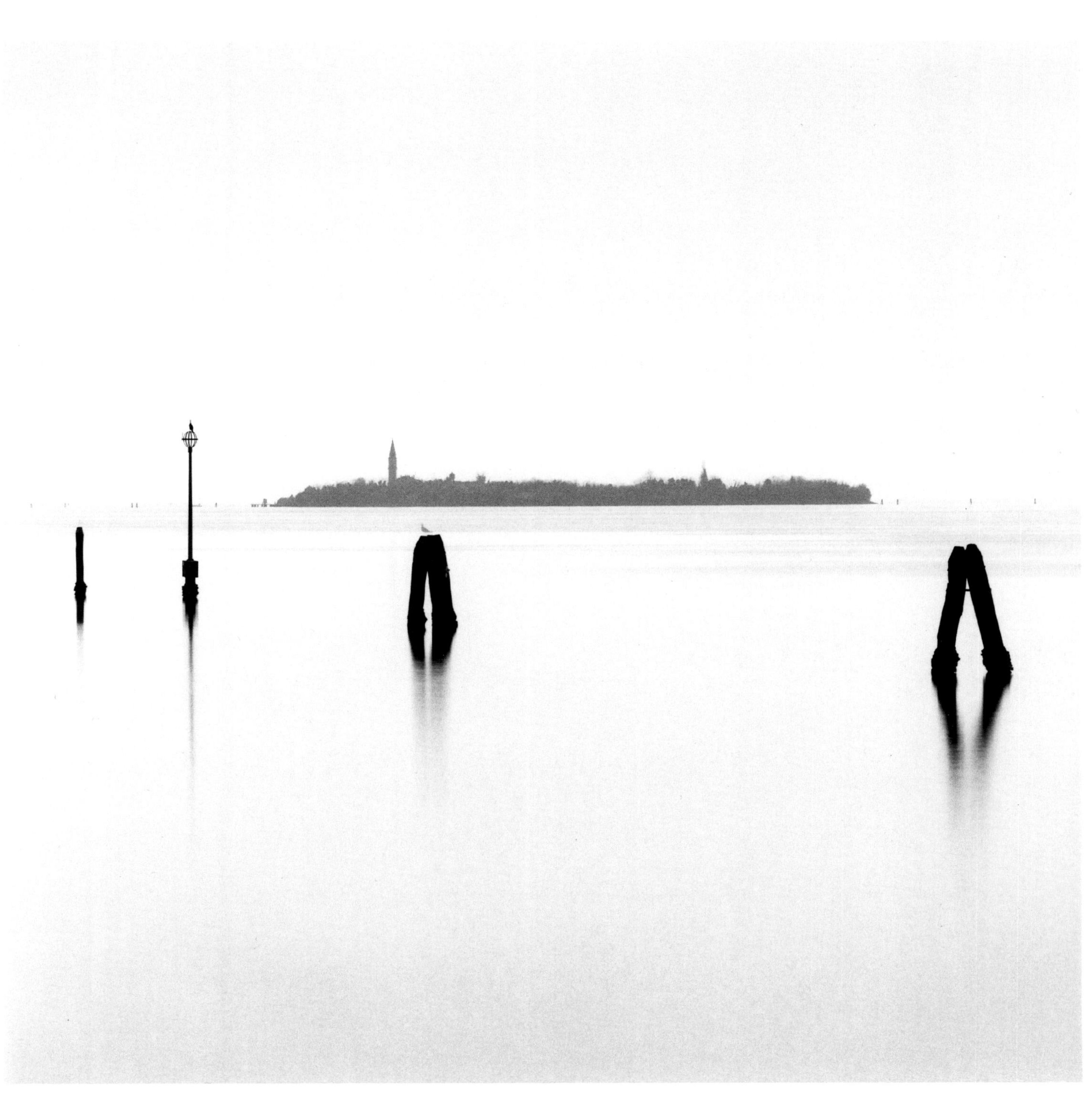

Isola di Poveglia / *Poveglia Island*, Venezia, Italia / Venice, Italy, 2021

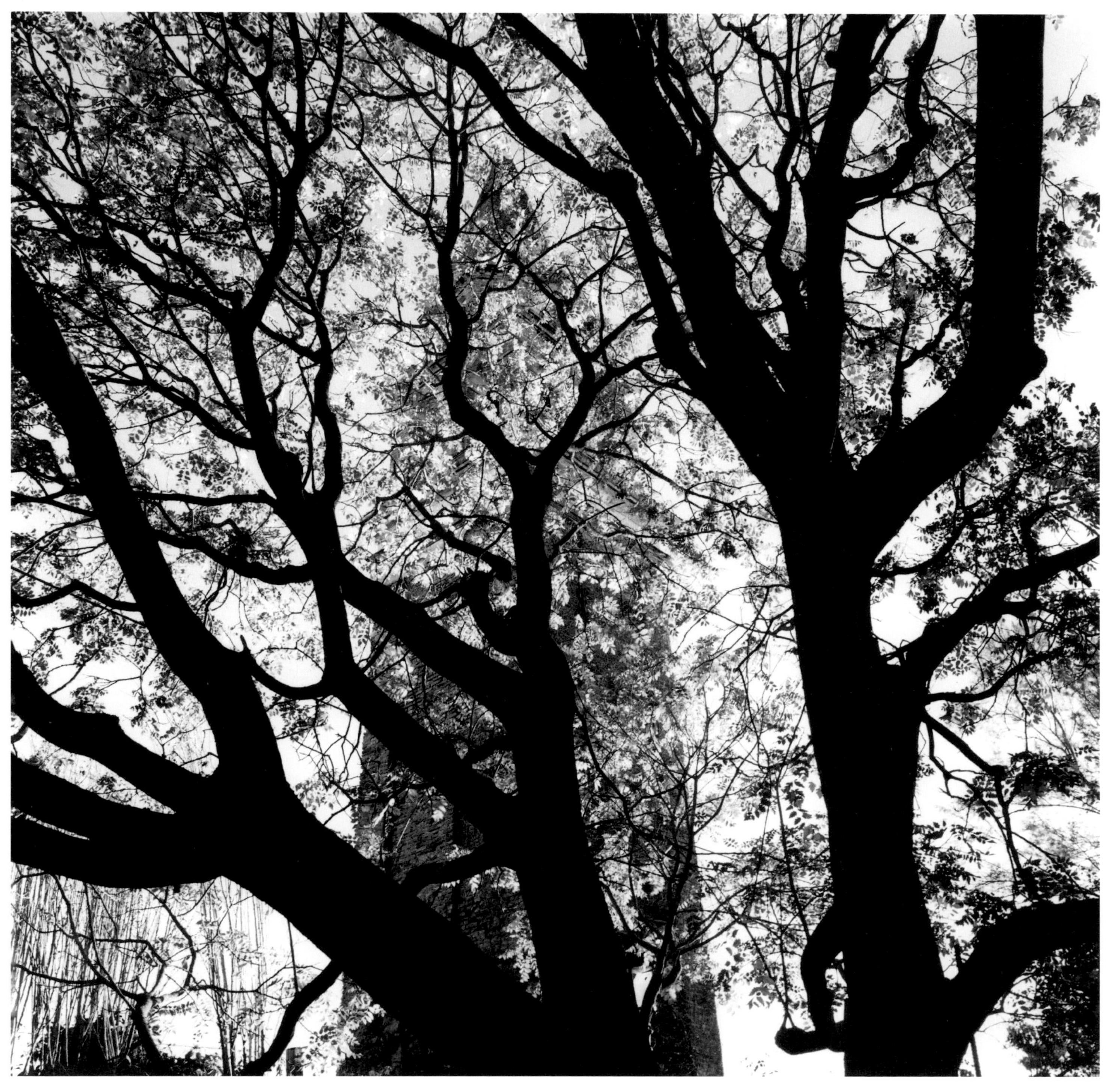

Campanile della Chiesa di San Martino / Bell Tower of the Chiesa di San Martino, Burano, Venezia, Italia / Venice, Italy, 2021

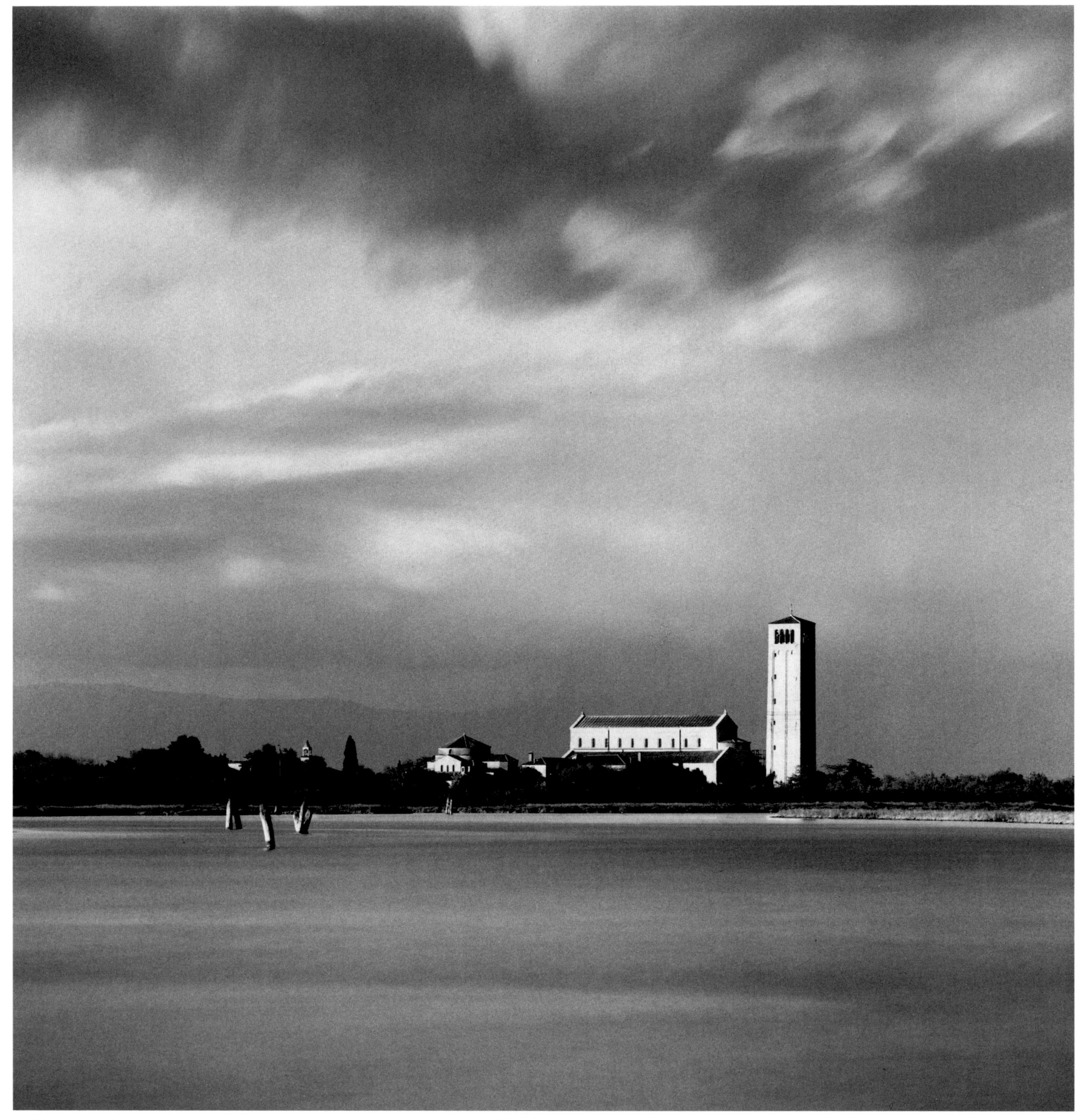

Torcello vista da Burano / *Torcello from Burano*, Venezia, Italia / Venice, Italy, 2021

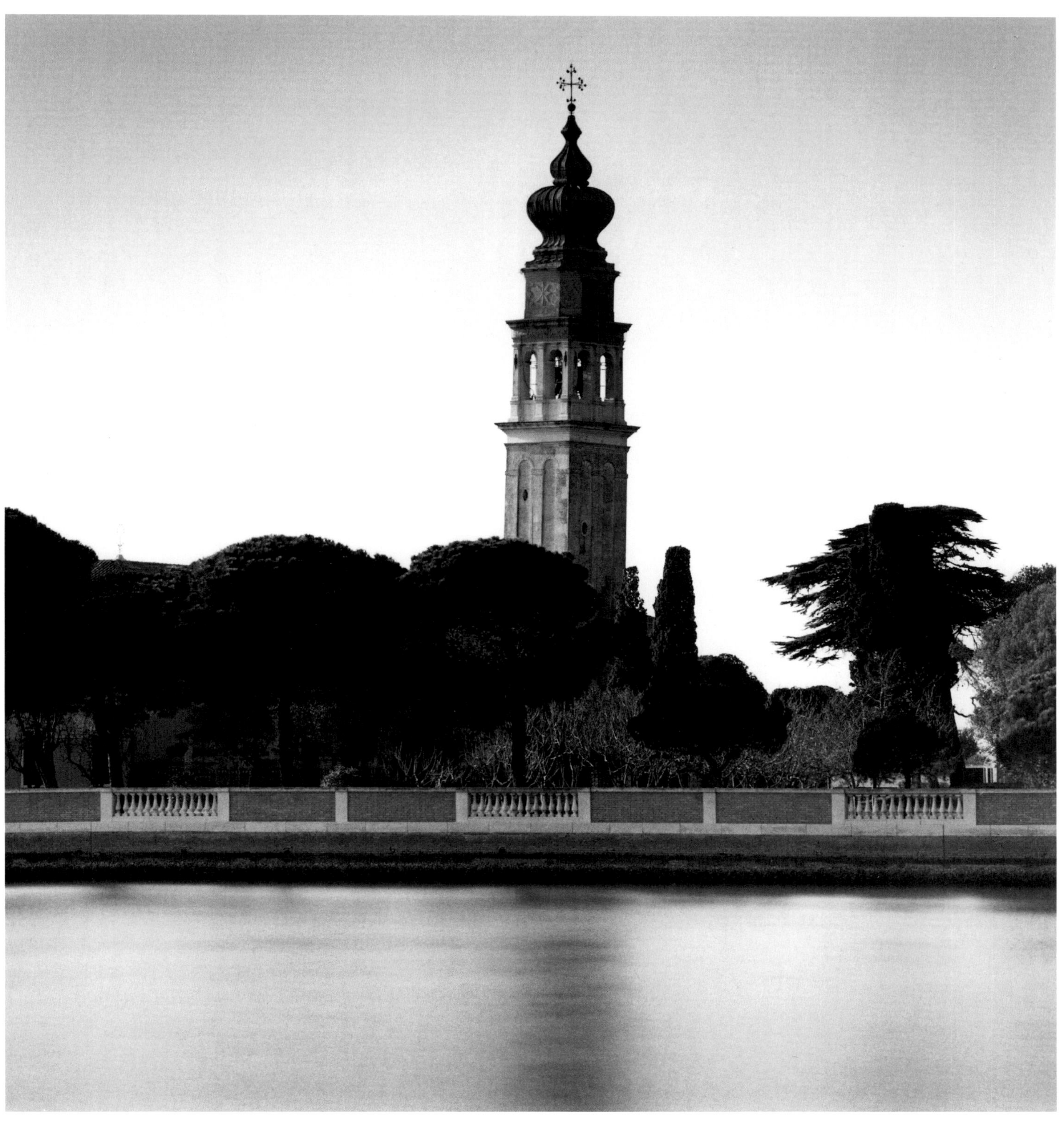

Monastero armeno / *Armenian Monastery*, Venezia, Italia / Venice, Italy, 2021

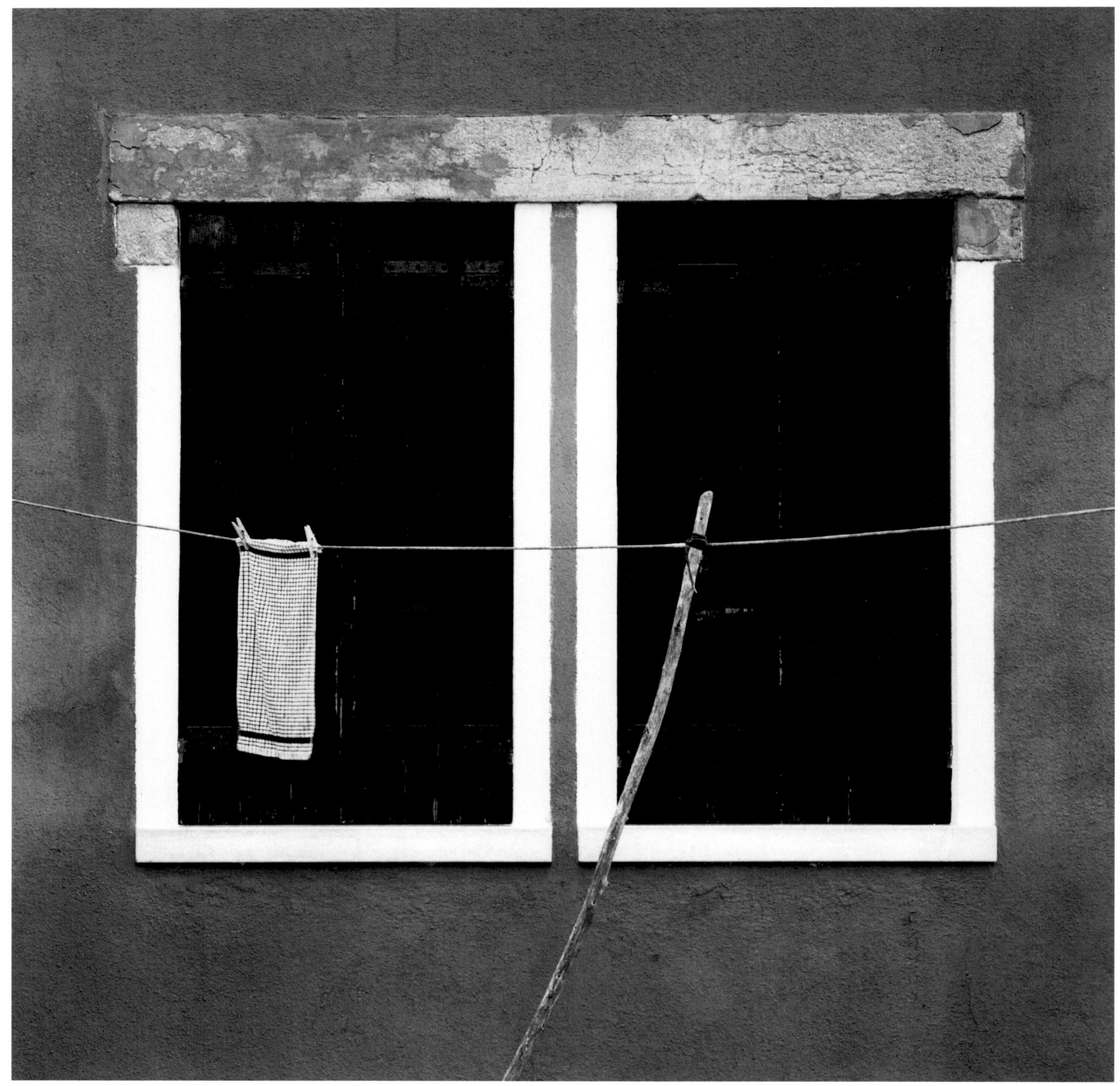

Filo per stendere / Washing Line, Burano, Venezia, Italia / Venice, Italy, 2021

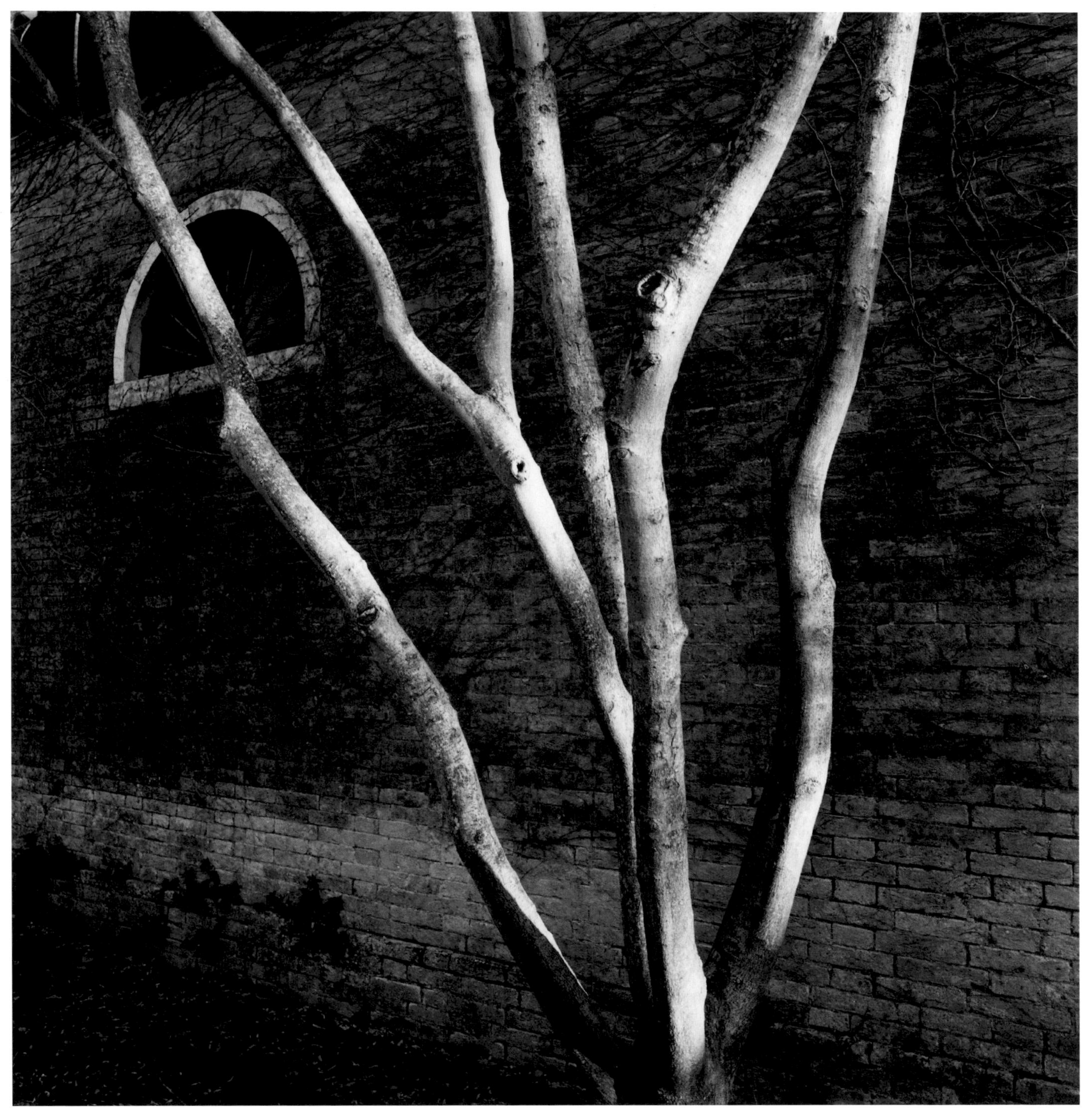

Albero e finestra di una chiesa / Tree and Church Window, Burano, Venezia, Italia / Venice, Italy, 2021

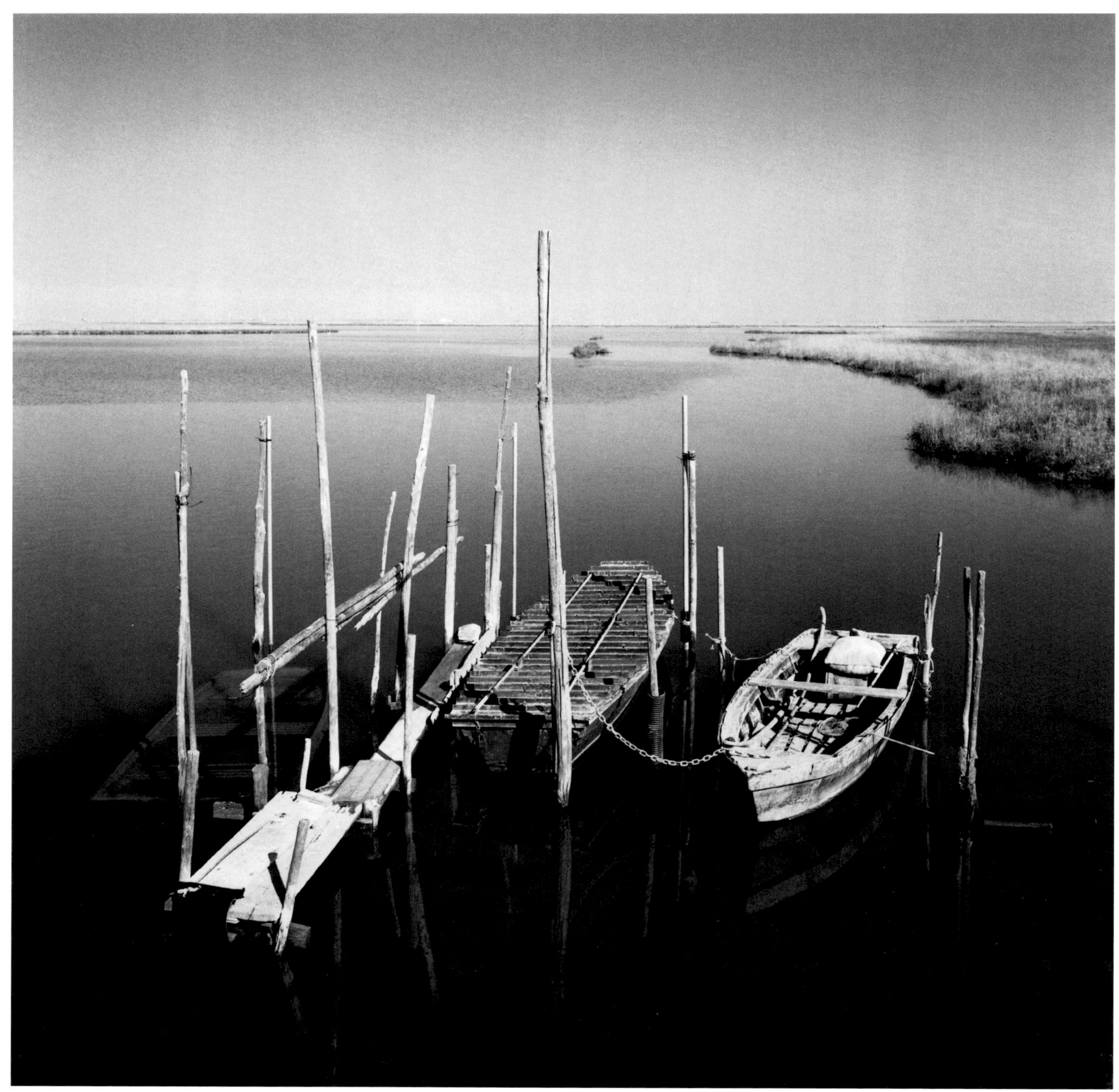

Barche ormeggiate / Moored Boats, Codevigo, Padova, Italia / Padua, Italy, 2021

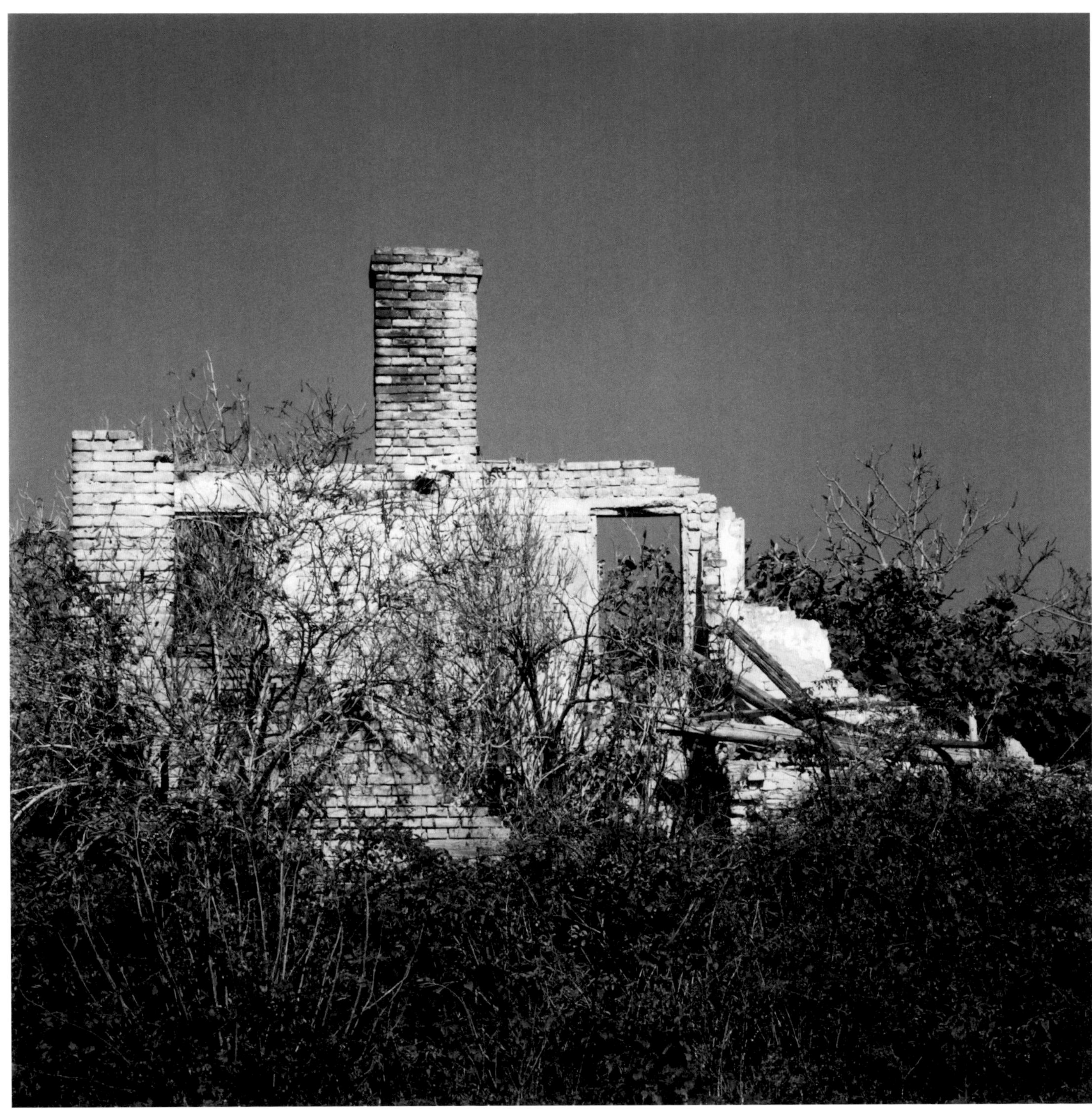

Rovine sulla spiaggia / *Beach Ruins*, Codevigo, Padova, Italia / Padua, Italy, 2021

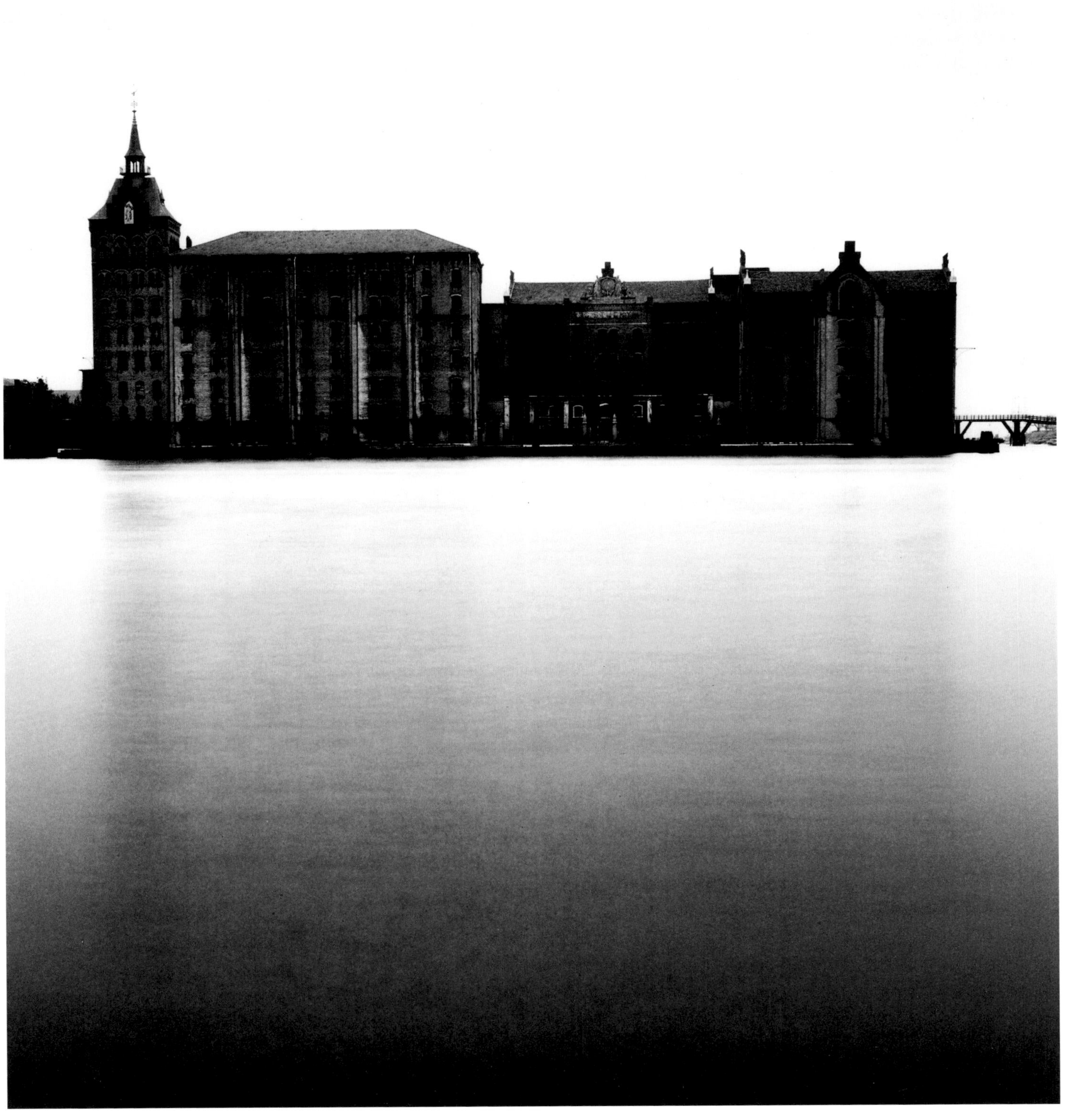

Molino Stucky, Giudecca, Venezia, Italia / Venice, Italy, 1987

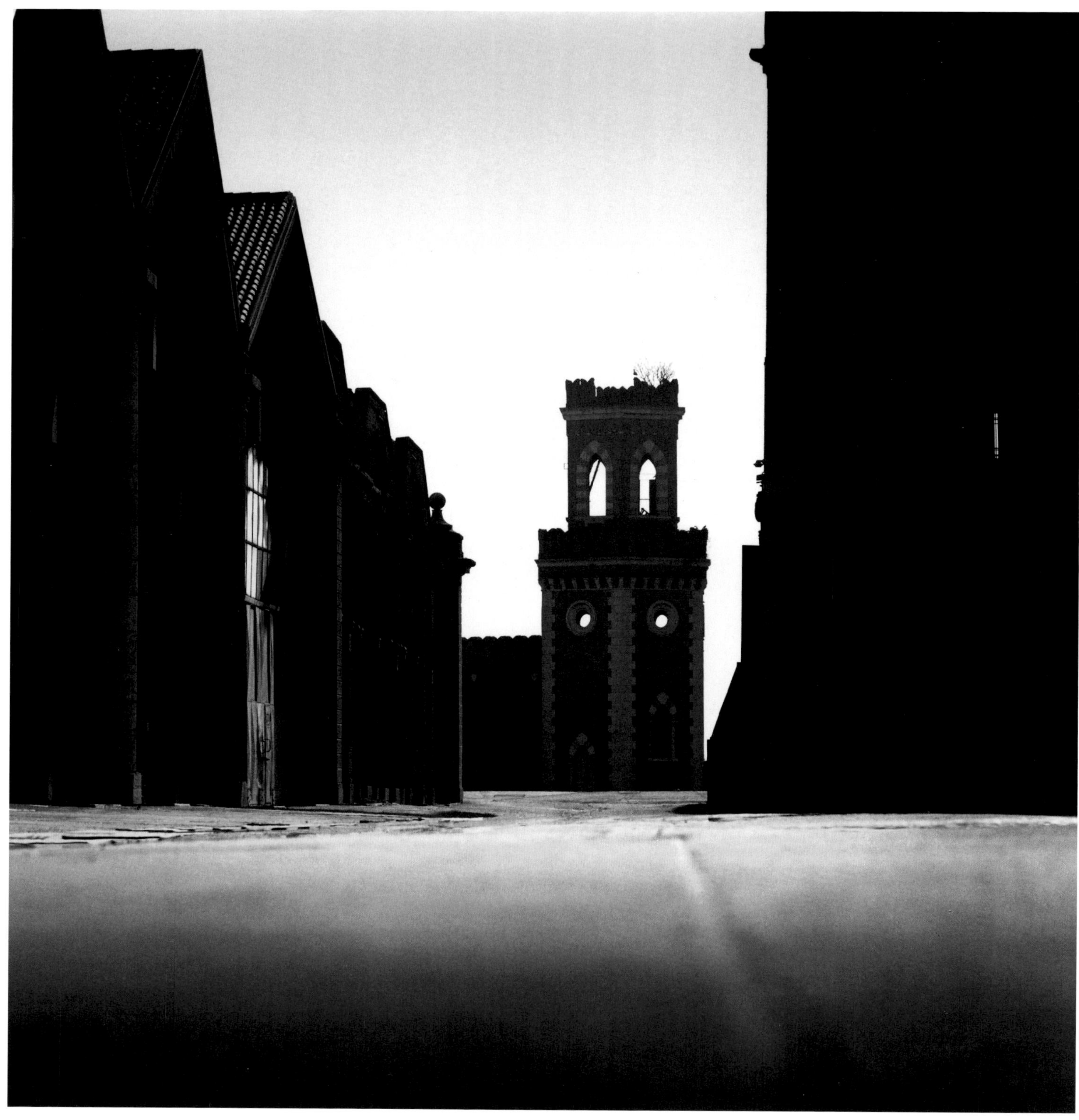

Torre dell'Arsenale / Arsenale Tower, Venezia, Italia / Venice, Italy, 2022

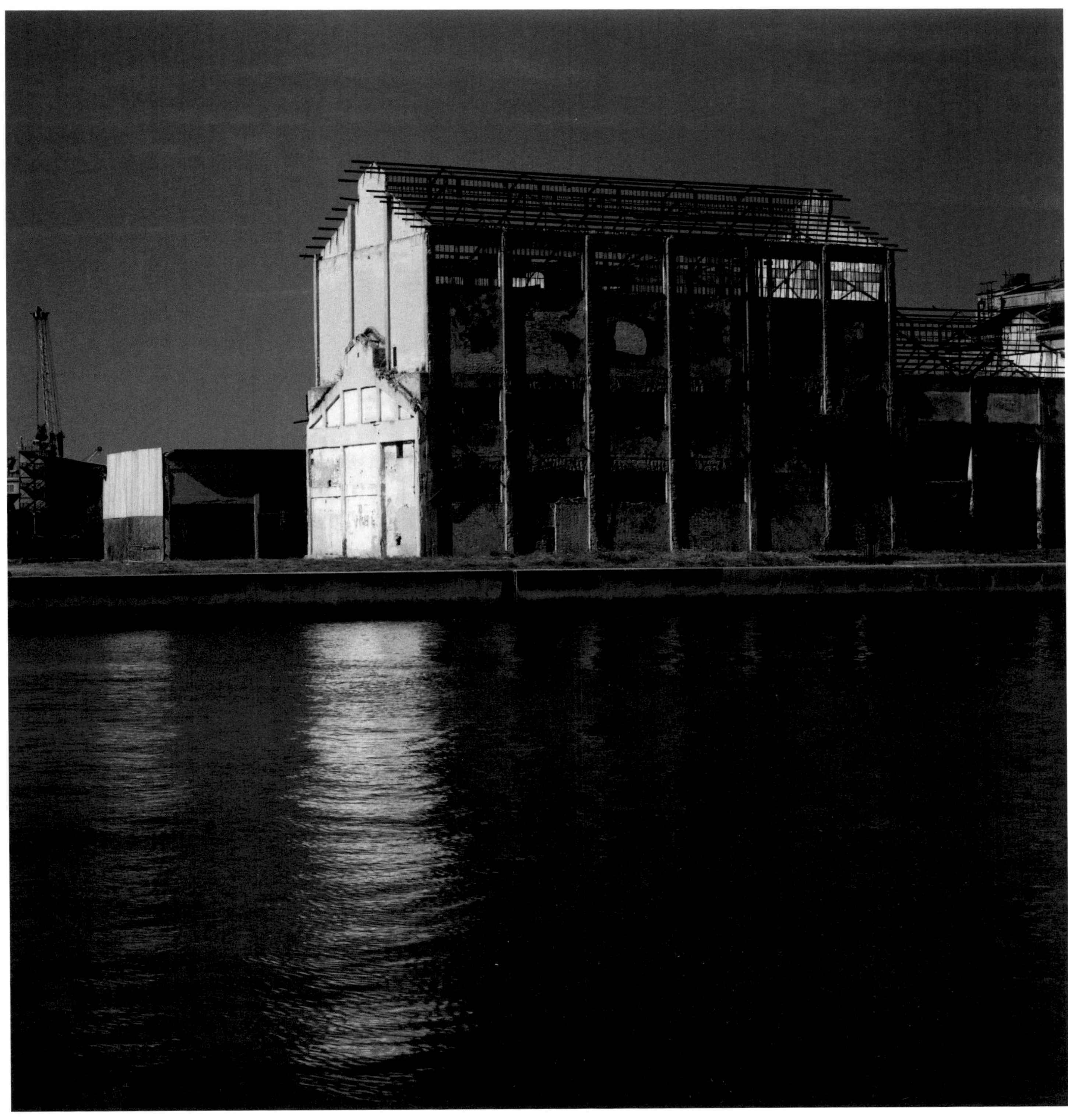

Edificio sul molo / *Wharf Building*, Porto Marghera, Venezia, Italia / Venice, Italy, 2021

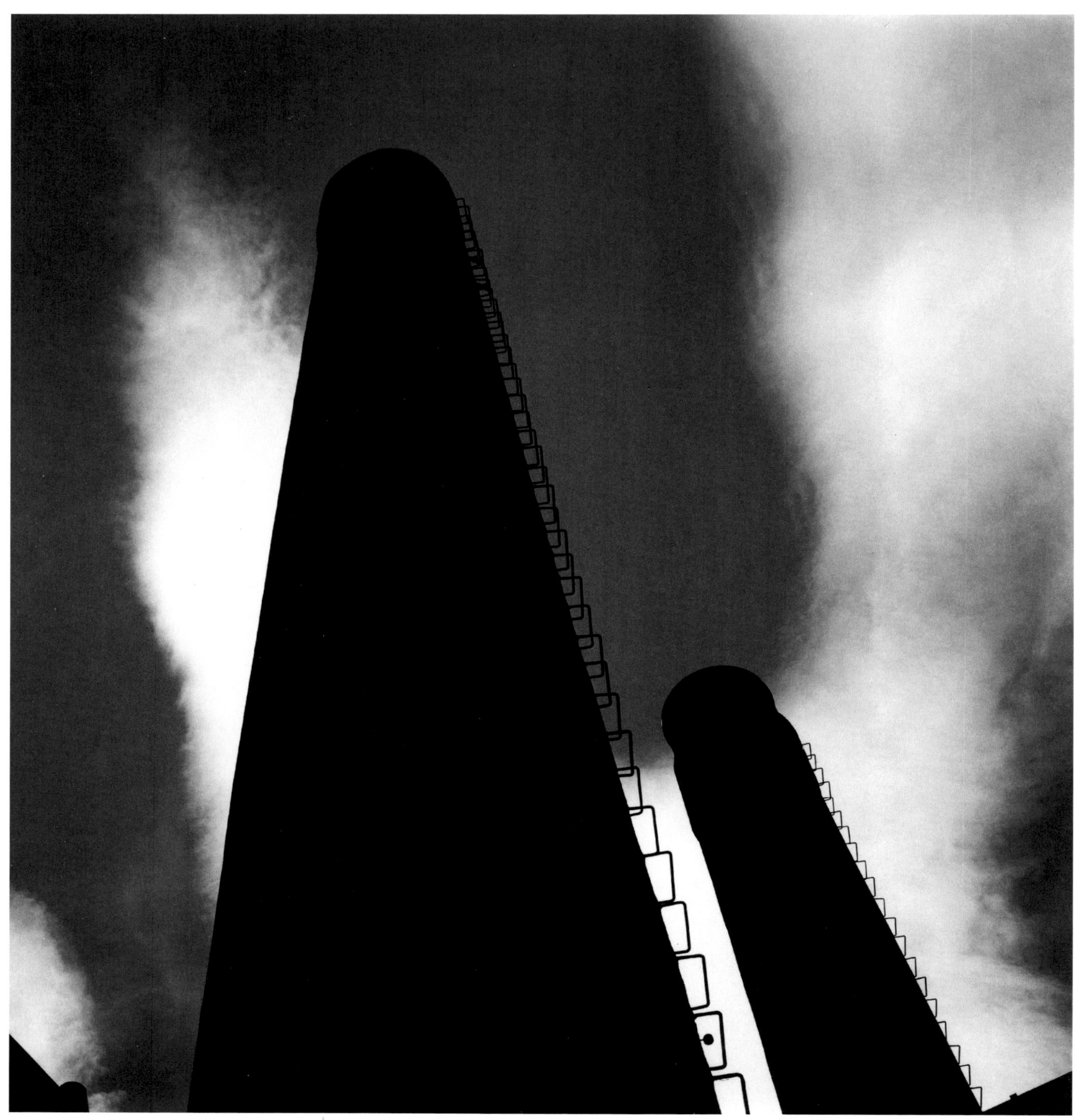

Antica fabbrica di vetro / Old Glass Factory, Murano, Venezia, Italia / Venice, Italy, 2021

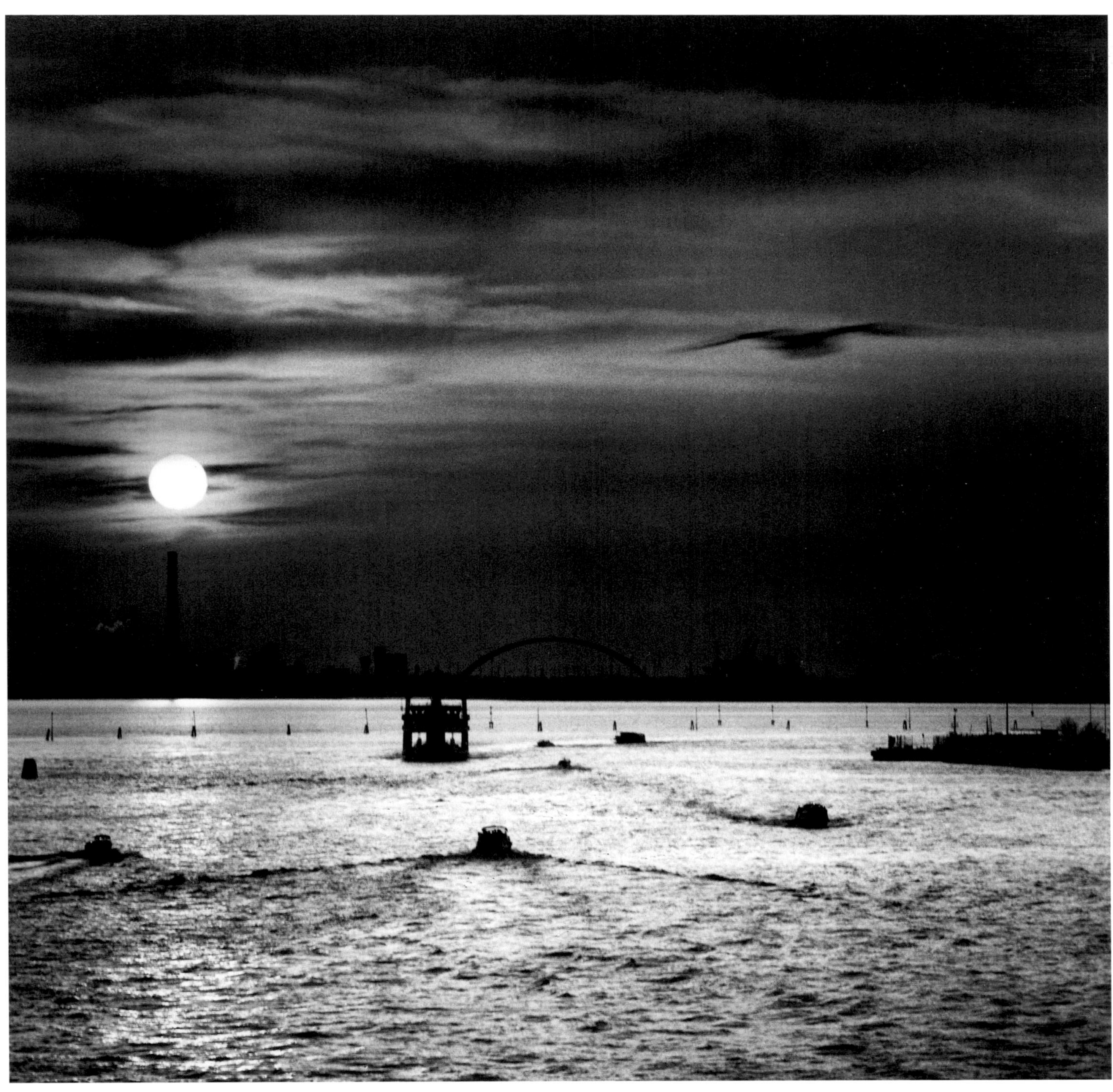

Porto Marghera, Venezia, Italia / Venice, Italy, 2022

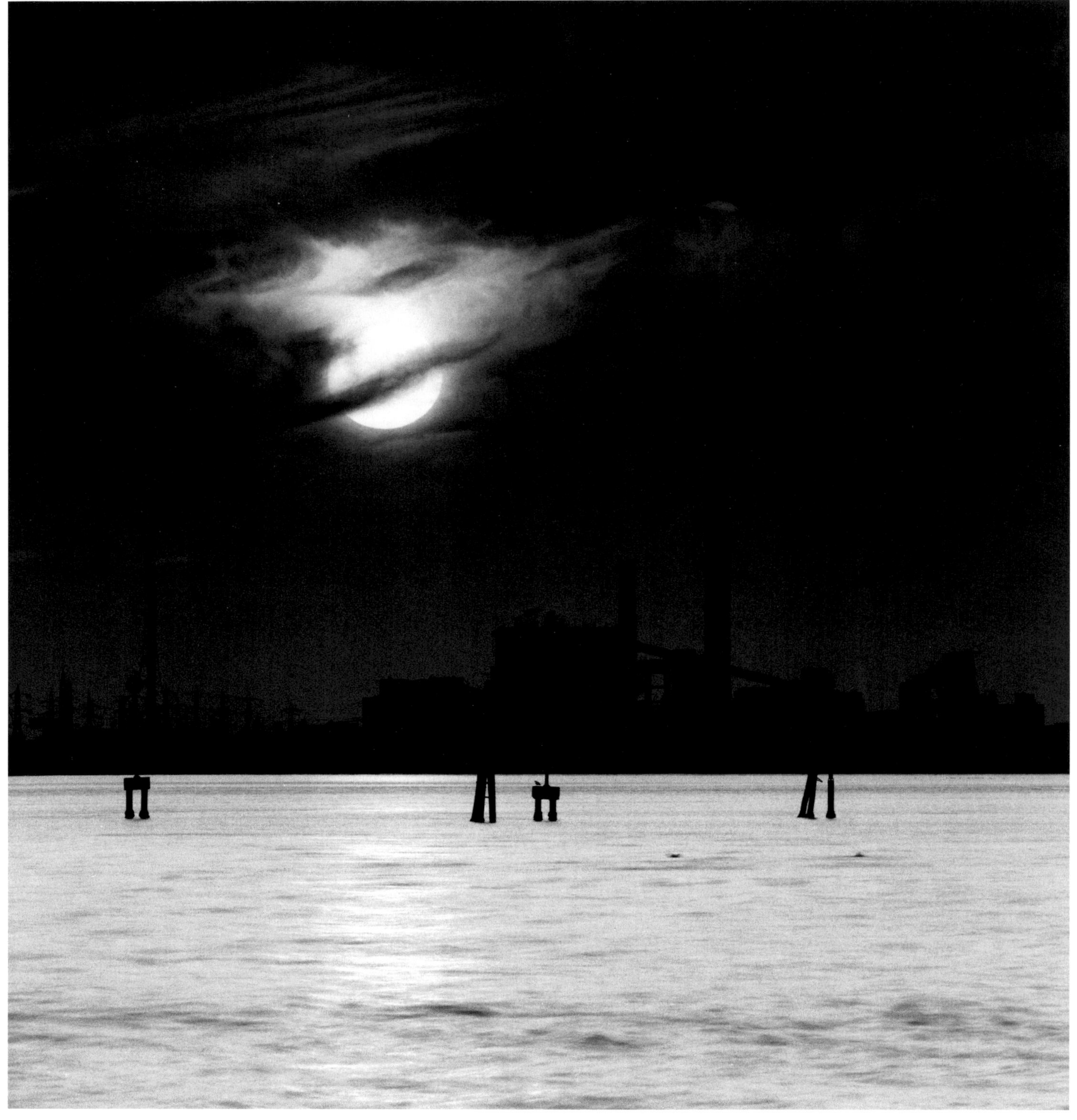

Veduta di Marghera / Marghera View, Venezia, Italia / Venice, Italy, 2022

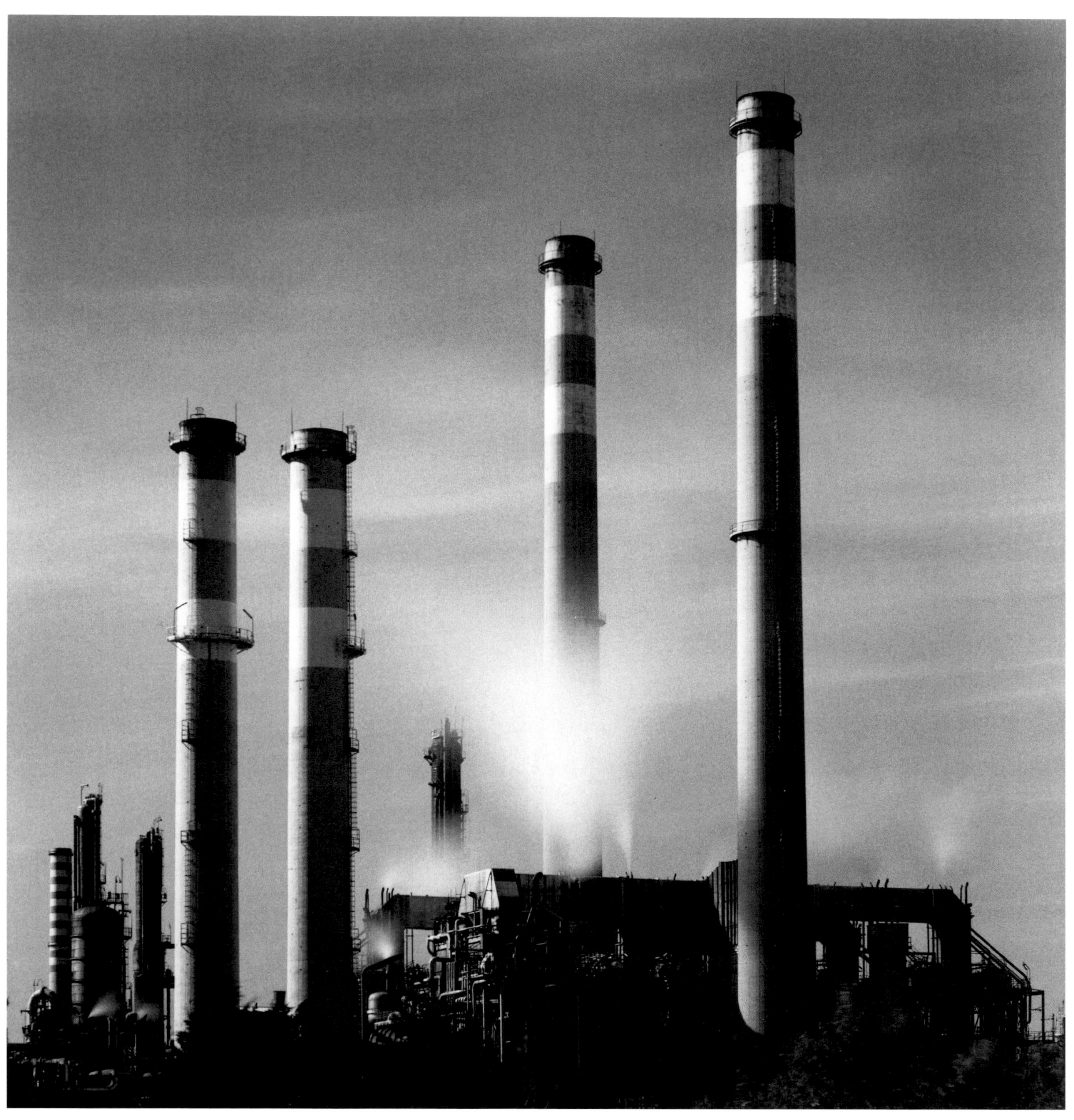

Complesso industriale / Industrial Complex, Marghera, Venezia, Italia / Venice, Italy, 2021

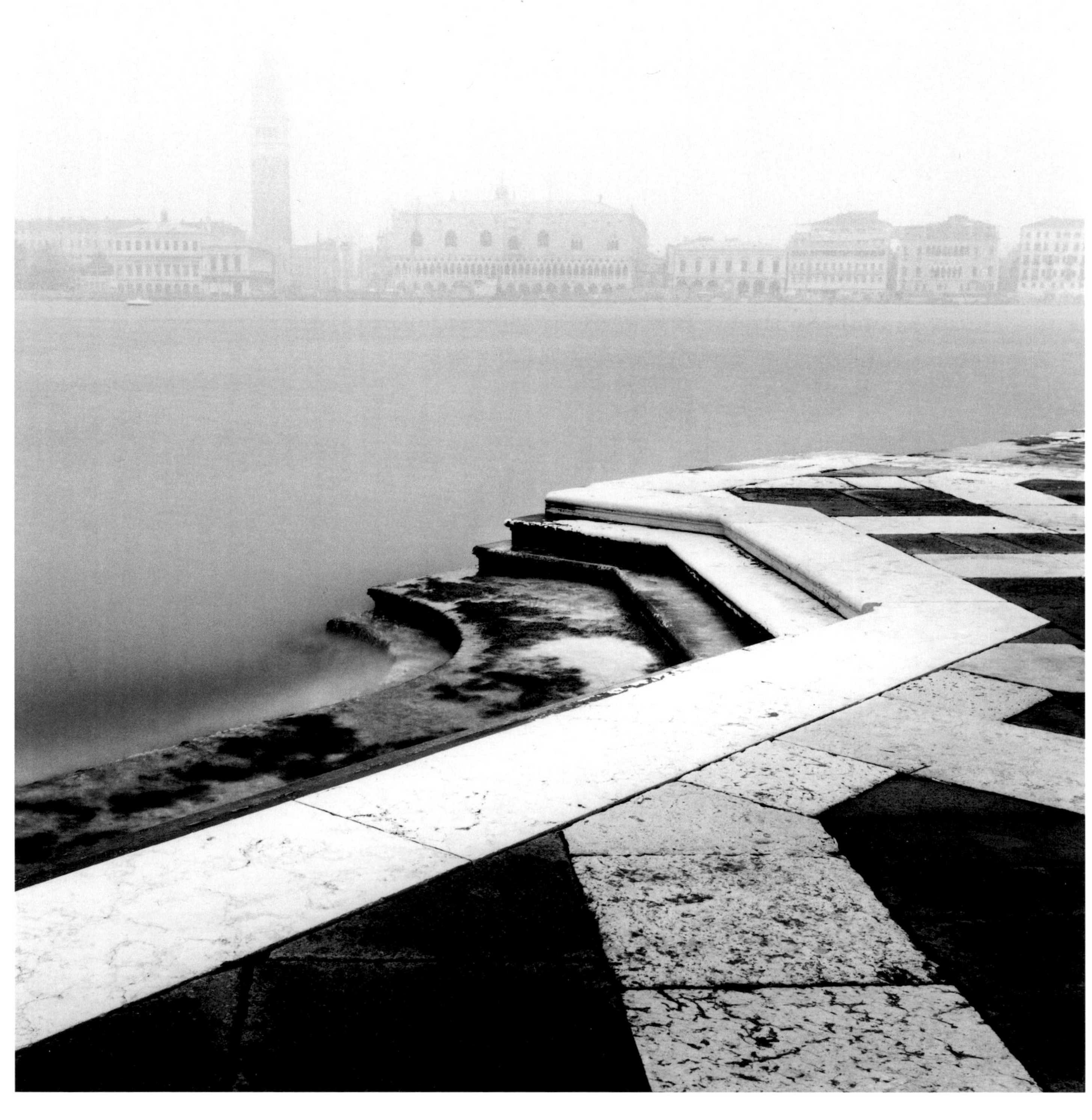

San Marco vista dall'isola di San Giorgio Maggiore / San Marco from Isola di San Giorgio Maggiore, Venezia, Italia / Venice, Italy, 2006

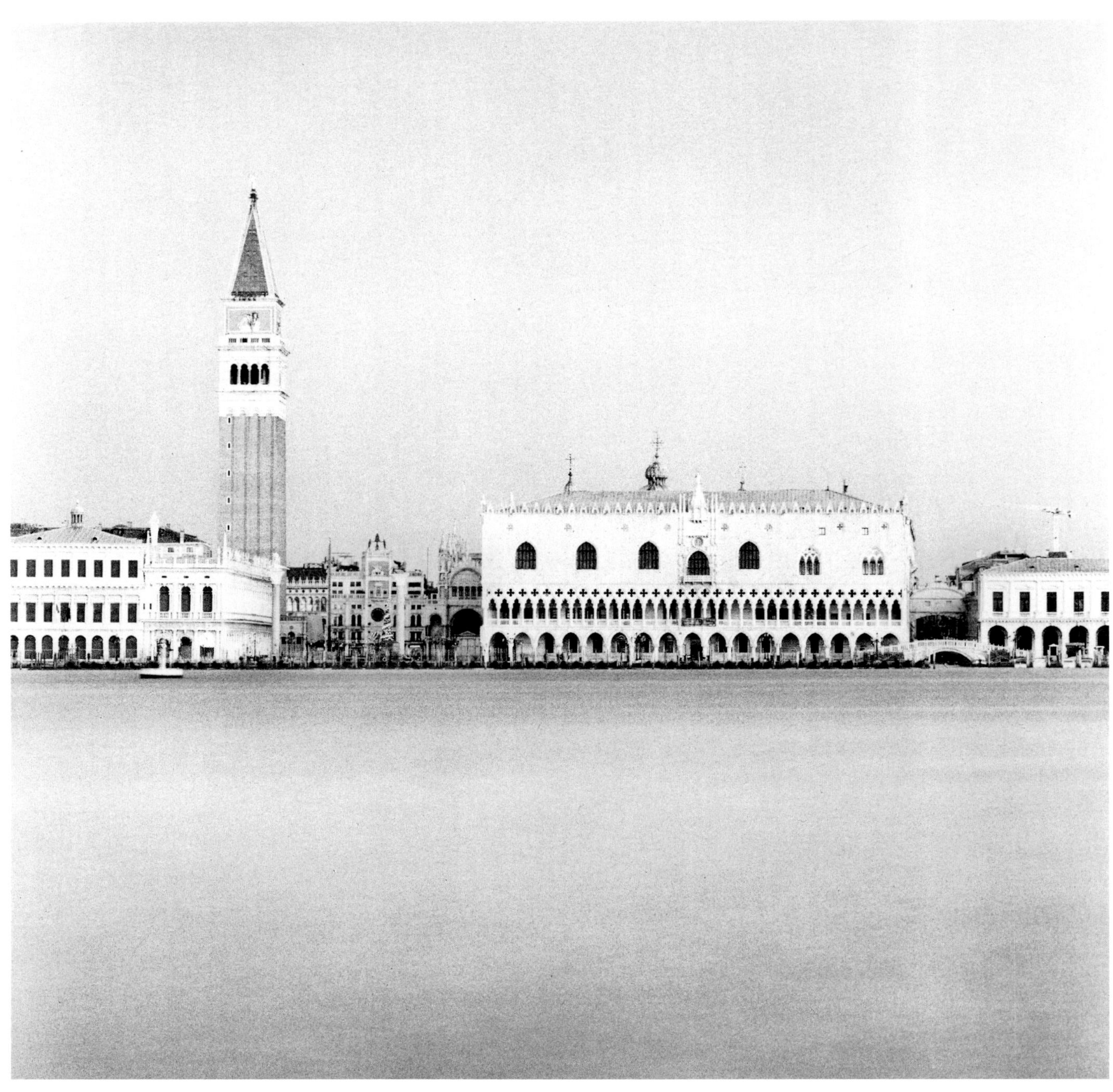

Palazzo Ducale e San Marco / Palazzo Ducale and San Marco, Venezia, Italia / Venice, Italy, 2019

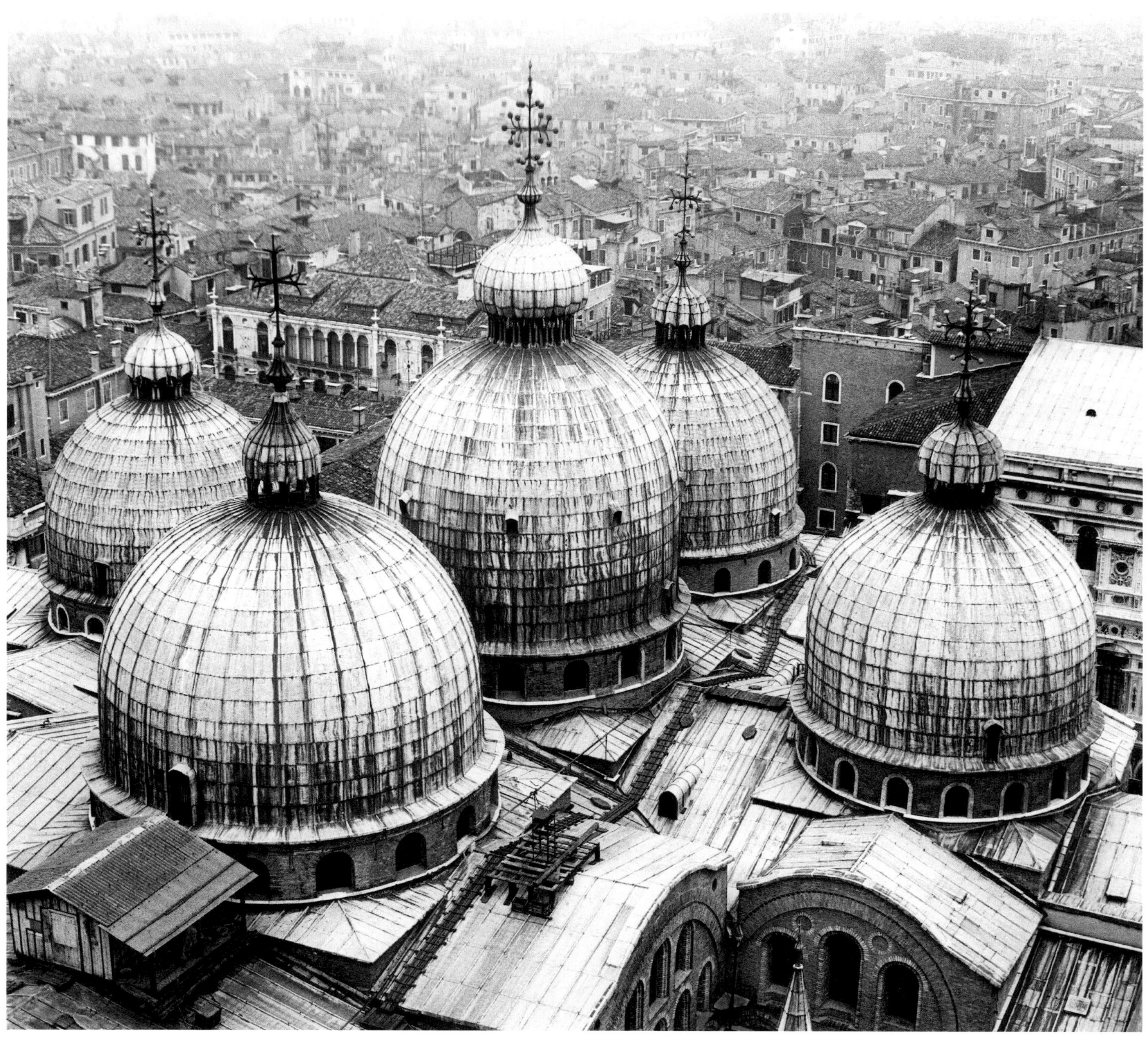

Tetto della Basilica di San Marco / Basilica di San Marco Roof, Venezia, Italia / Venice, Italy, 1980

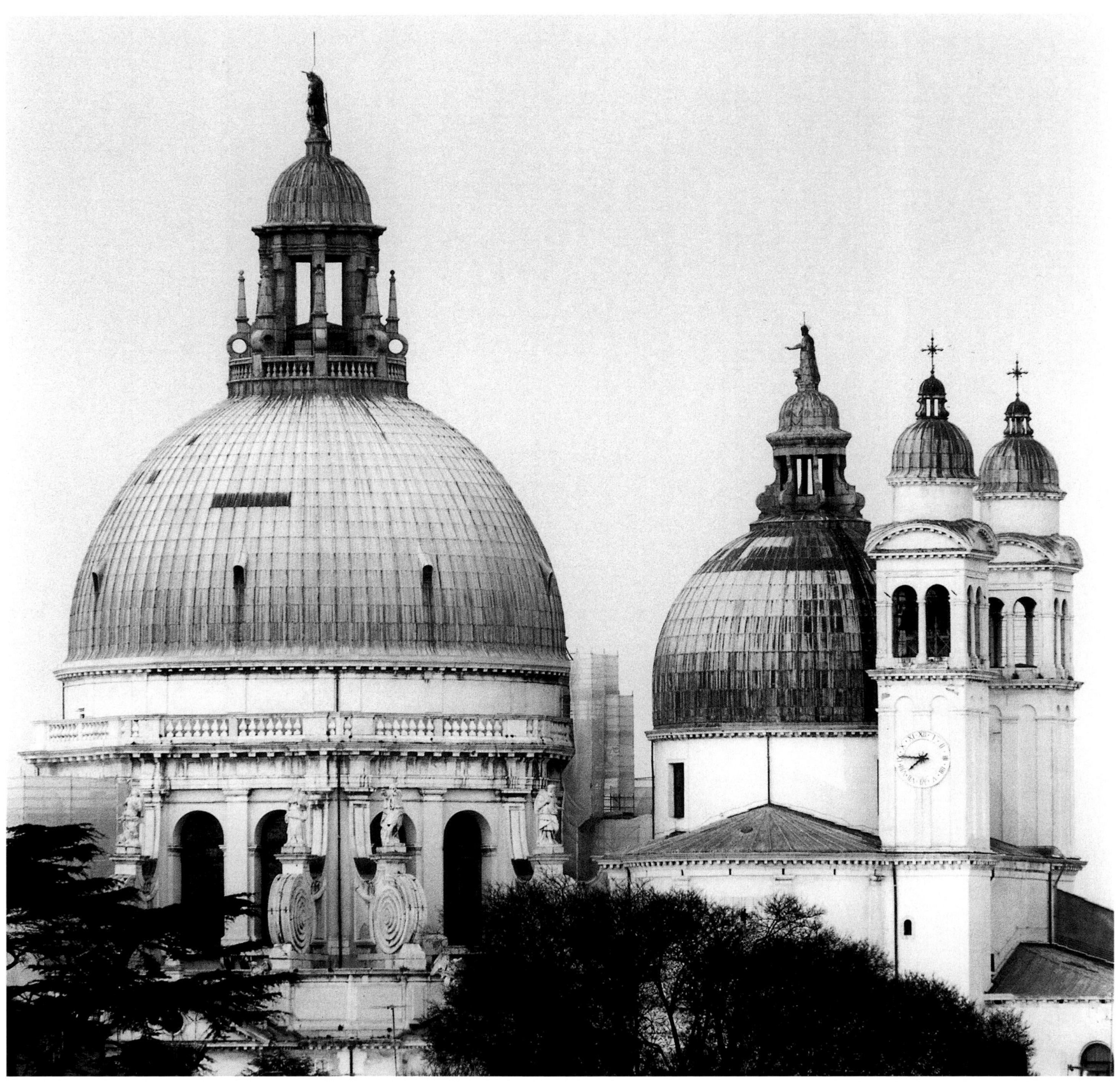

Santa Maria della Salute, Studio 2 / Study 2, Venezia, Italia / Venice, Italy, 2022

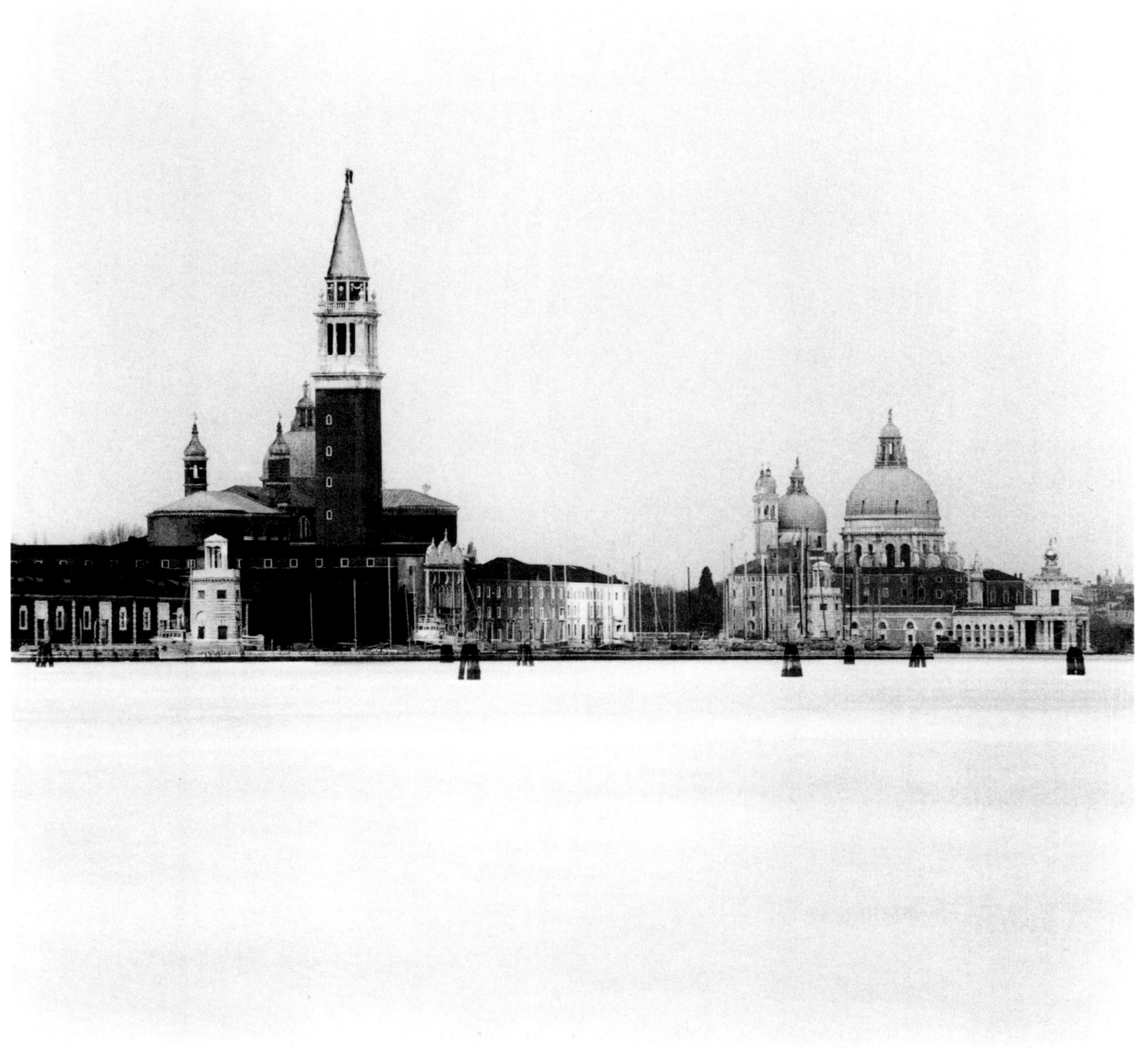

San Giorgio Maggiore e / and Santa Maria della Salute, Venezia, Italia / Venice, Italy, 1987

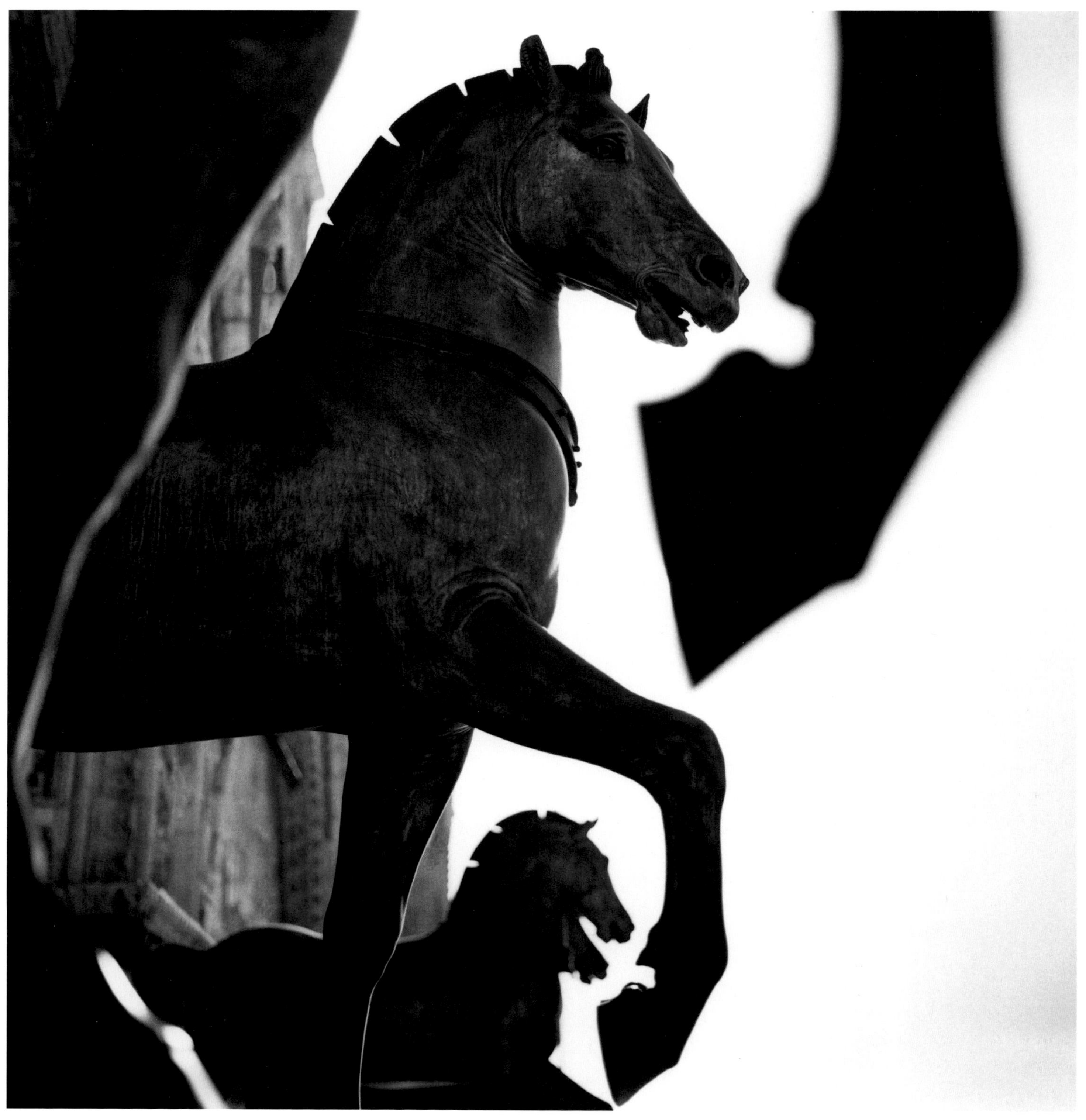

Quadriga di cavalli, Basilica di San Marco / *Quadriga of Horses, Basilica di San Marco*, Venezia, Italia / Venice, Italy, 2007

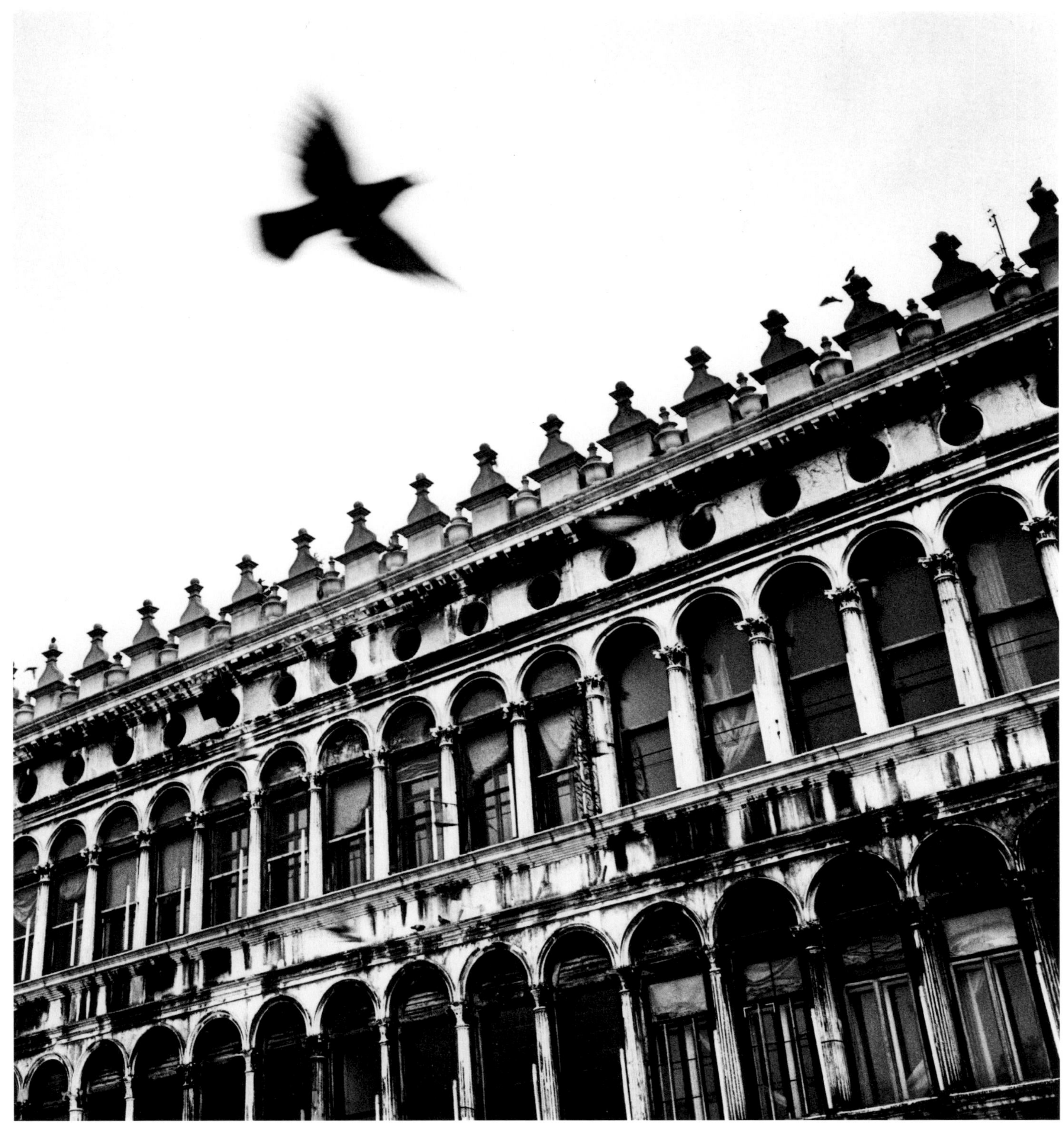

Uccello in volo sopra San Marco / Flying Bird over San Marco, Venezia, Italia / Venice, Italy, 1990

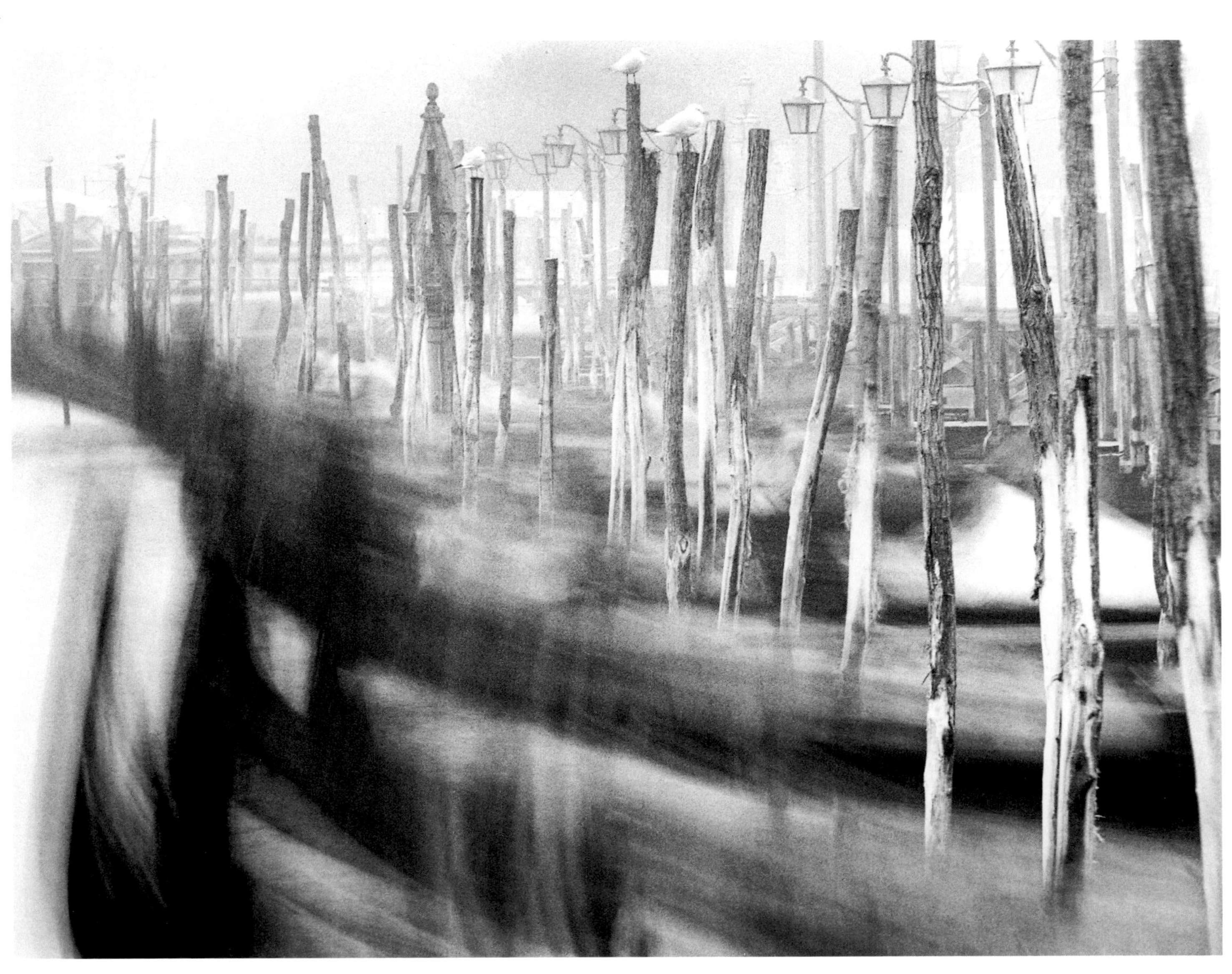

Gondole a San Marco Giardinetti / San Marco Giardinetti Gondolas, Venezia, Italia / Venice, Italy, 1980

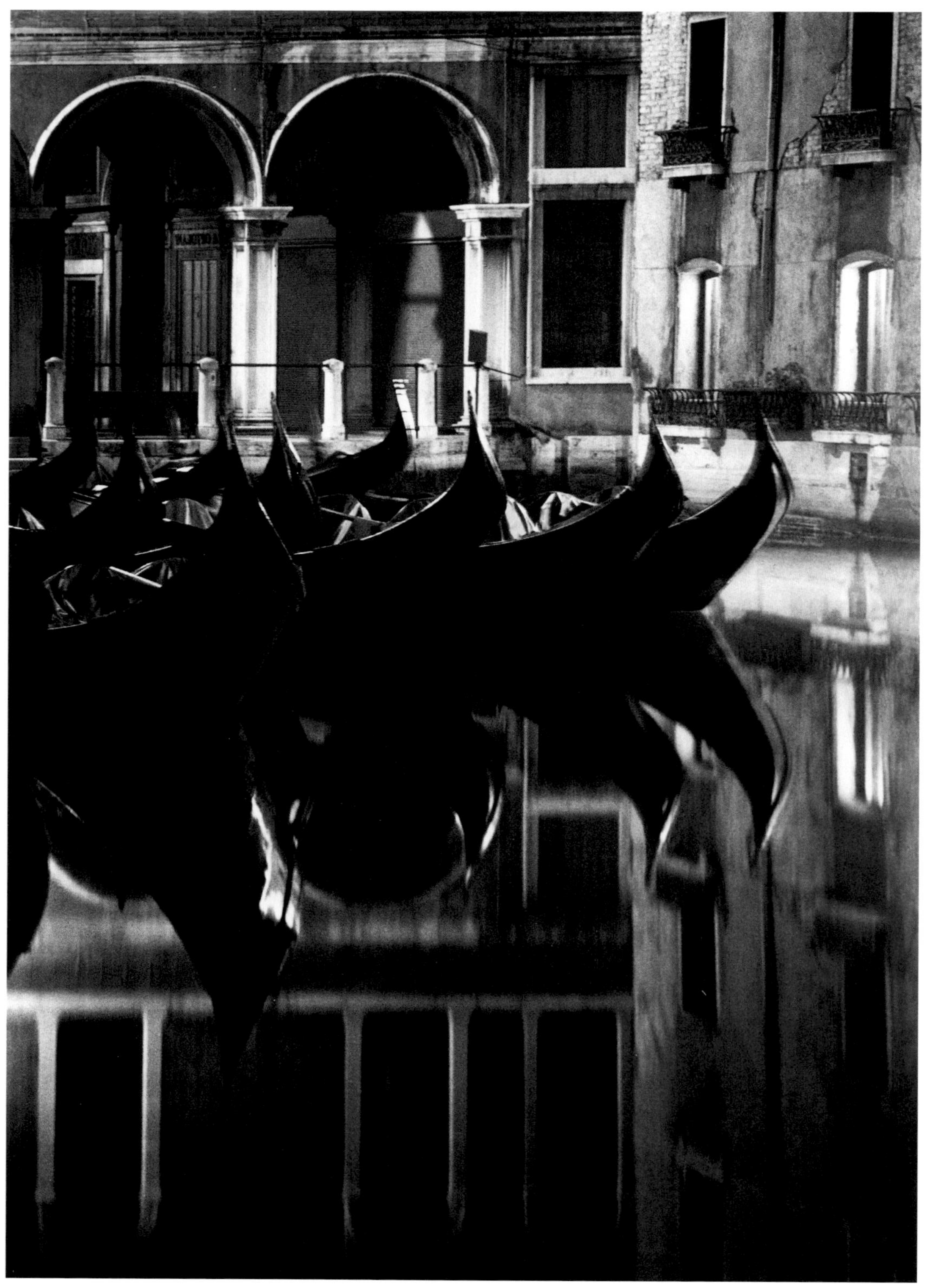

Gondole / *Gondolas*, Studio 2 / Study 2, Venezia, Italia / Venice, Italy, 1980

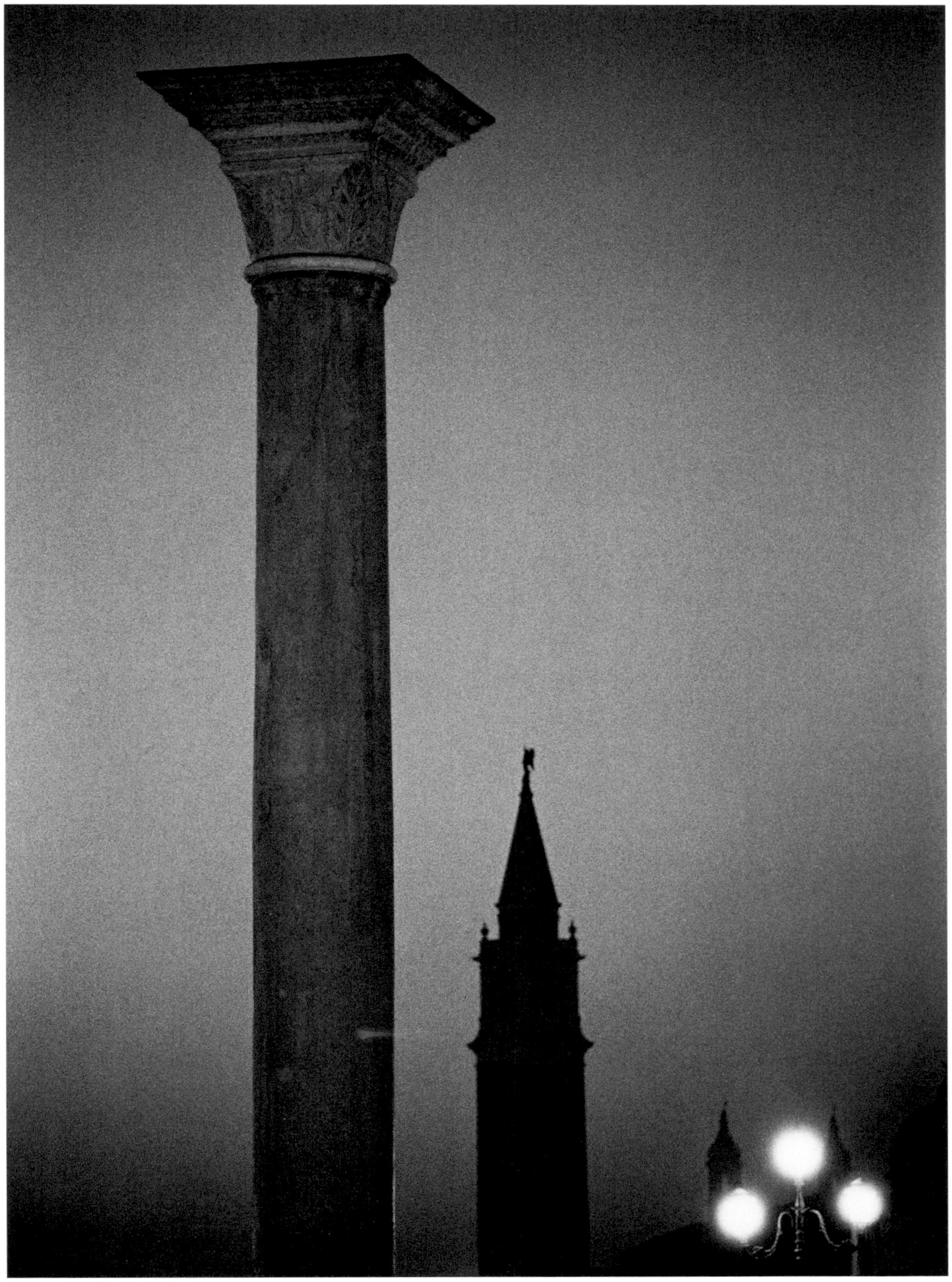

Colonna di San Marco e campanile di San Giorgio Maggiore / San Marco Column and San Giorgio Maggiore Bell Tower, Venezia, Italia / Venice, Italy, 1989

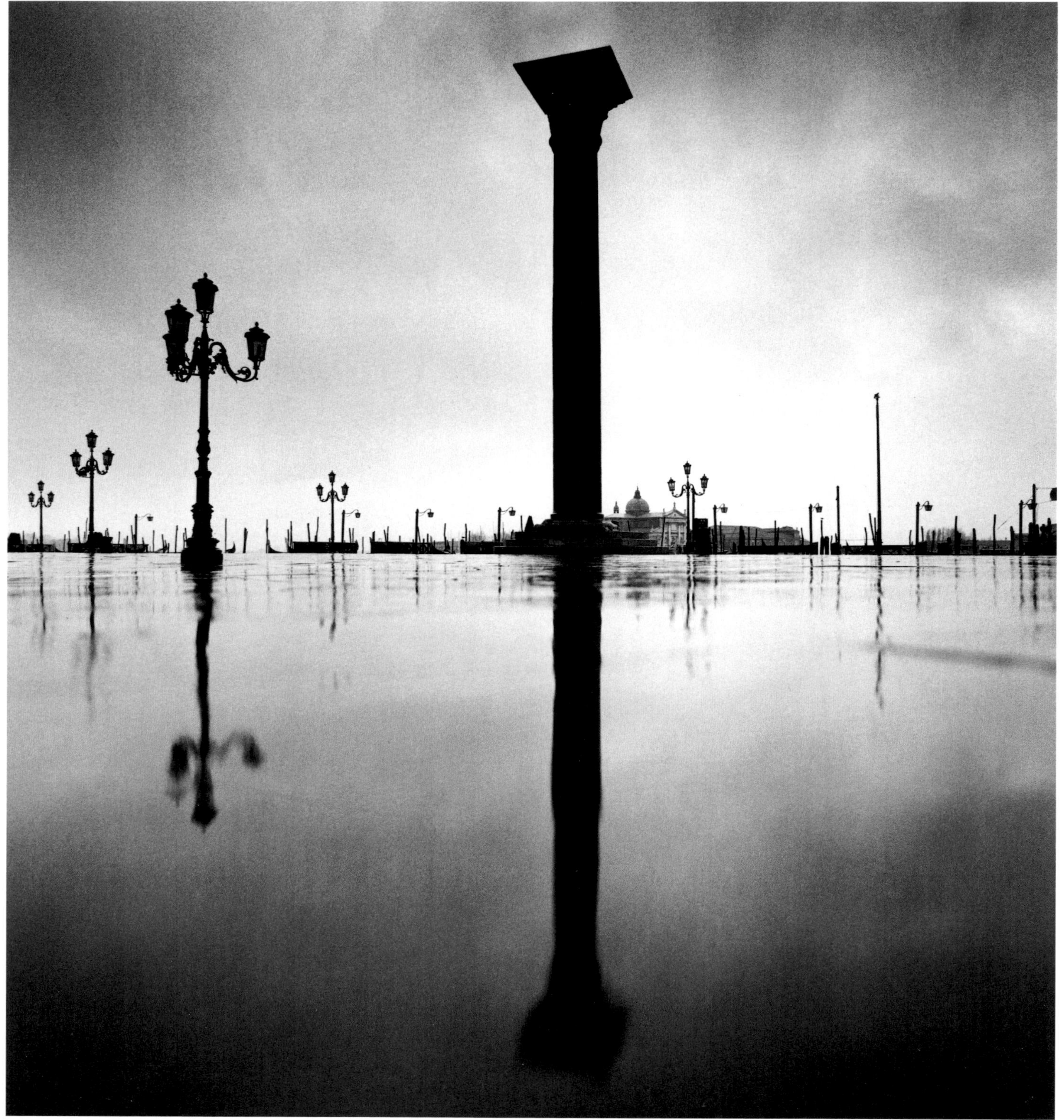

Colonna, piazzetta San Marco / *Column, Piazzetta San Marco*, Venezia, Italia / Venice, Italy, 1987

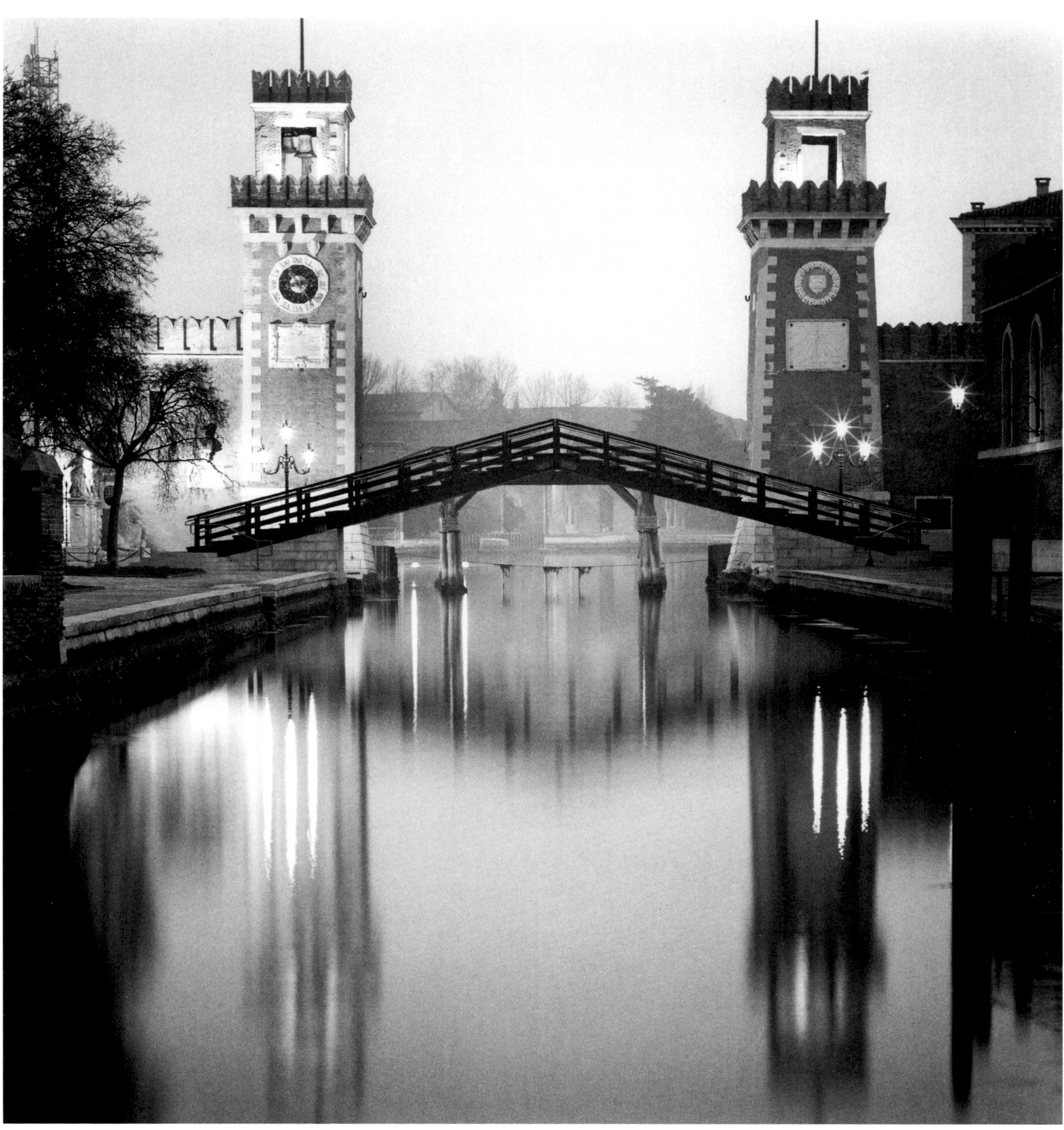

Porta di Terra dell'Arsenale, Venezia, Italia / Venice, Italy, 2022

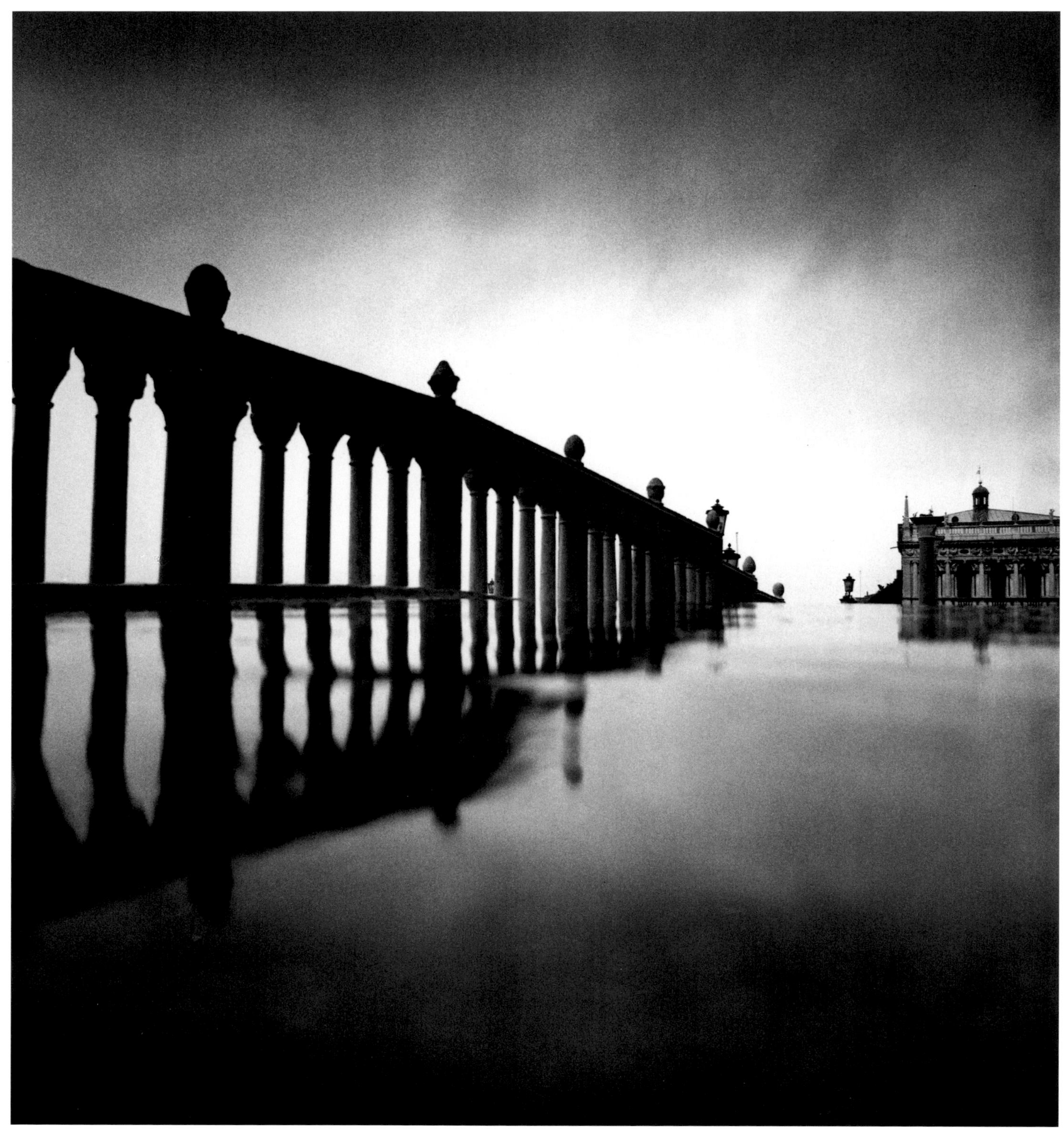

Riflesso sull'acqua alta / *Acqua Alta Reflection*, Venezia, Italia / Venice, Italy, 1987

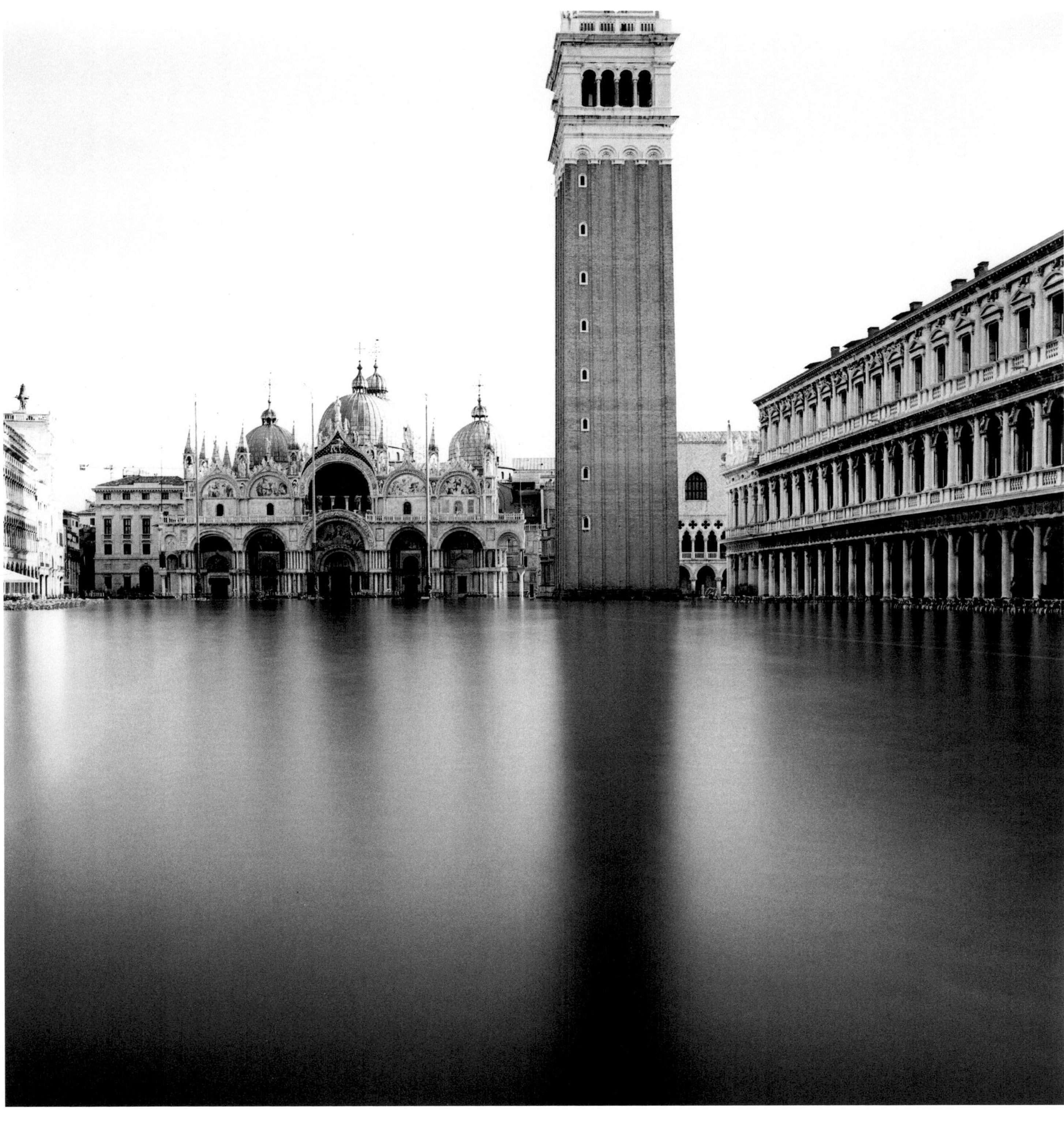

Piazza San Marco allagata / Flooded Piazza San Marco, Venezia, Italia / Venice, Italy, 2019

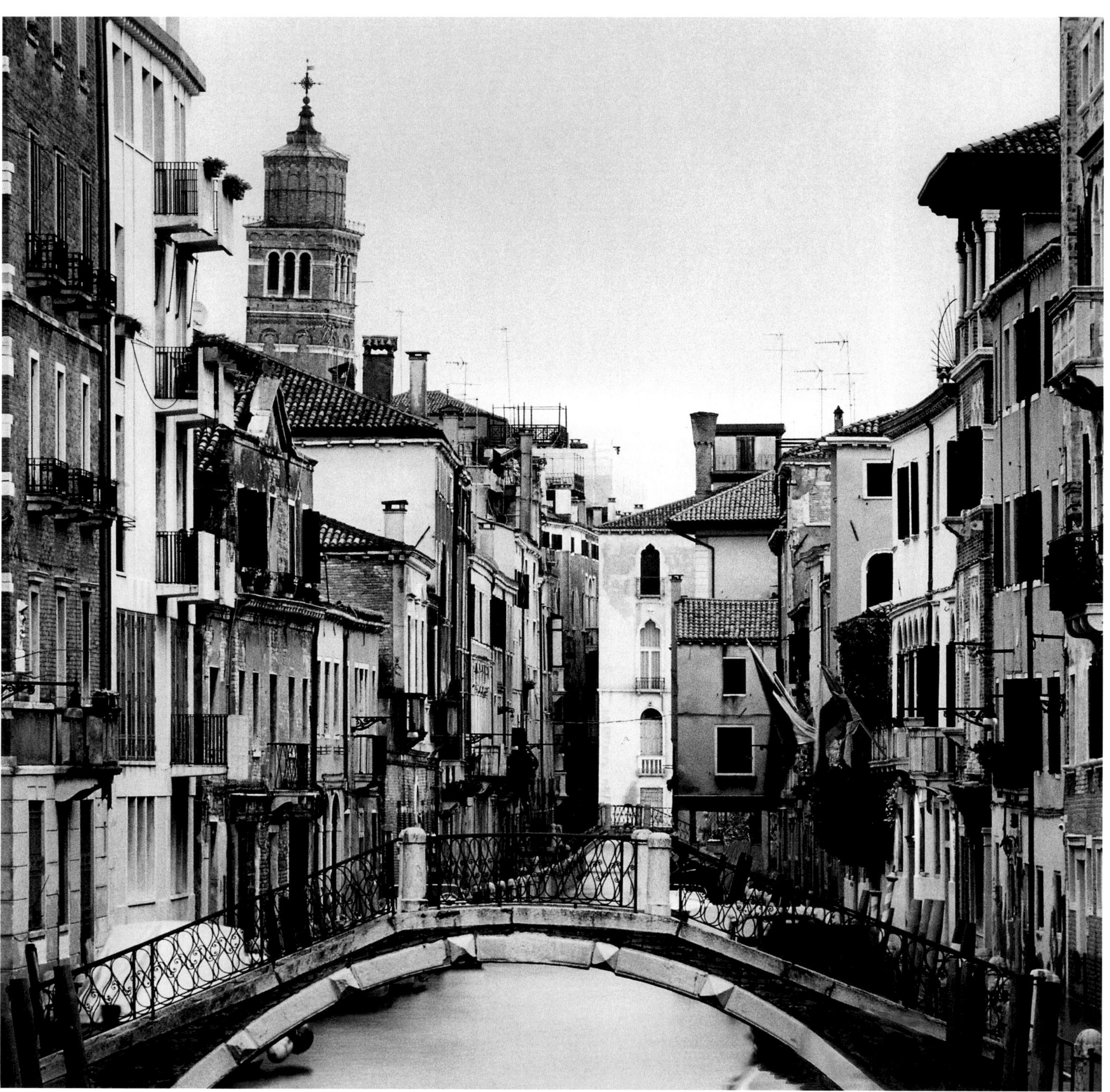

Canale di Dorsoduro / *Dorsoduro Canal*, Venezia, Italia / Venice, Italy, 2019

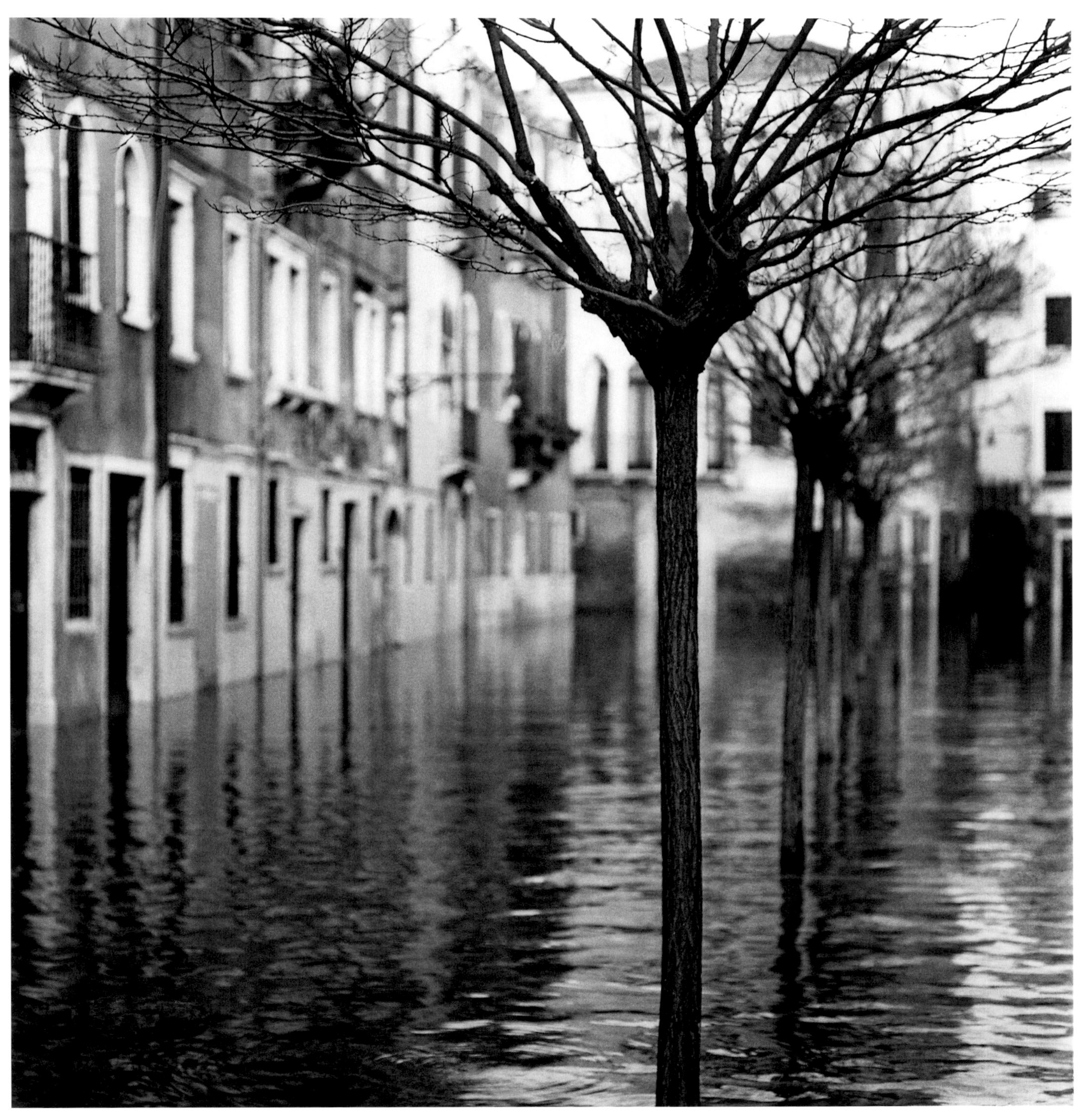

Acqua alta e alberi / Acqua Alta and Trees, Dorsoduro, Venezia, Italia / Venice, Italy, 2019

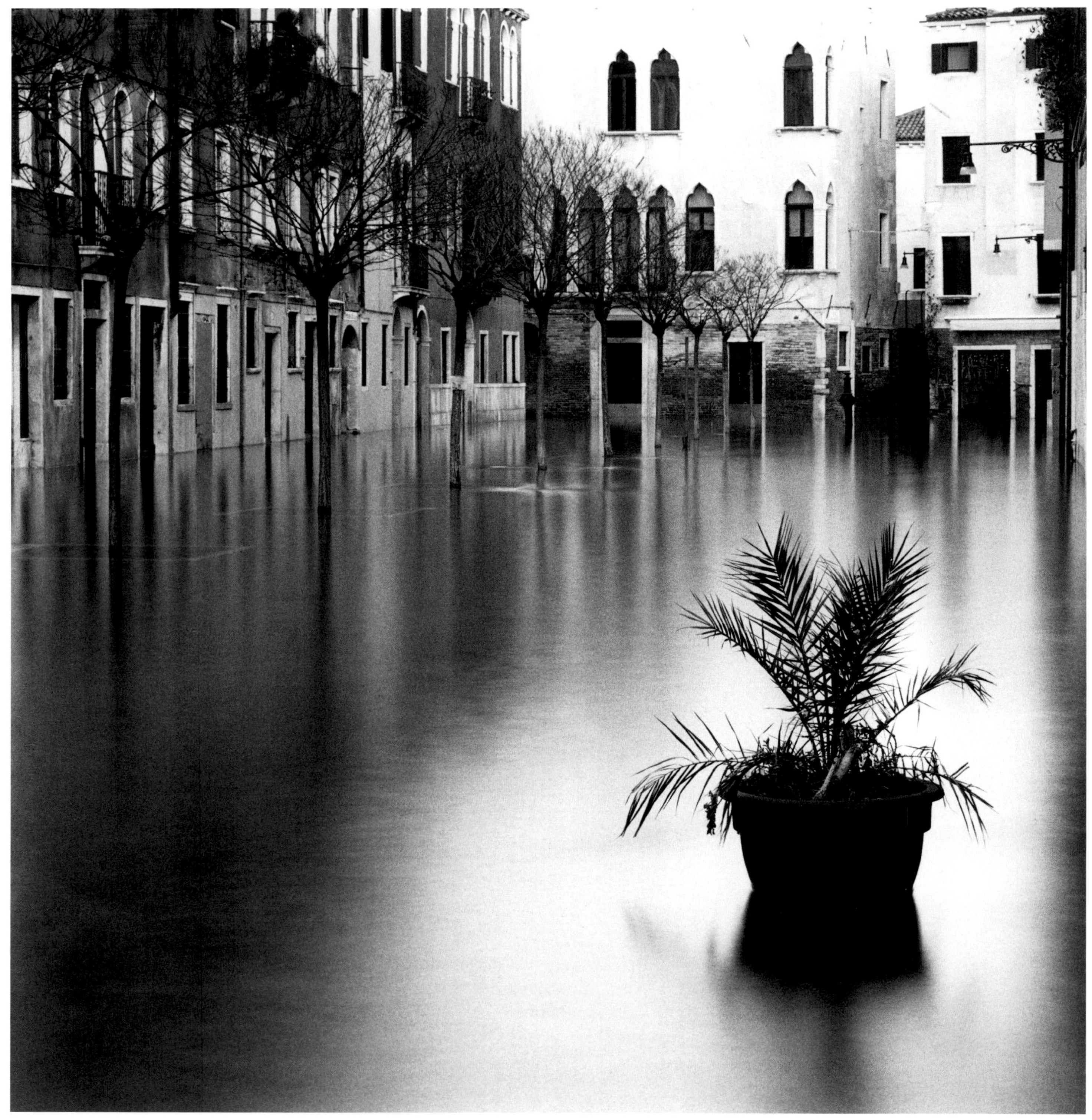

Vaso con pianta e acqua alta / Potted Plant and Acqua Alta, Venezia, Italia / Venice, Italy, 2019

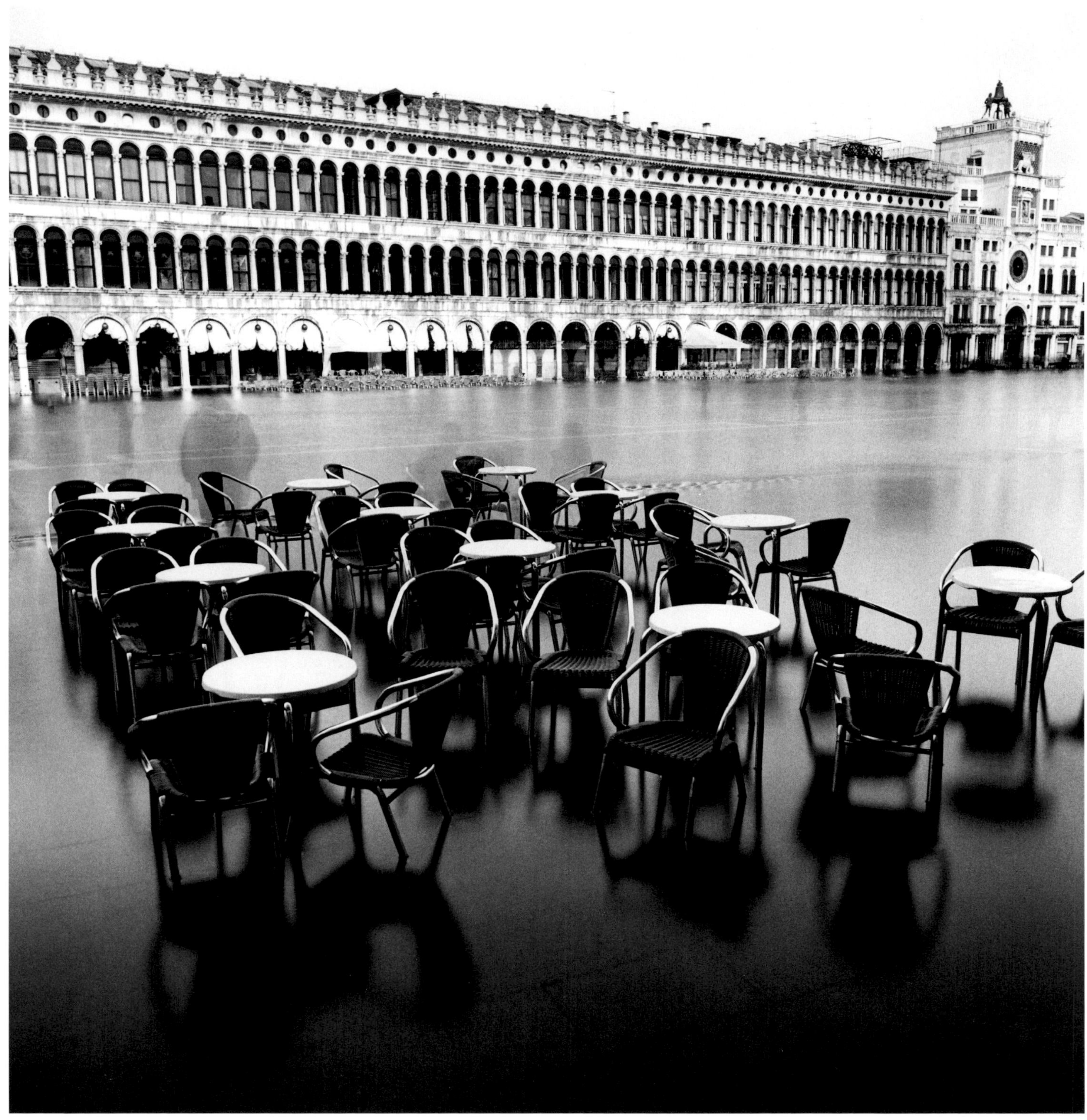

Tavolini e sedie nell'acqua alta / *Tables and Chairs in Acqua Alta*, Venezia, Italia / Venice, Italy, 2019

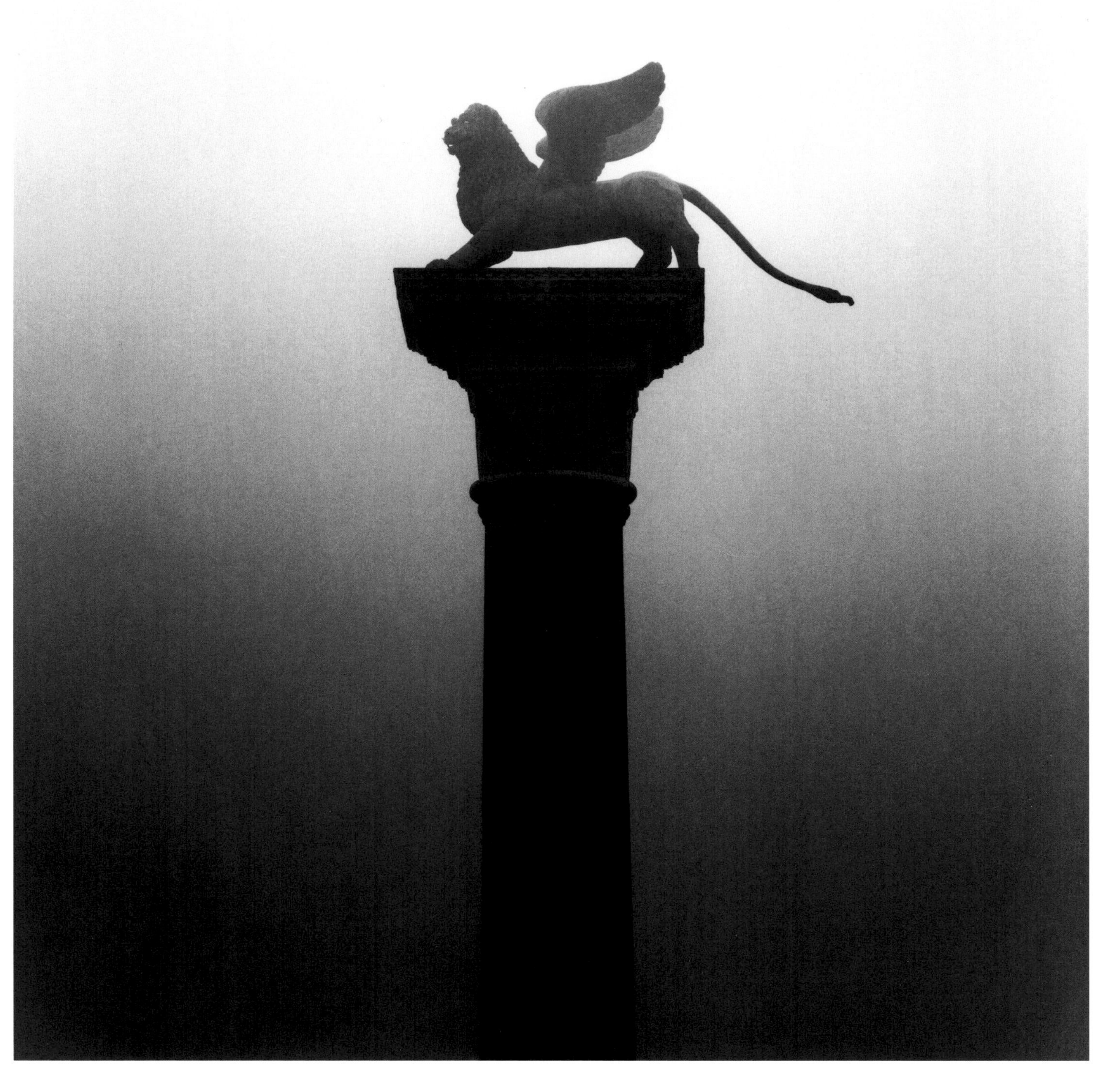

Leone alato, San Marco / *Winged Lion, San Marco*, Venezia, Italia / Venice, Italy, 2006

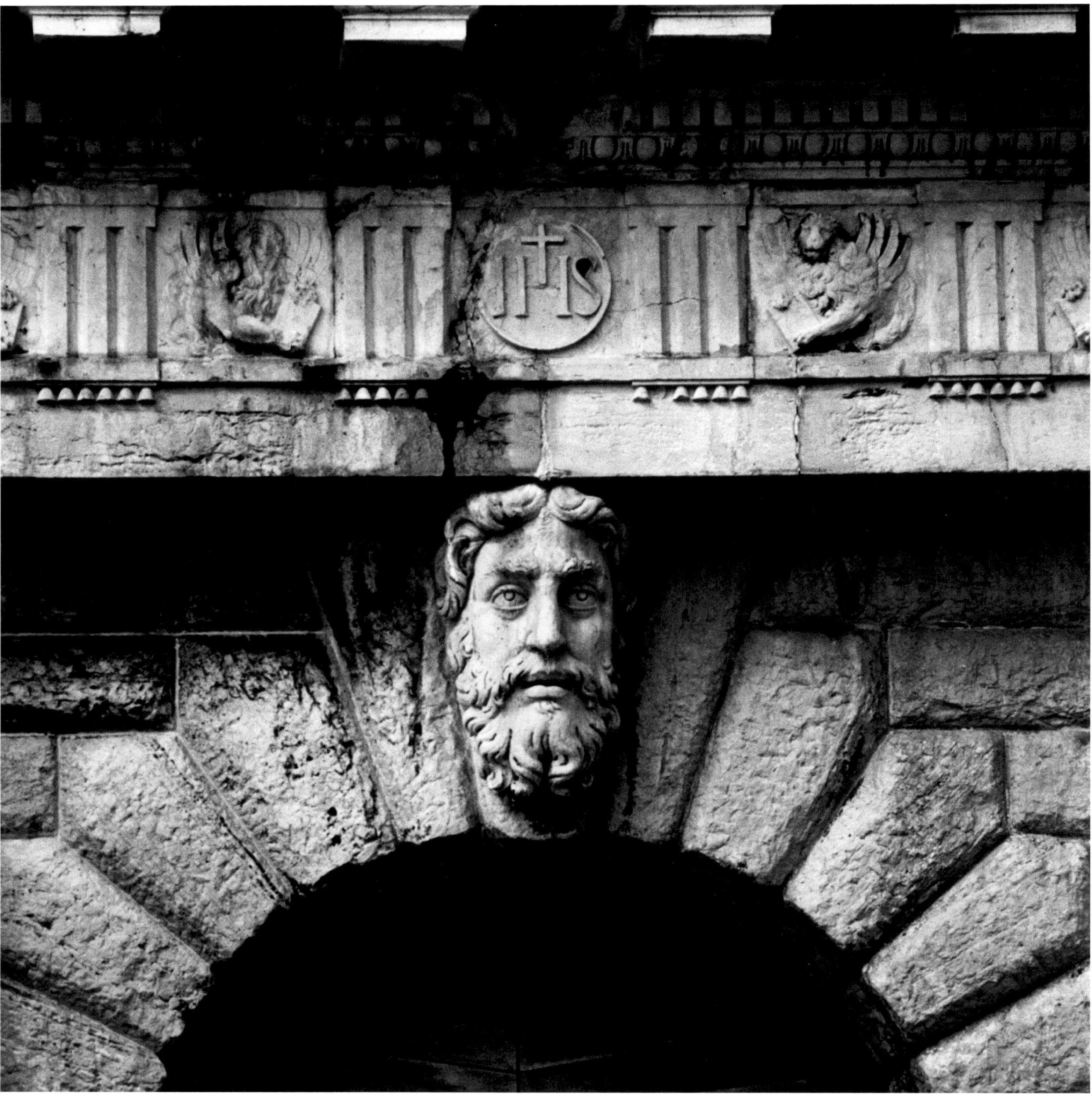

Forte di Sant'Andrea, Vignole, Venezia, Italia / Venice, Italy, 2021

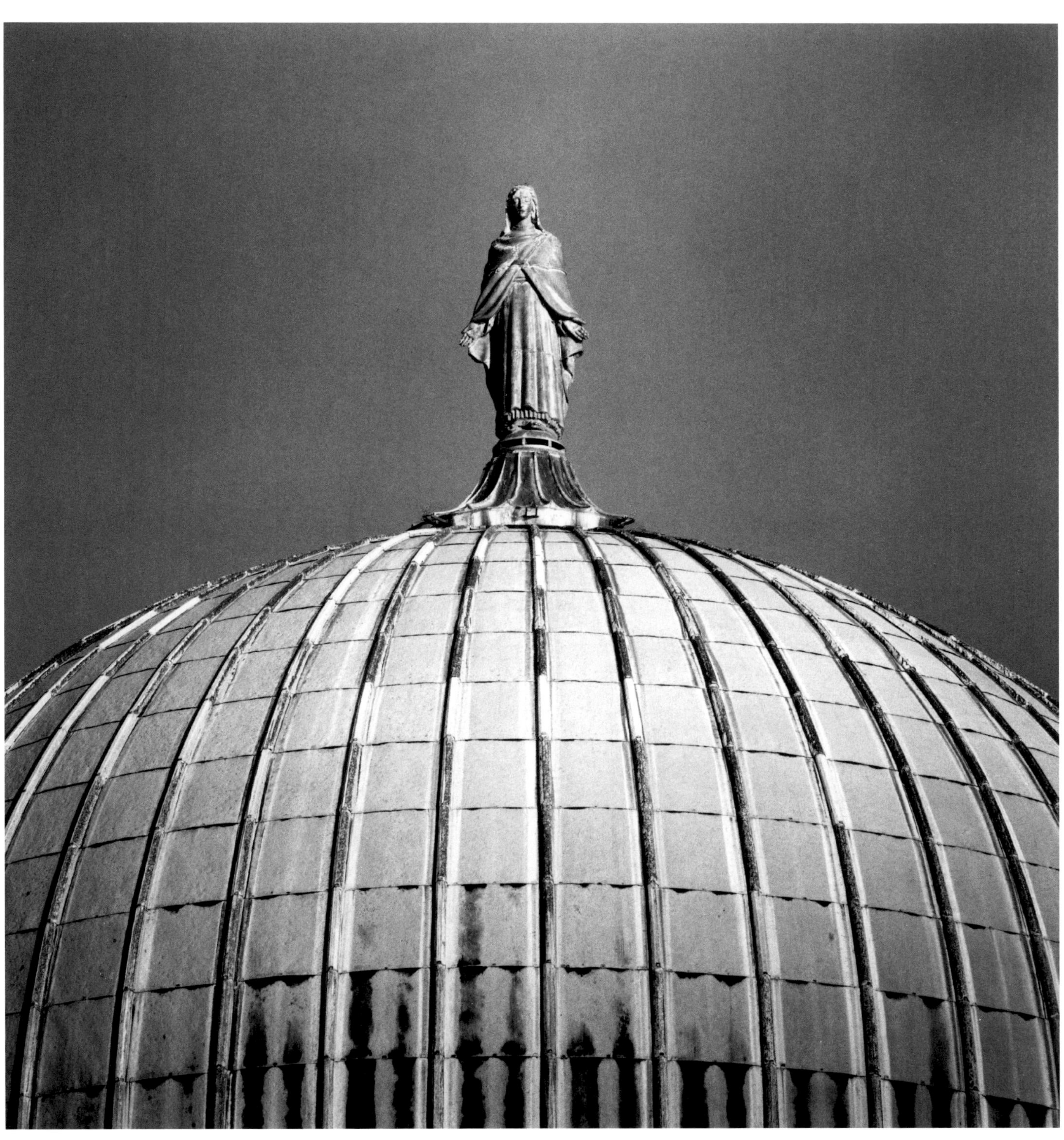

Tempio Votivo della Pace, Venezia, Italia / Venice, Italy, 2022

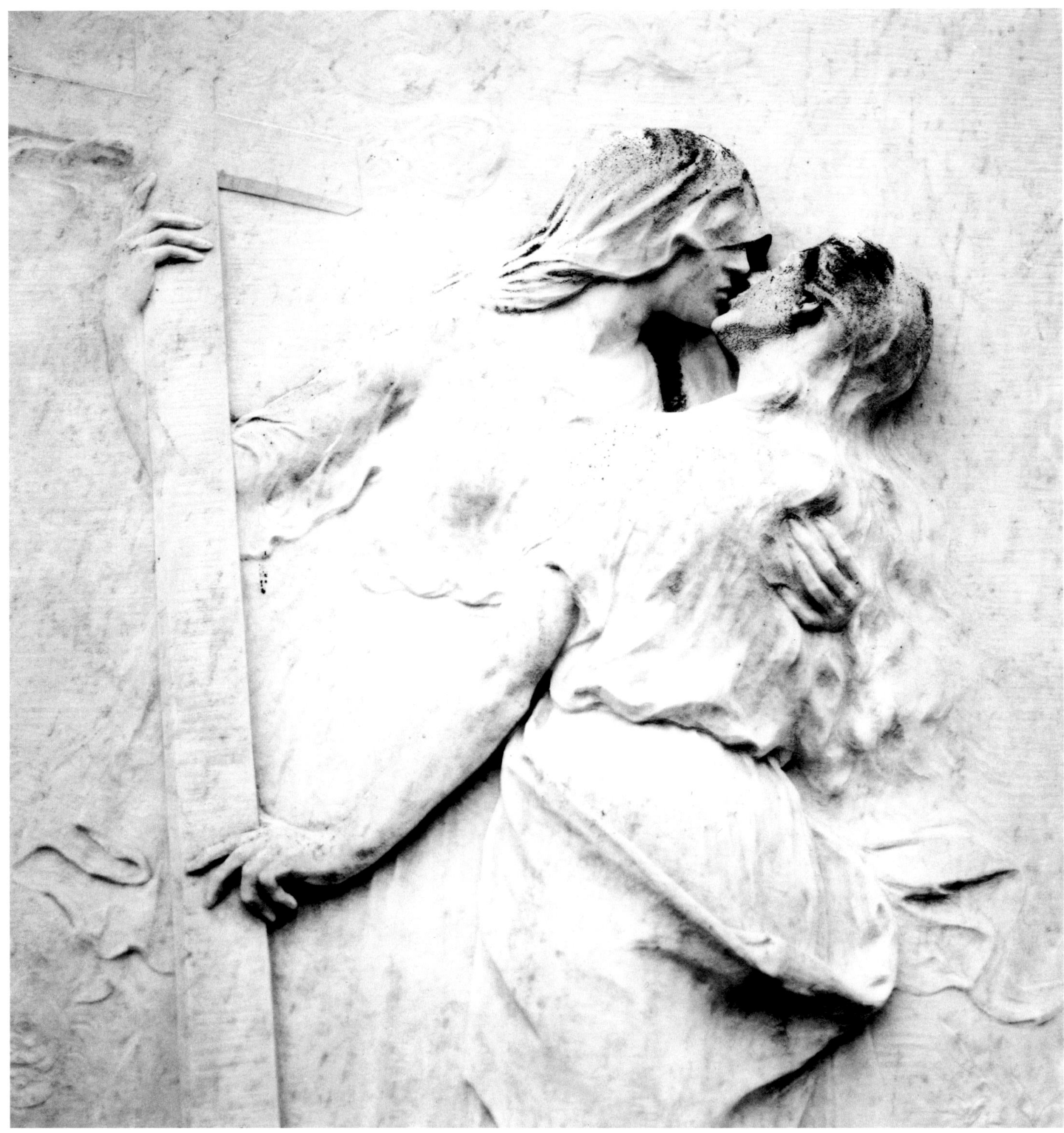

Bacio sulla lapide / *Gravestone Kiss*, Cimitero di San Michele, Venezia, Italia / Venice, Italy, 2007

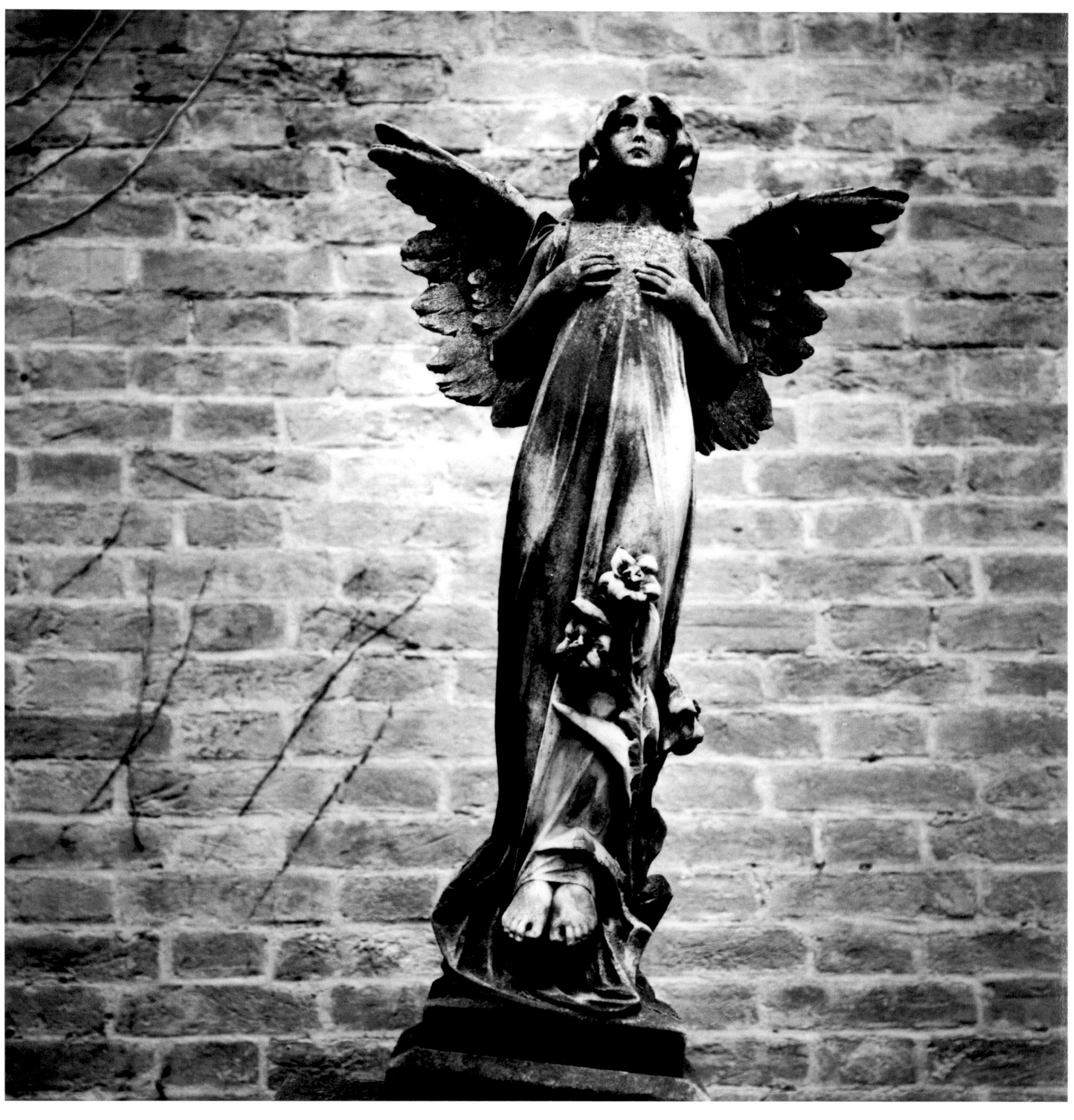

Angelo inclinato / *Leaning Angel*, Venezia, Italia / Venice, Italy, 2006

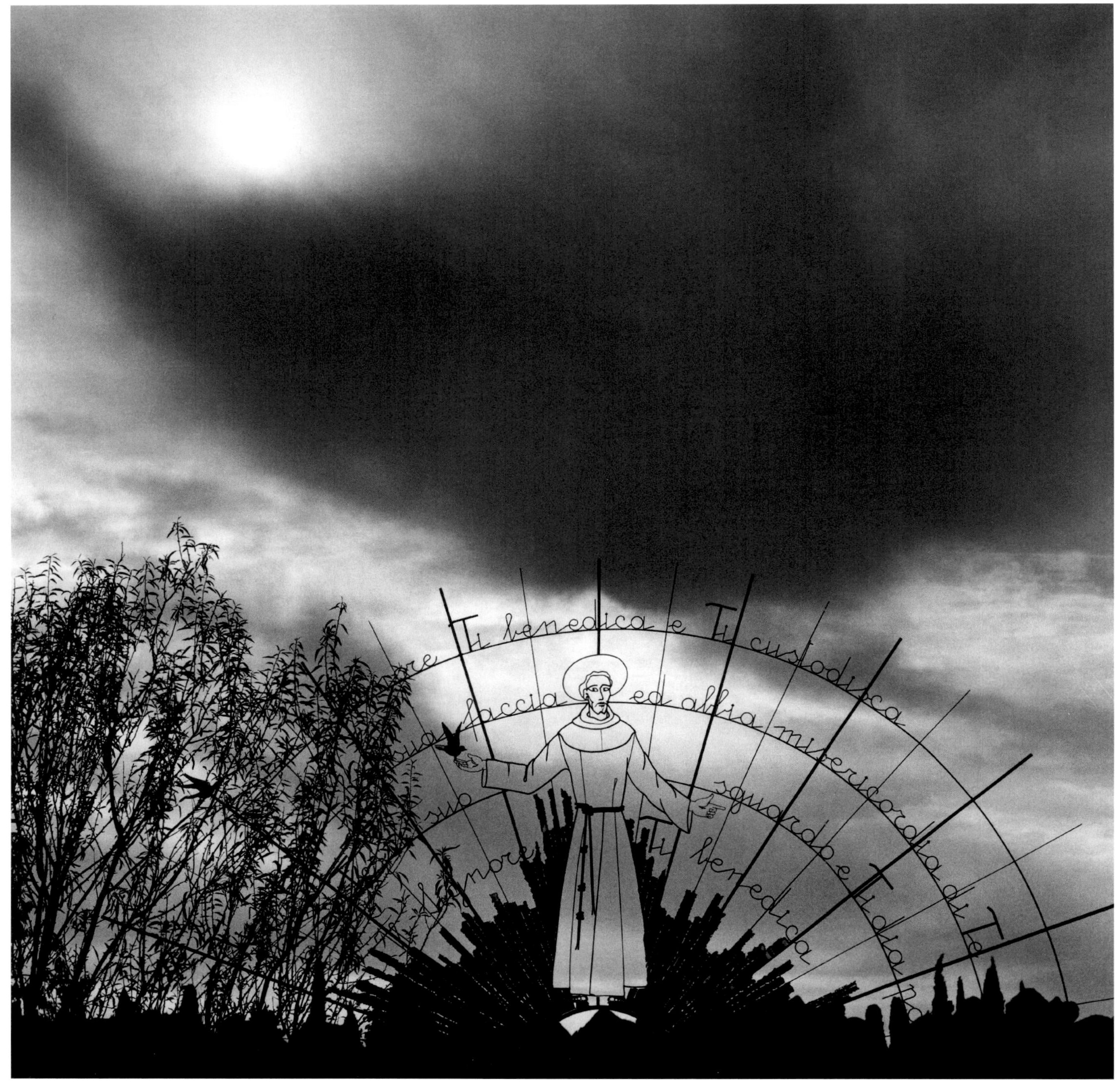

Raffigurazione di monaco / *Monk Depiction*, San Francesco del Deserto, Venezia, Italia / Venice, Italy, 2021

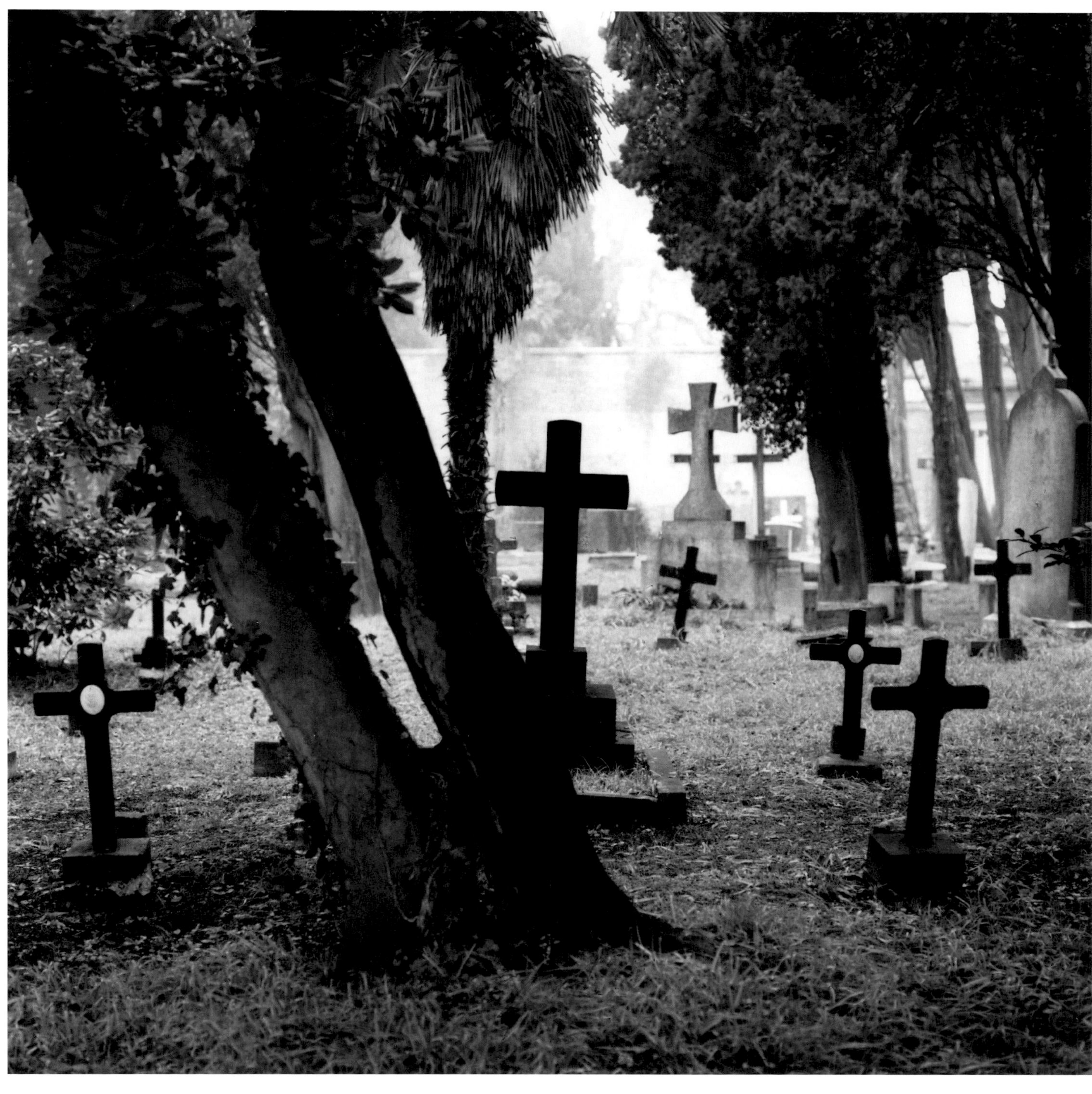

Croci sulle lapidi / *Gravestone Crosses*, Cimitero di San Michele, Venezia, Italia / Venice, Italy, 2006

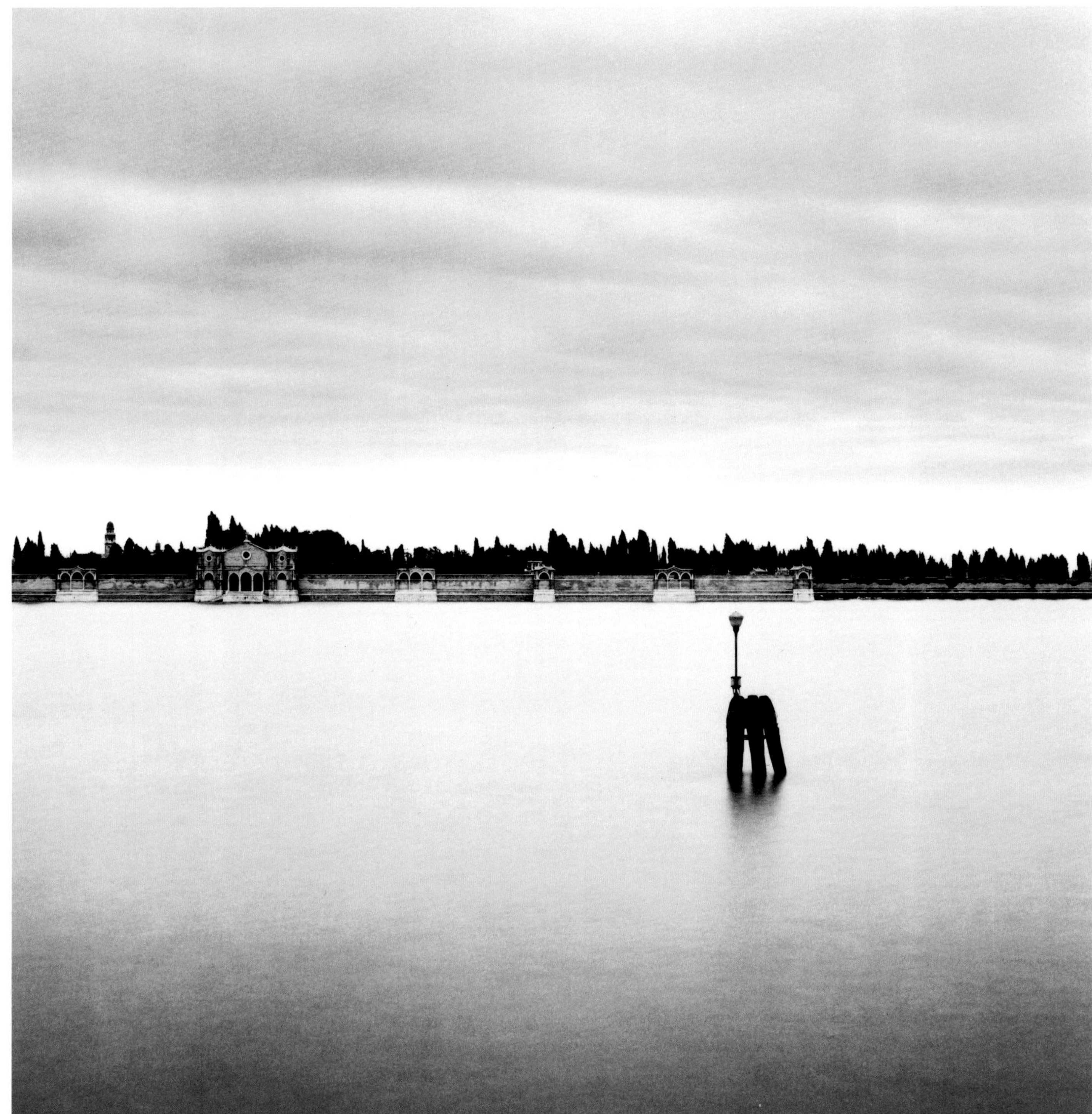

Cimitero di San Michele, Venezia, Italia / Venice, Italy, 1987

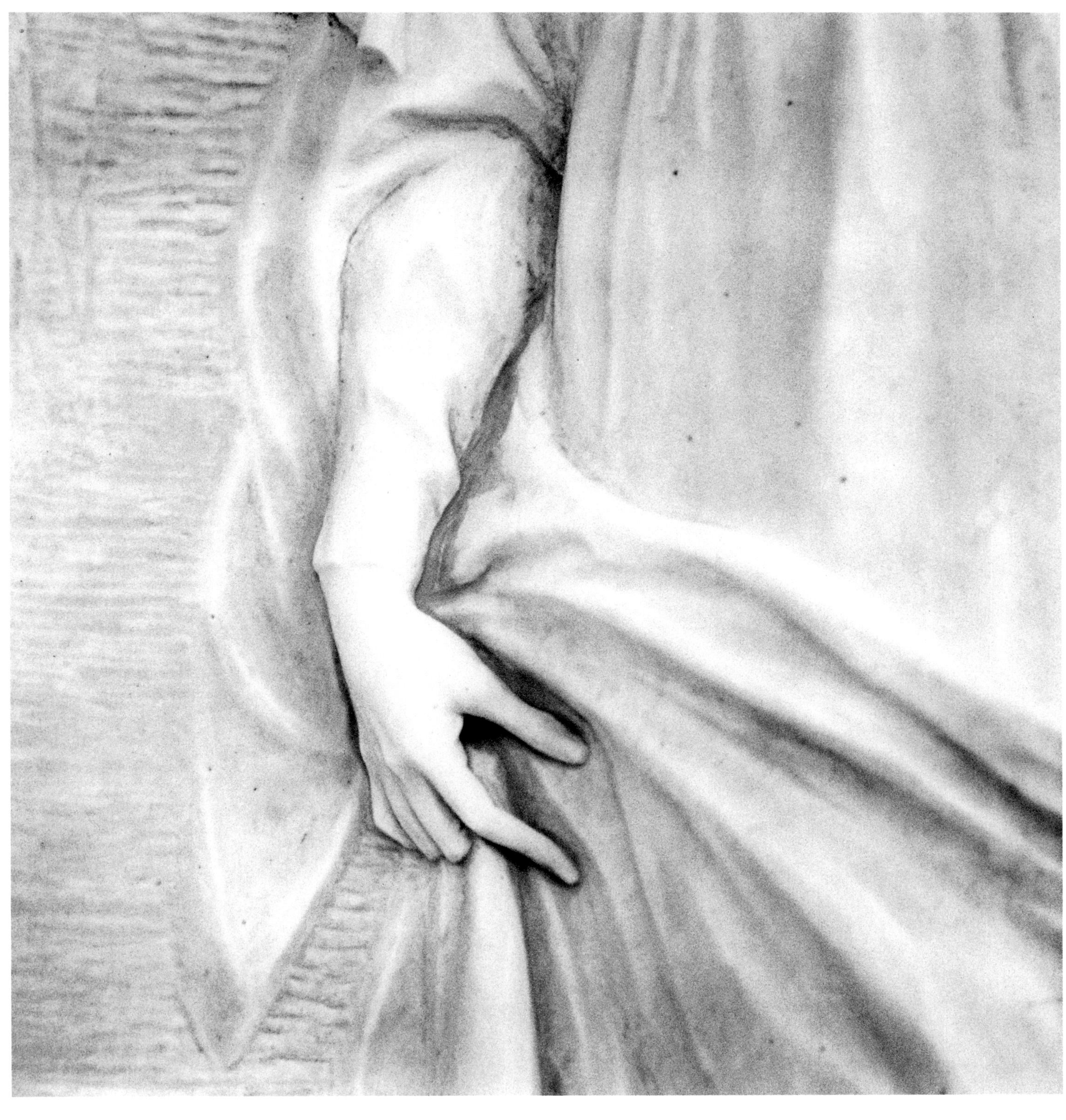

Mano bianca / White Hand, Cimitero di San Michele, Venezia, Italia / Venice, Italy, 2019

Punta della Dogana, Venezia, Italia / Venice, Italy, 2022

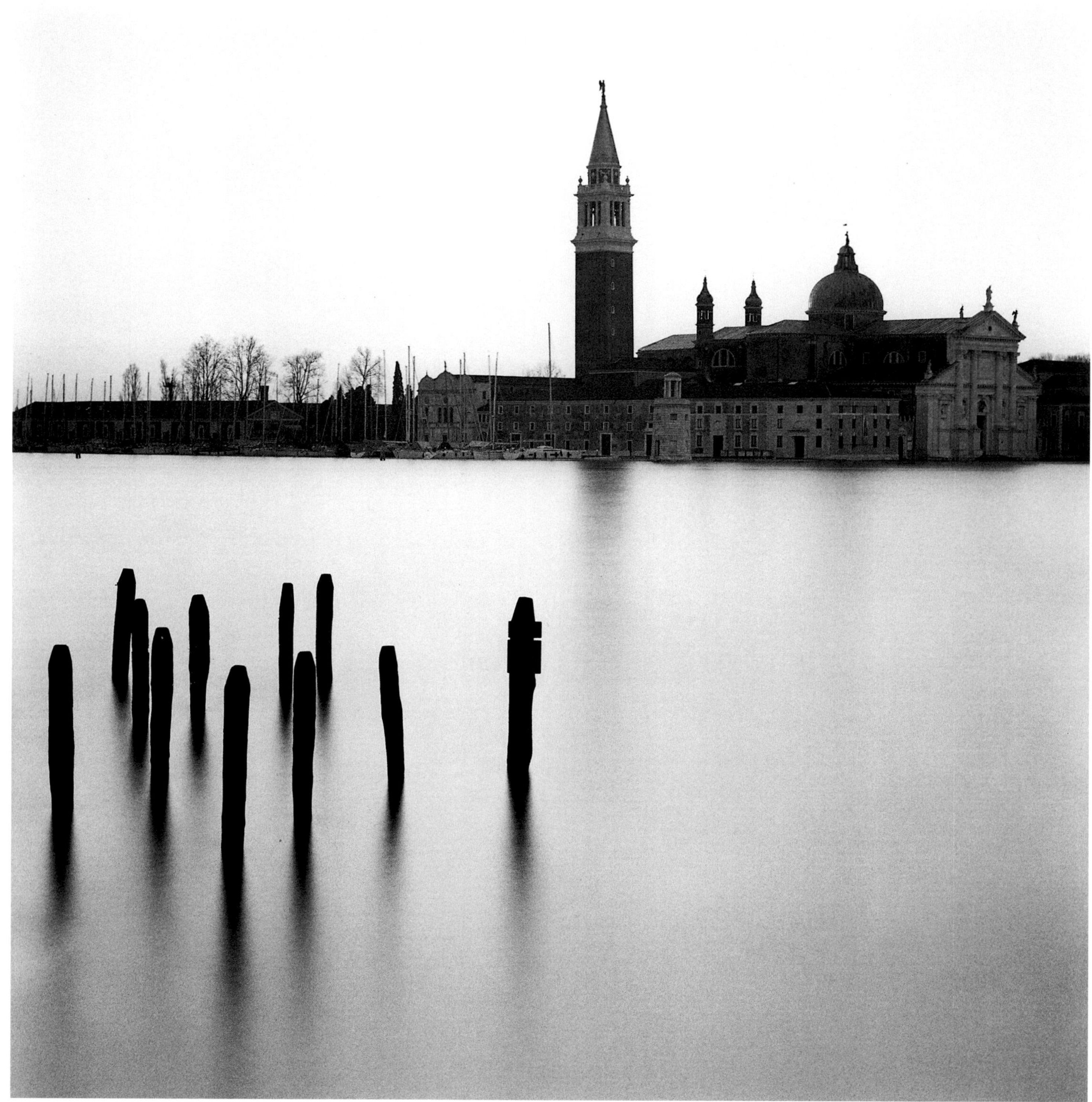

Undici pali e San Giorgio Maggiore / Eleven Poles and San Giorgio Maggiore, Venezia, Italia / Venice, Italy, 2019

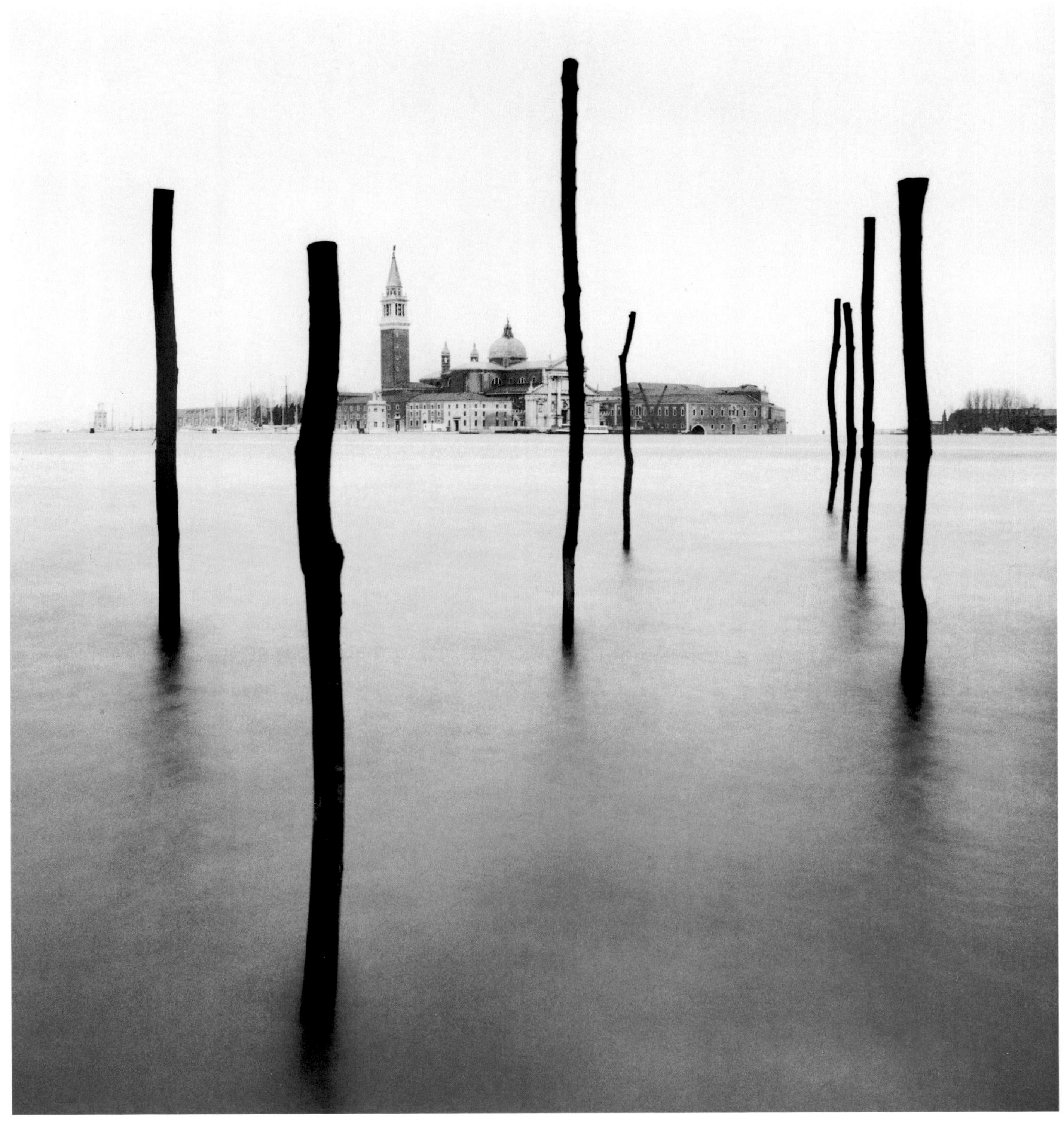

Basilica e otto pali / Basilica and Eight Poles, Venezia, Italia / Venice, Italy, 1990

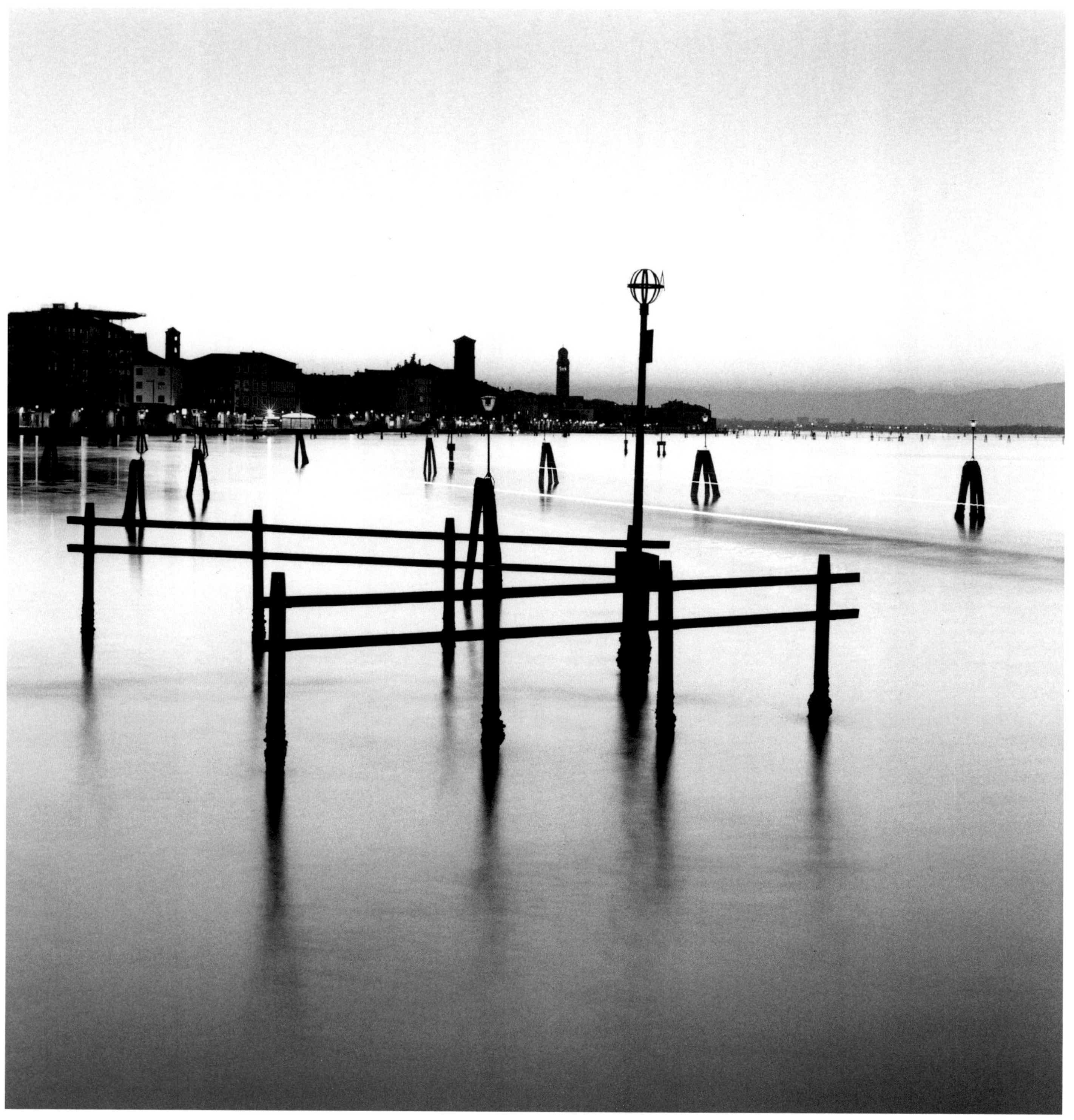

Ingresso del canale di Castello / *Castello Canal Inlet*, Venezia, Italia / Venice, Italy, 2022

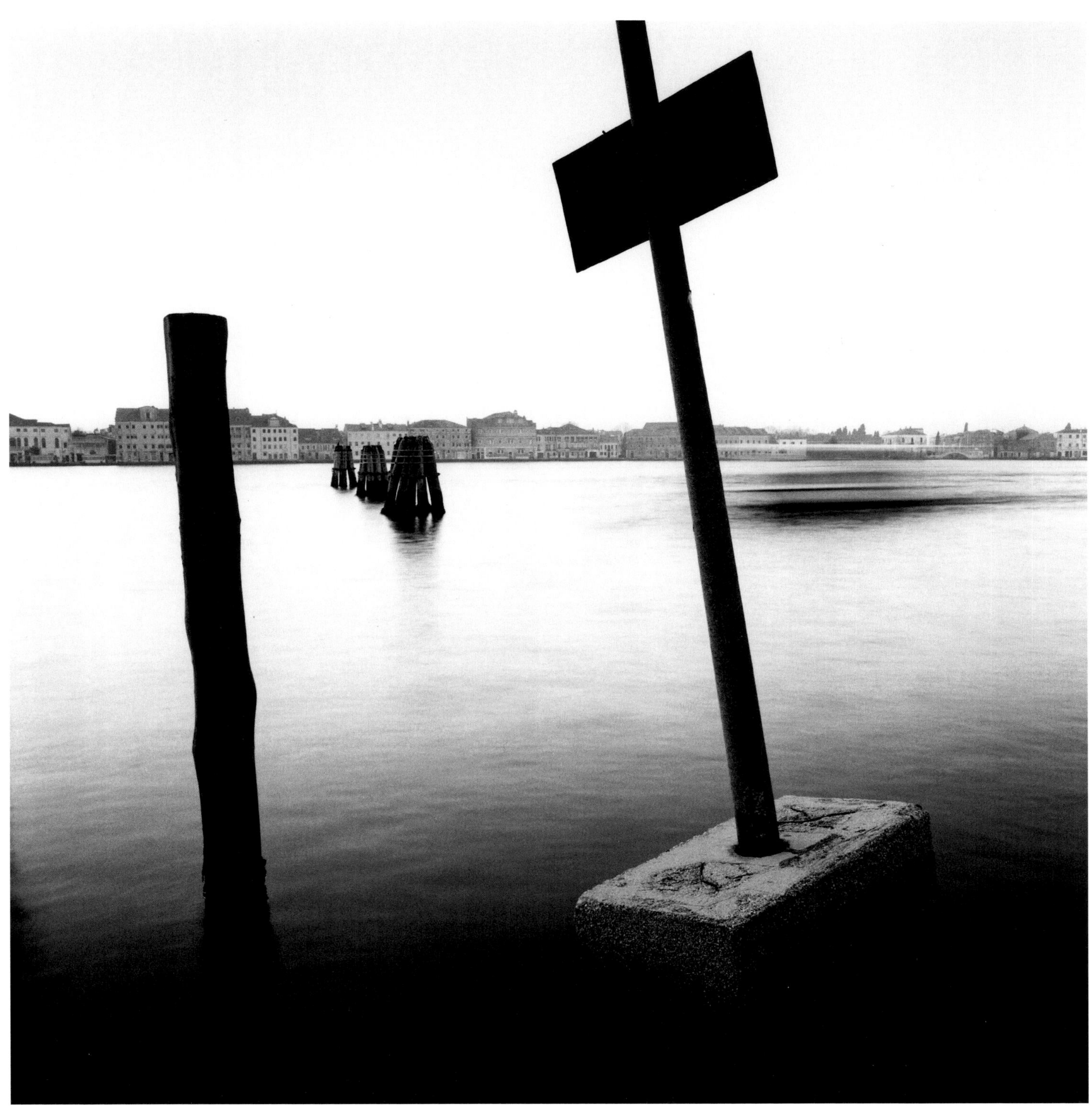

Veduta della Giudecca / Giudecca Viewpoint, Venezia, Italia / Venice, Italy, 2017

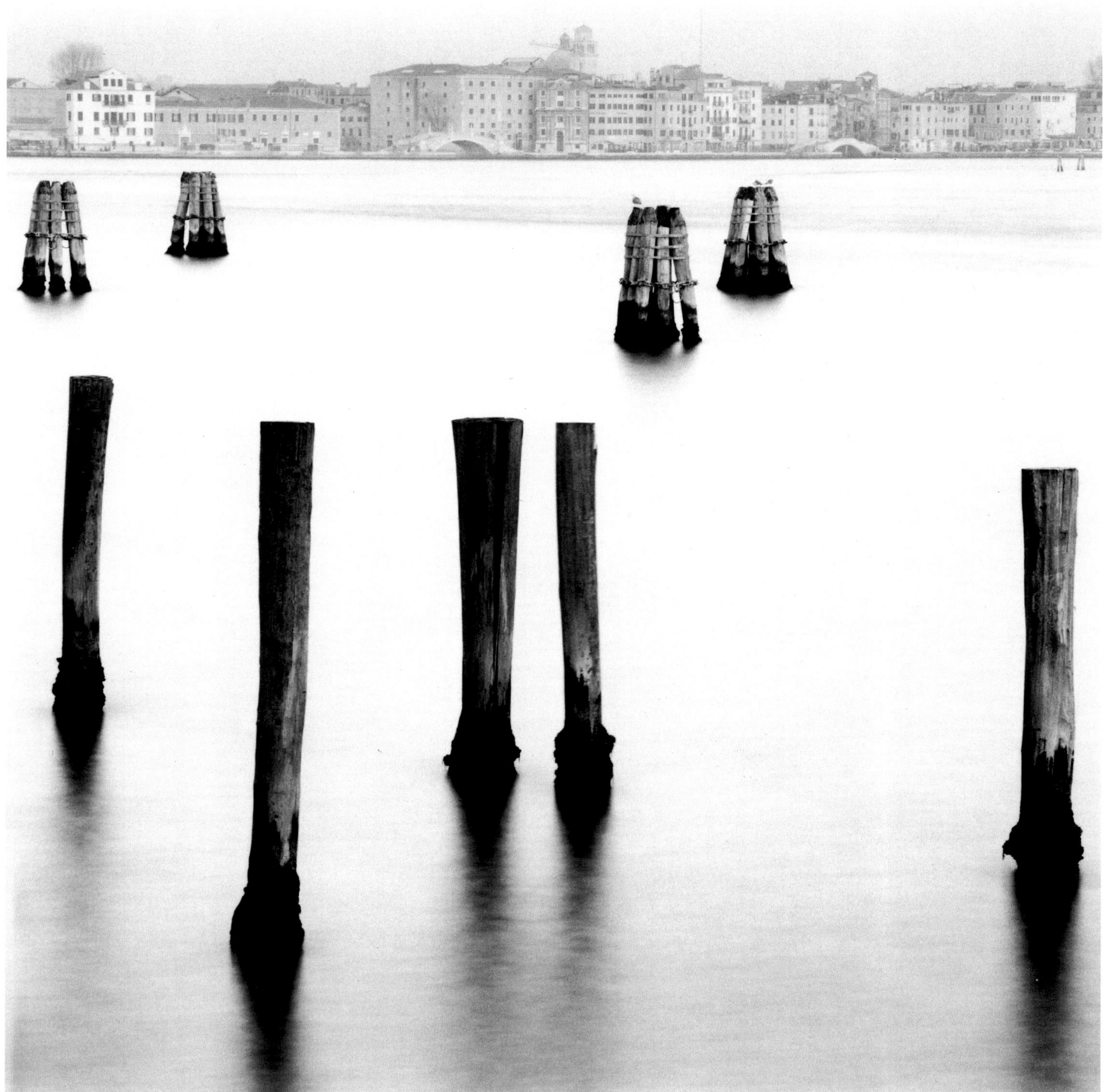

Veduta di Dorsoduro / Dorsoduro Viewpoint, Venezia, Italia / Venice, Italy, 2017

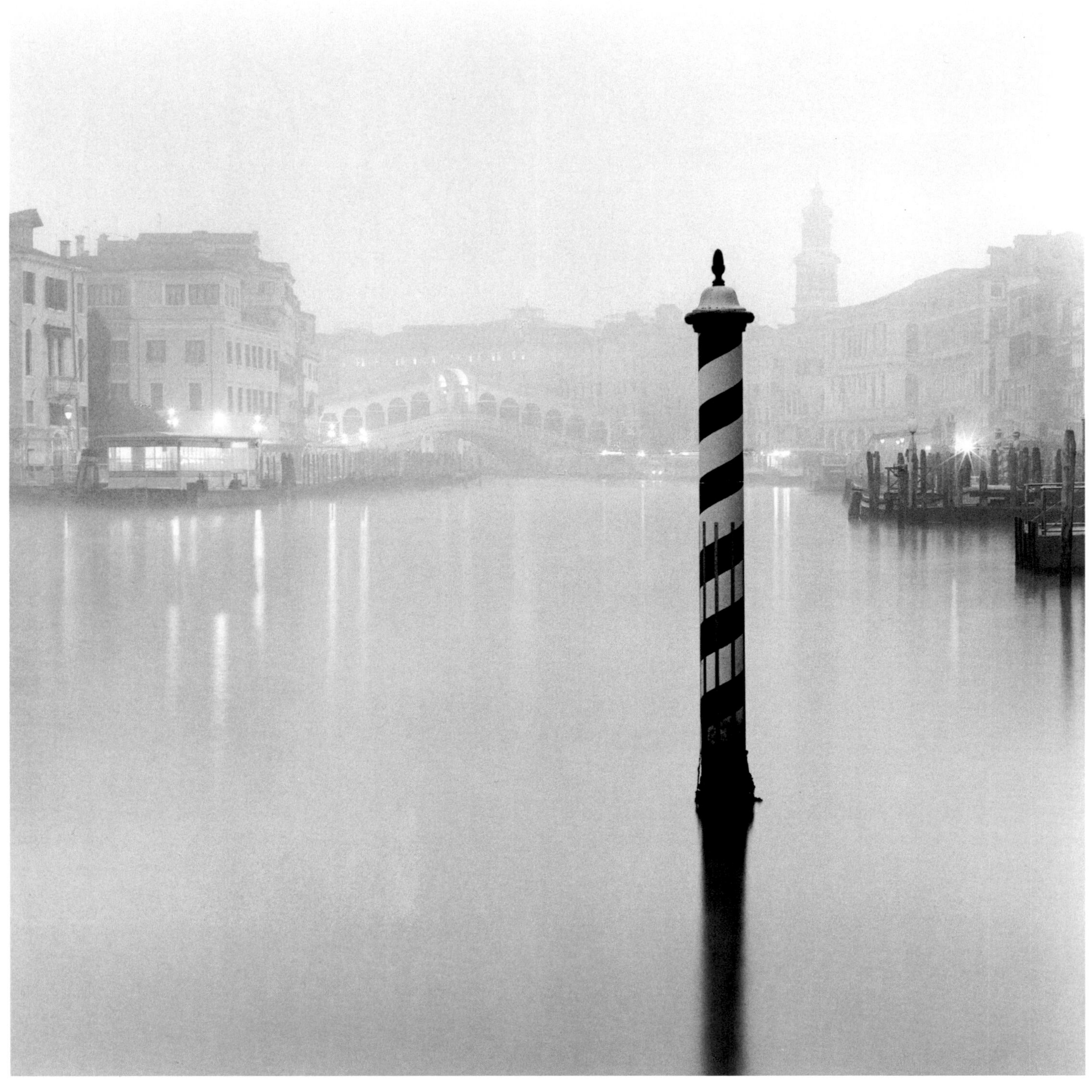

Palo per l'ormeggio a strisce e ponte di Rialto / Striped Mooring Pole and Rialto Bridge, Venezia, Italia / Venice, Italy, 2019

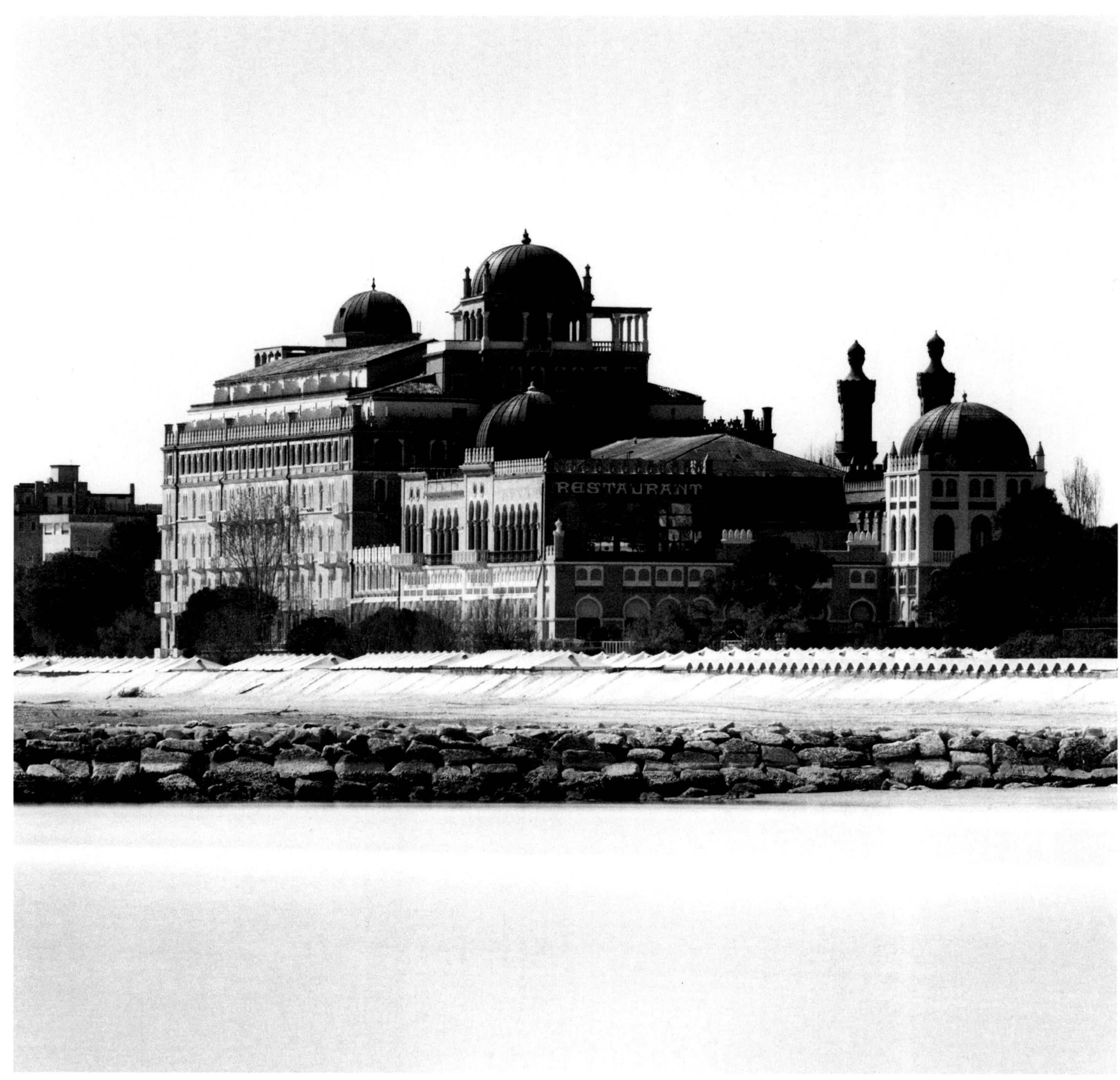

Hotel Excelsior, Lido, Venezia, Italia / Venice, Italy, 2022

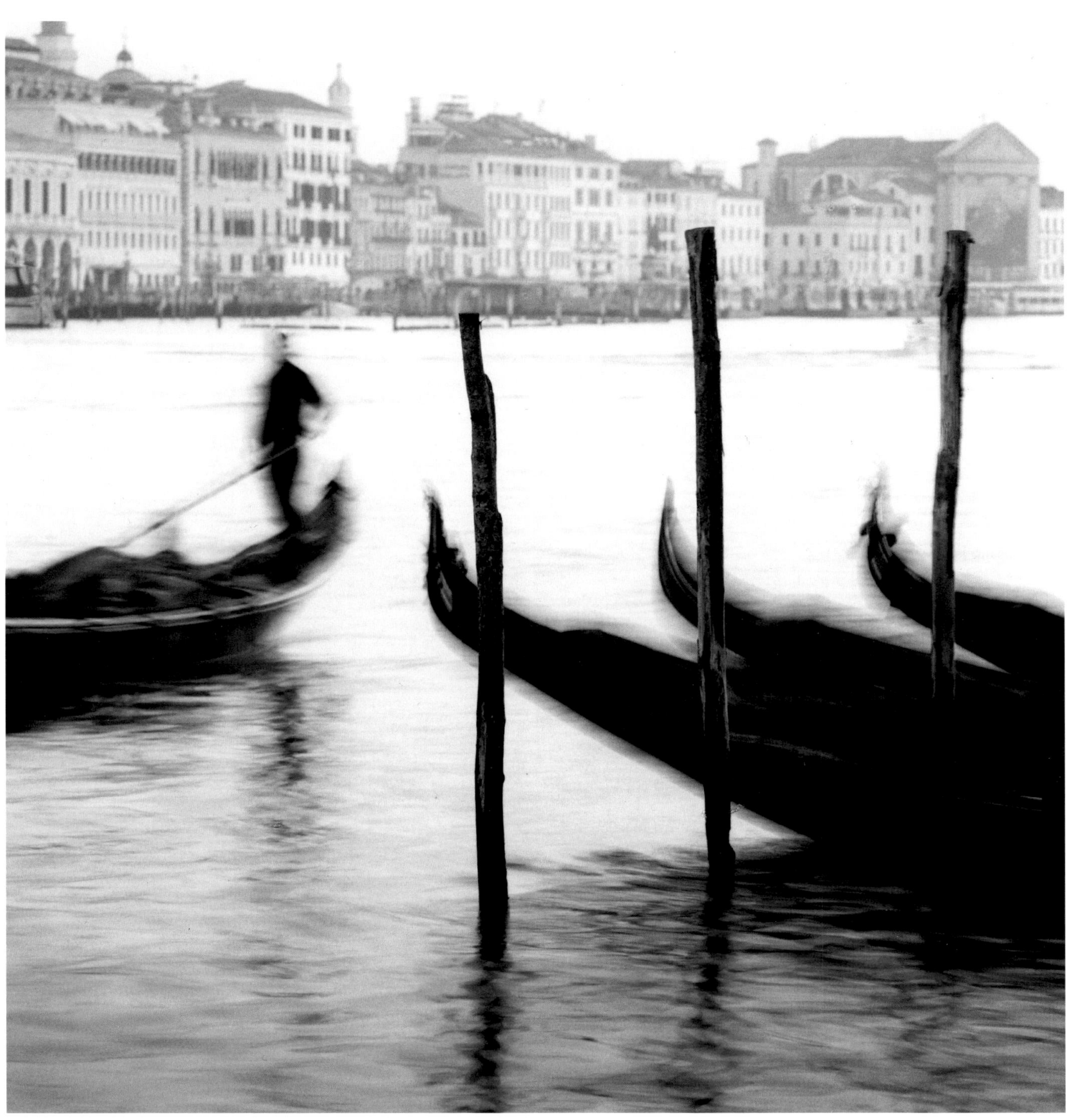

Gondola-traghetto / Gondola-Ferry, Venezia, Italia / Venice, Italy, 2017

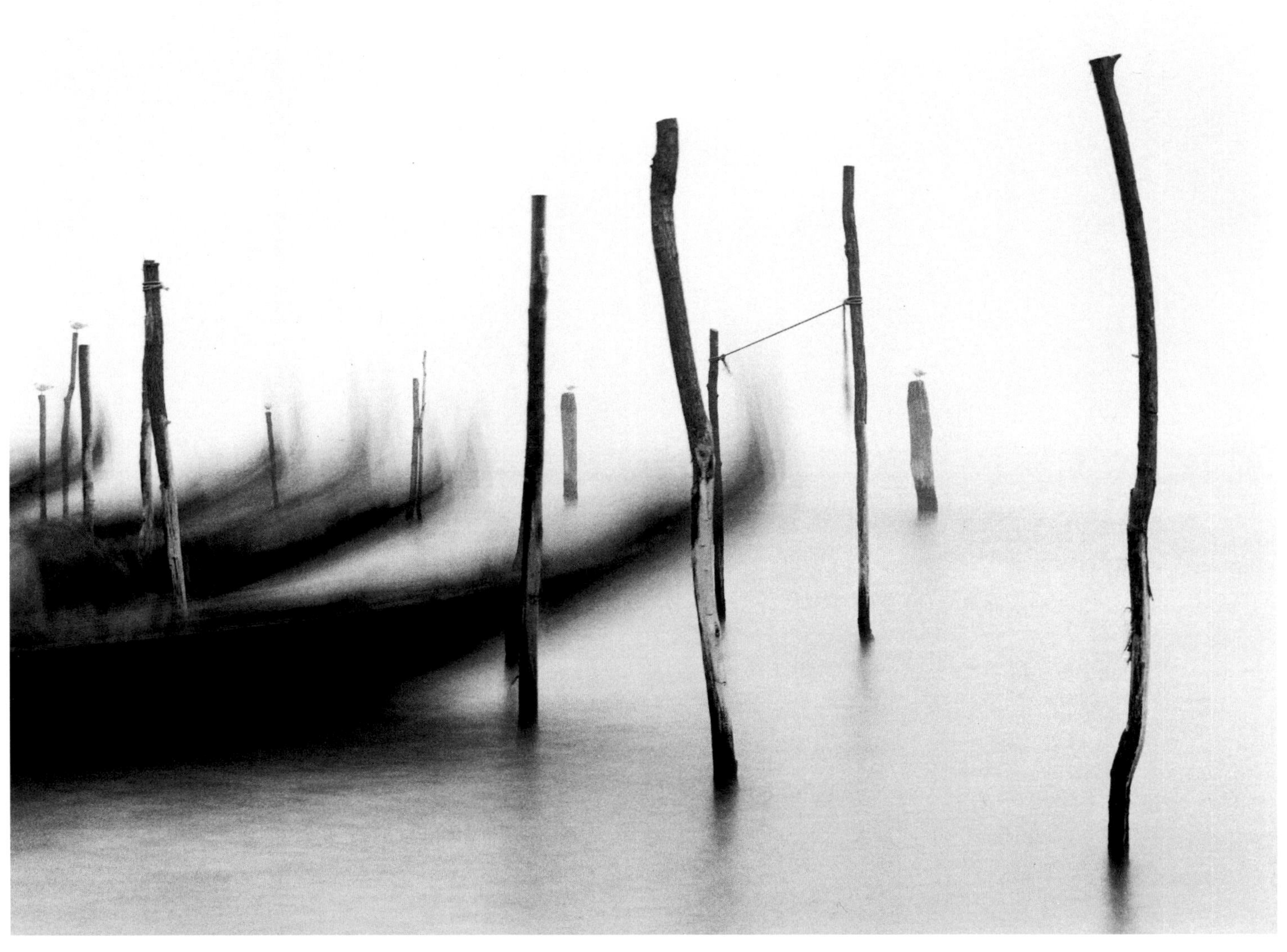

Gondole / *Gondolas*, Studio 1 / Study 1, Venezia, Italia / Venice, Italy, 1980

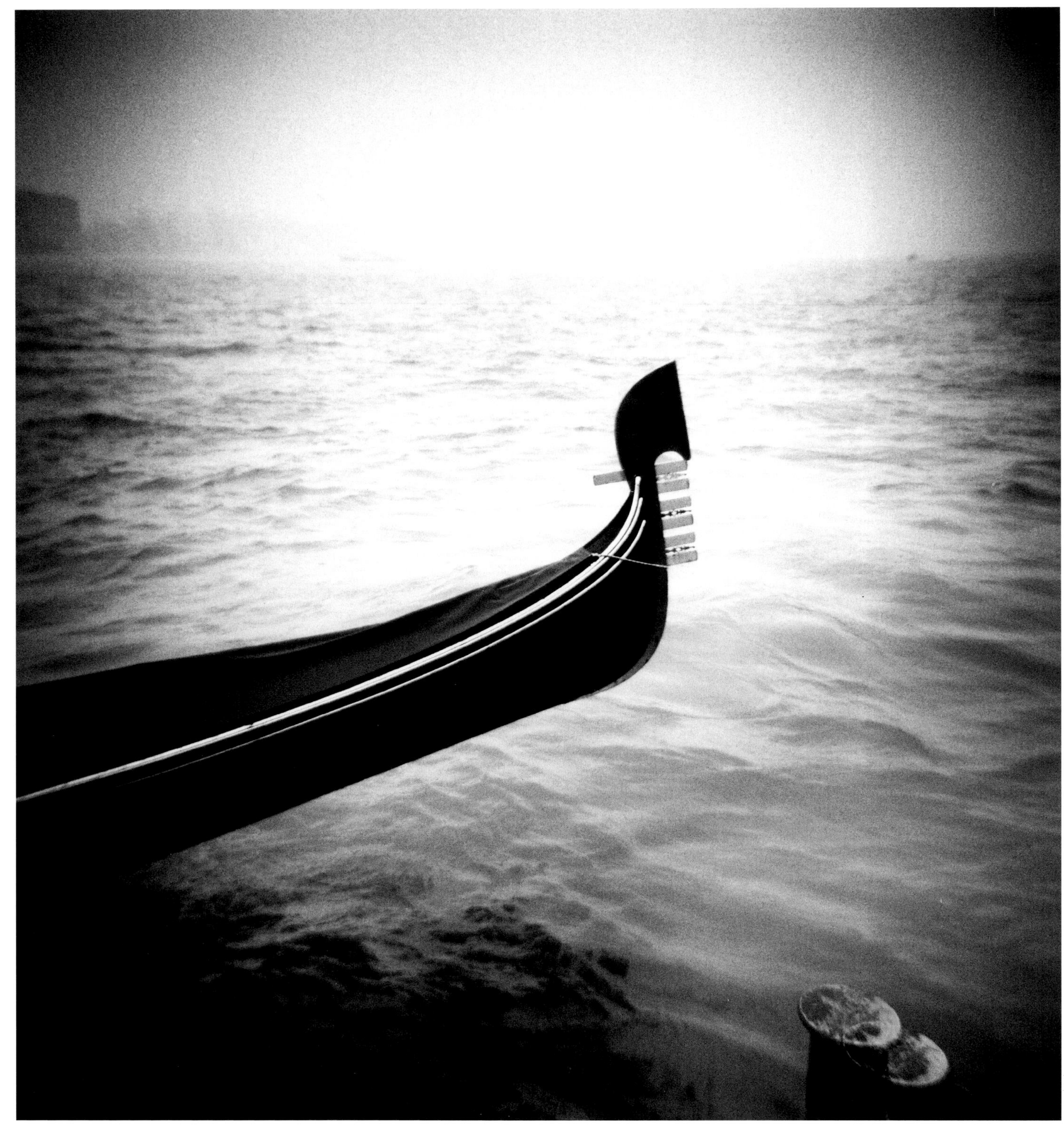

Ferro della gondola / Gondola Prow Head, Venezia, Italia / Venice, Italy, 2006

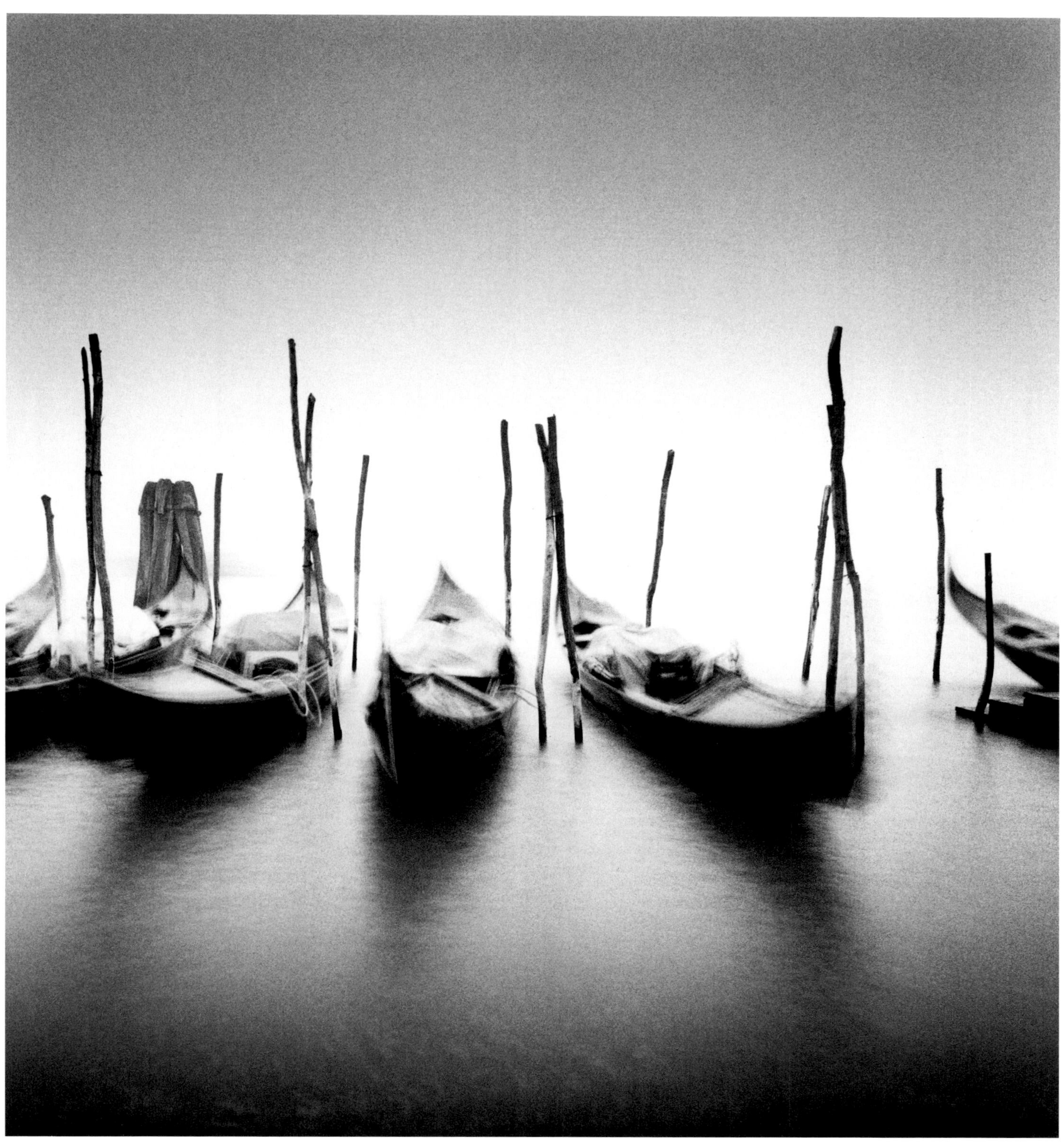

Sei gondole / Six Gondolas, Venezia, Italia / Venice, Italy, 1980

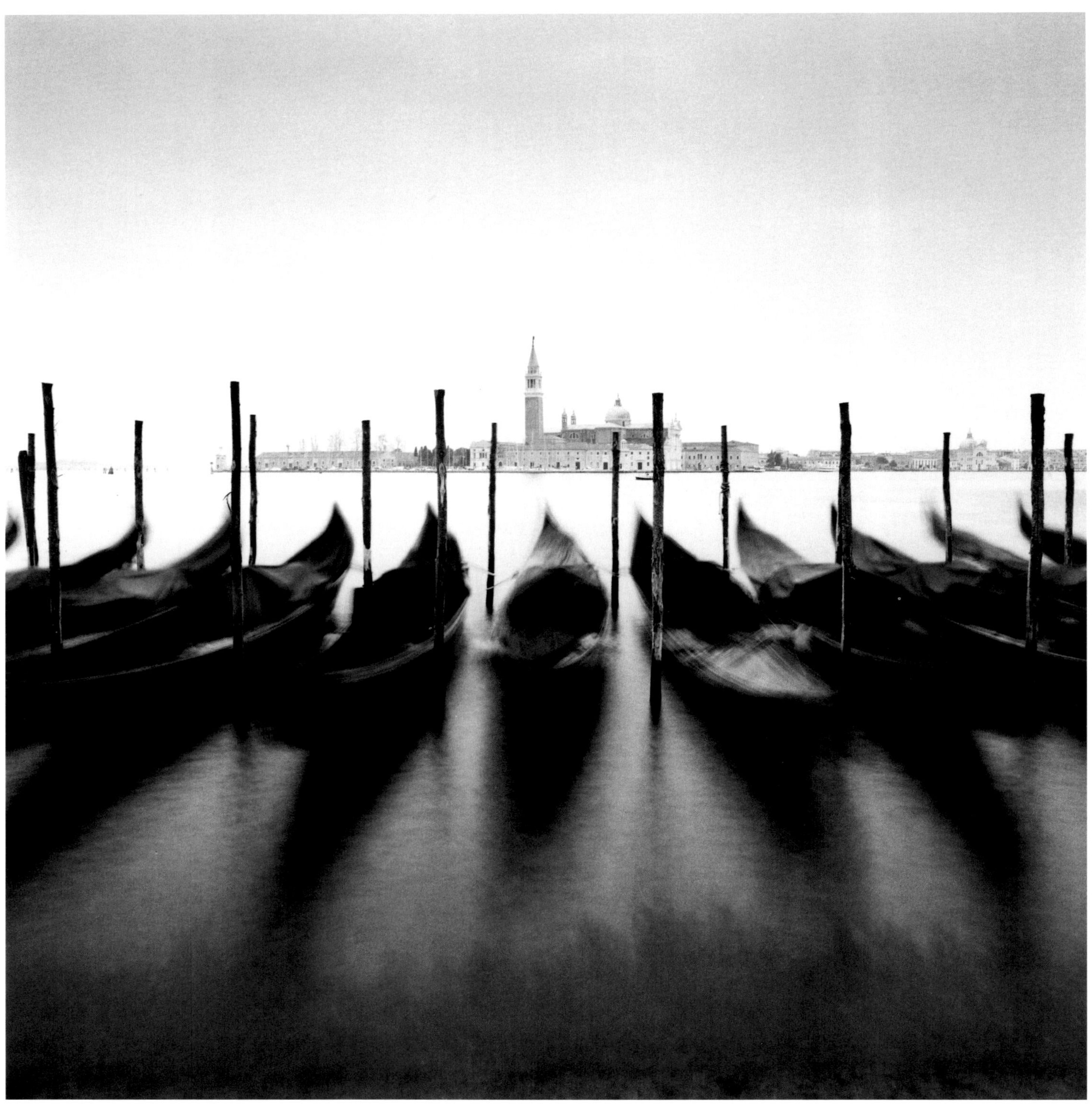

Gondole a dicembre / December Gondolas, Venezia, Italia / Venice, Italy, 2017

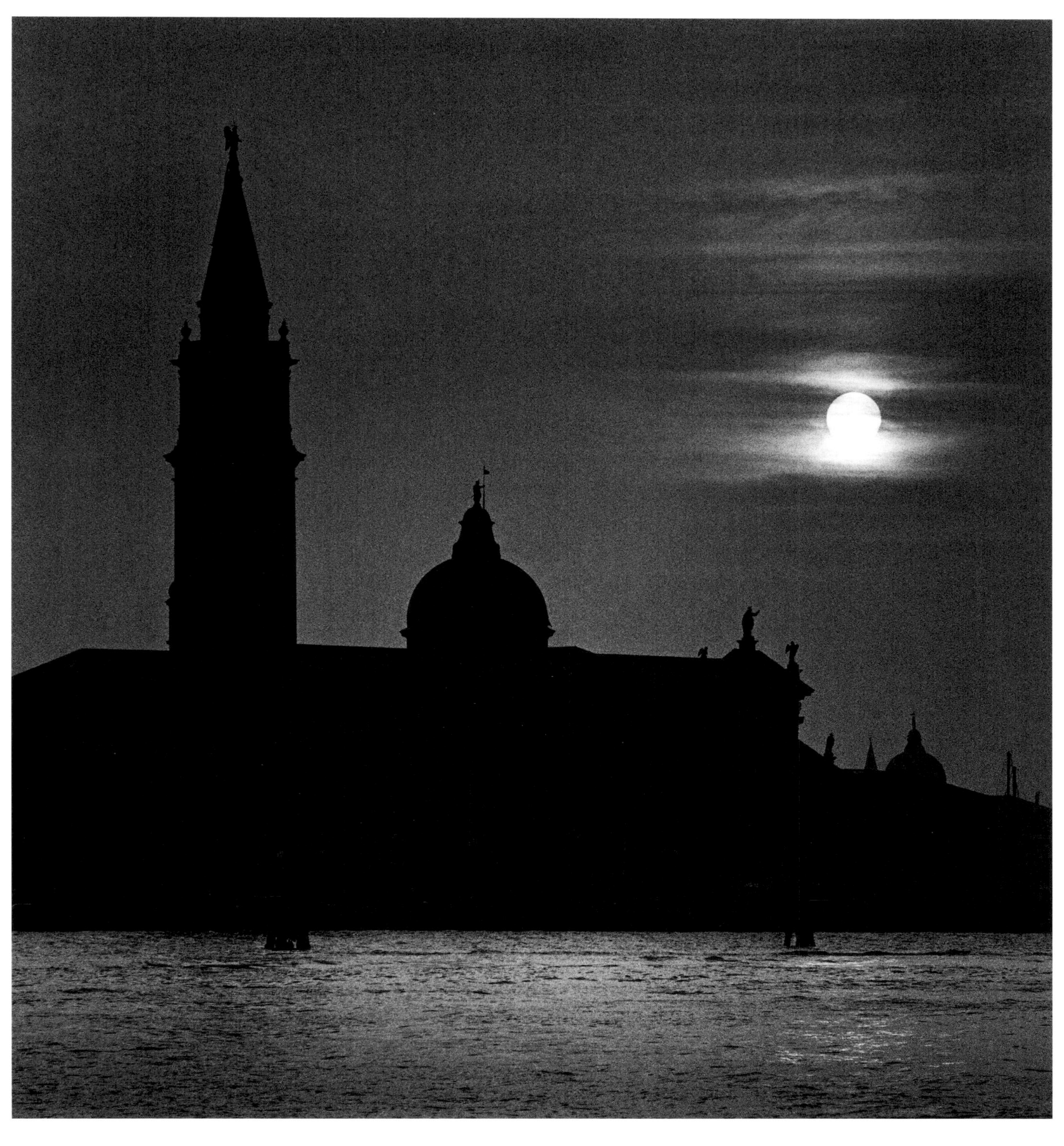

Basilica di San Giorgio Maggiore, Studio 1 / Study 1, Venezia, Italia / Venice, Italy, 1980

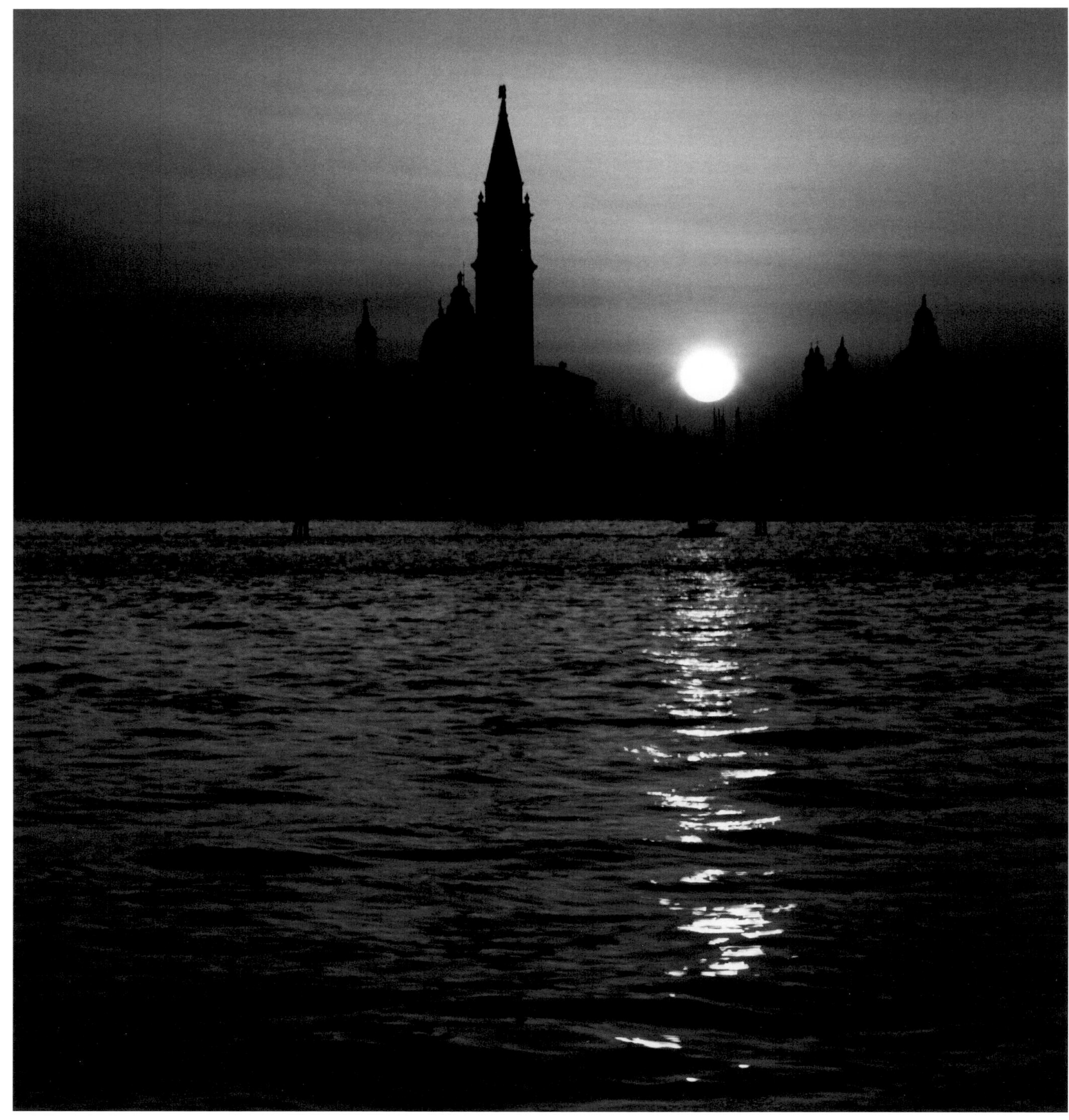

Basilica di San Giorgio Maggiore, Studio 2 / Study 2, Venezia, Italia / Venice, Italy, 2022

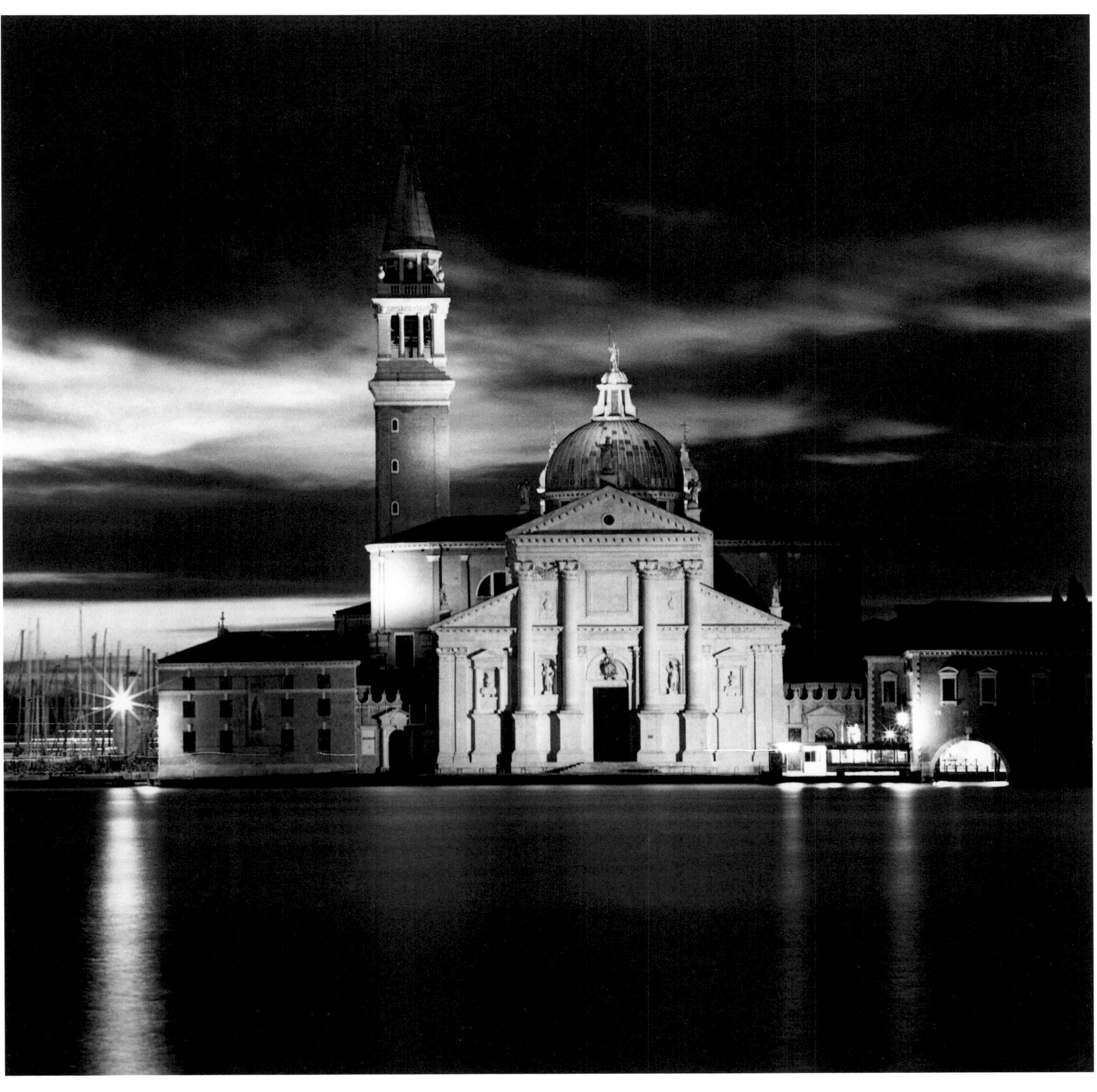

Basilica di San Giorgio Maggiore, Studio 3 / Study 3, Venezia, Italia / Venice, Italy, 2019

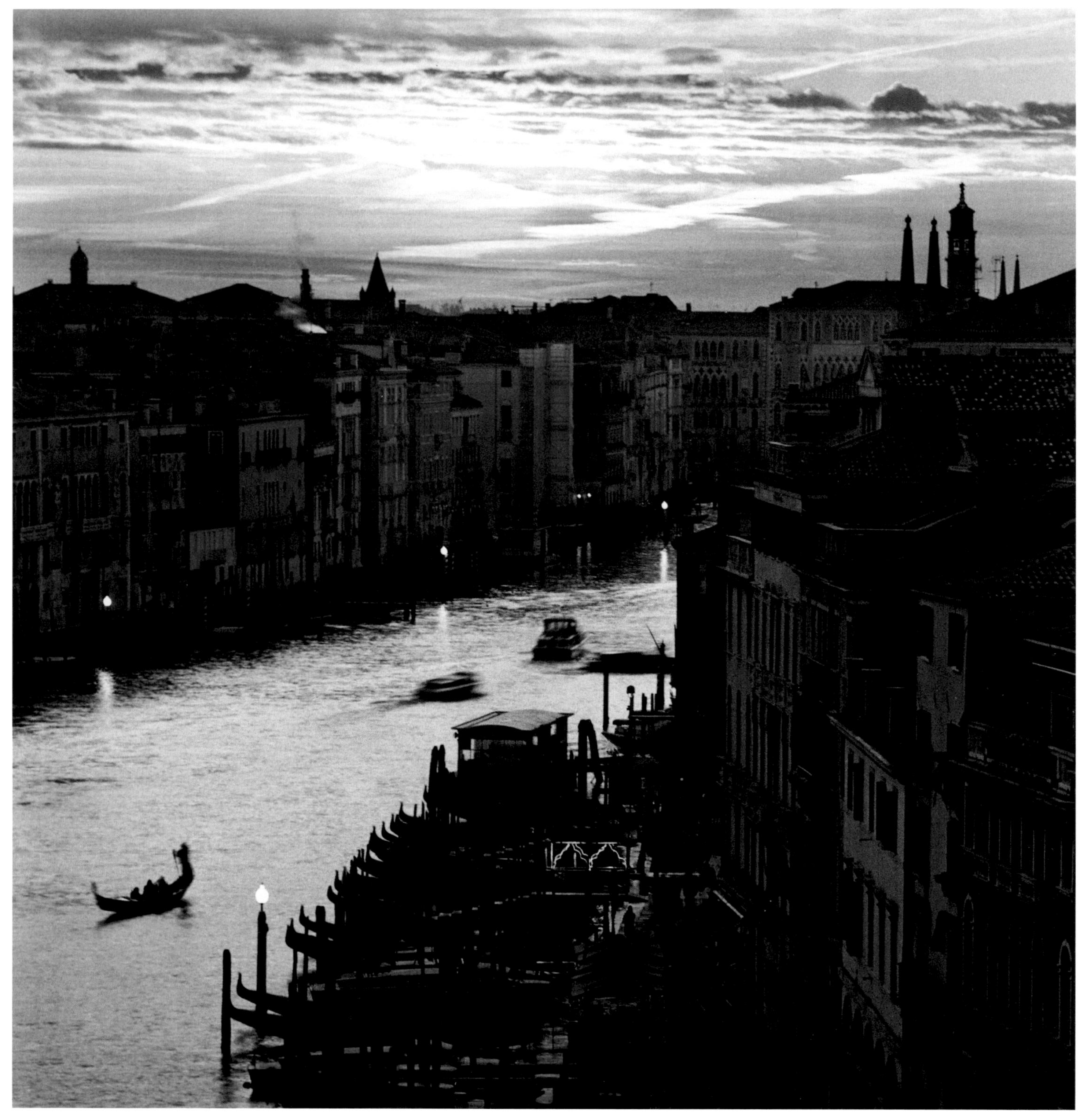

Gondoliere al crepuscolo e Canal Grande / Dusk Gondolier and Grand Canal, Venezia, Italia / Venice, Italy, 2019

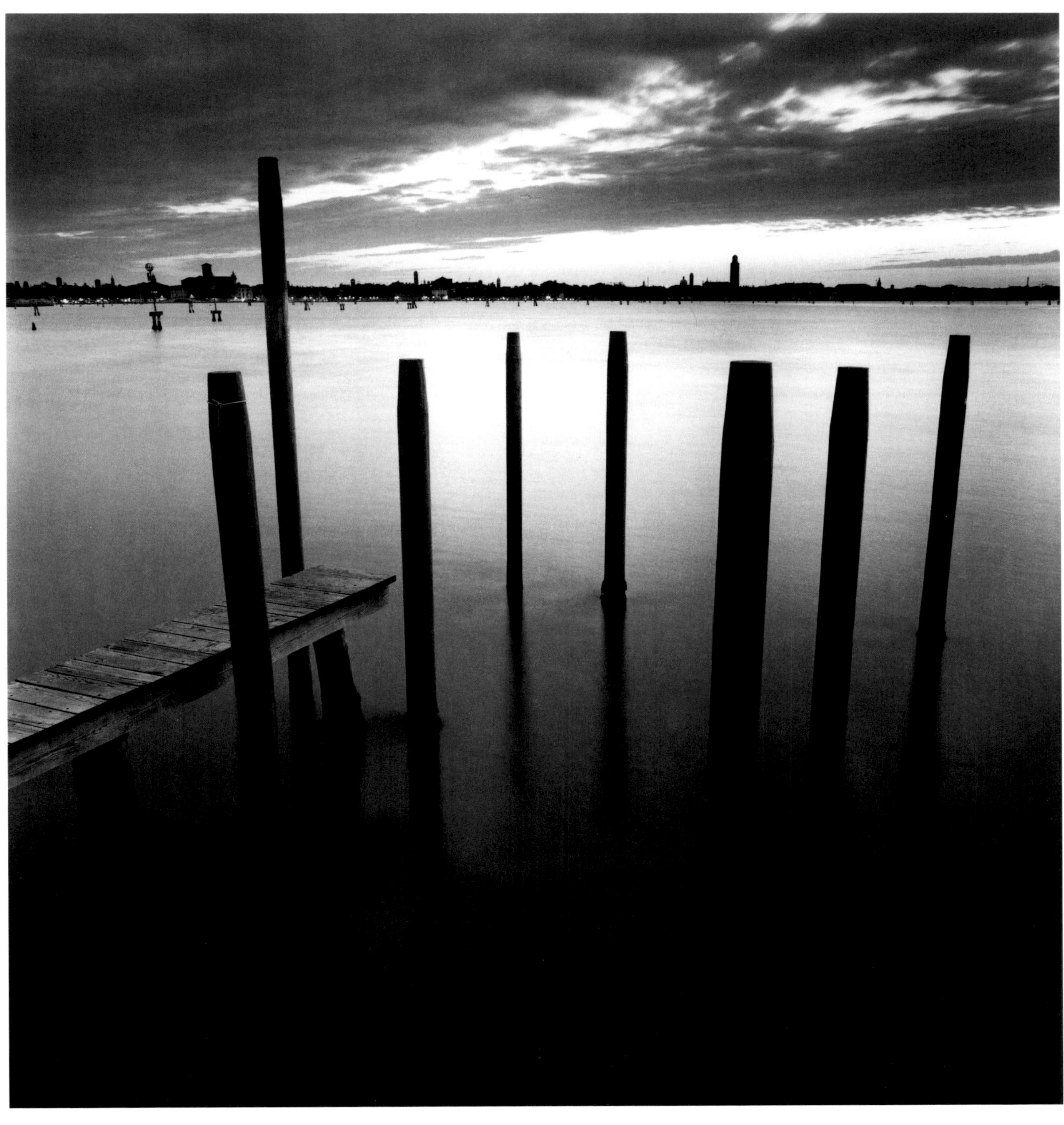

Quartiere di San Pietro, Murano, Venezia, Italia / Venice, Italy, 2021

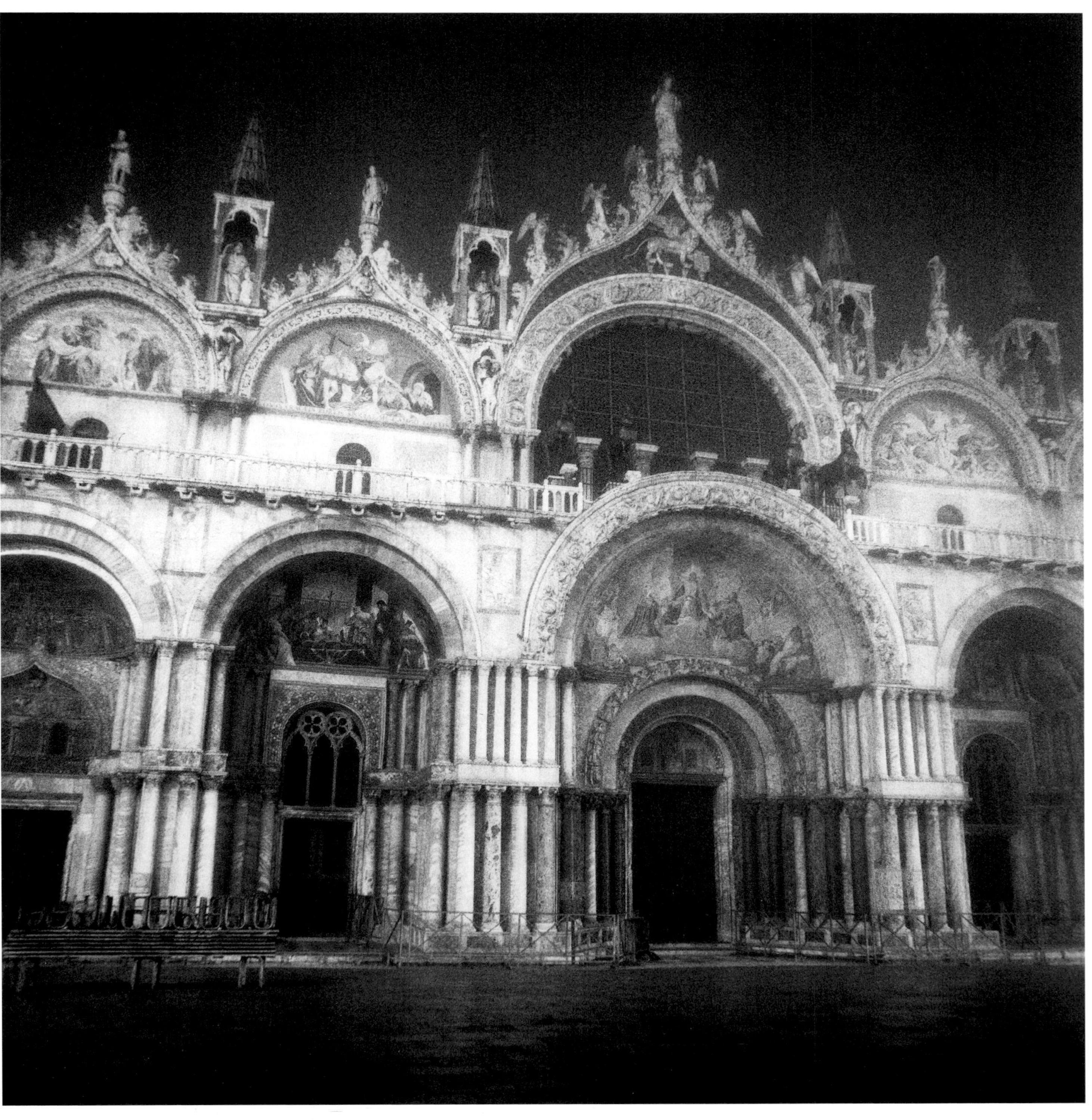

Basilica di San Marco, Studio 1 / Study 1, Venezia, Italia / Venice, Italy, 2007

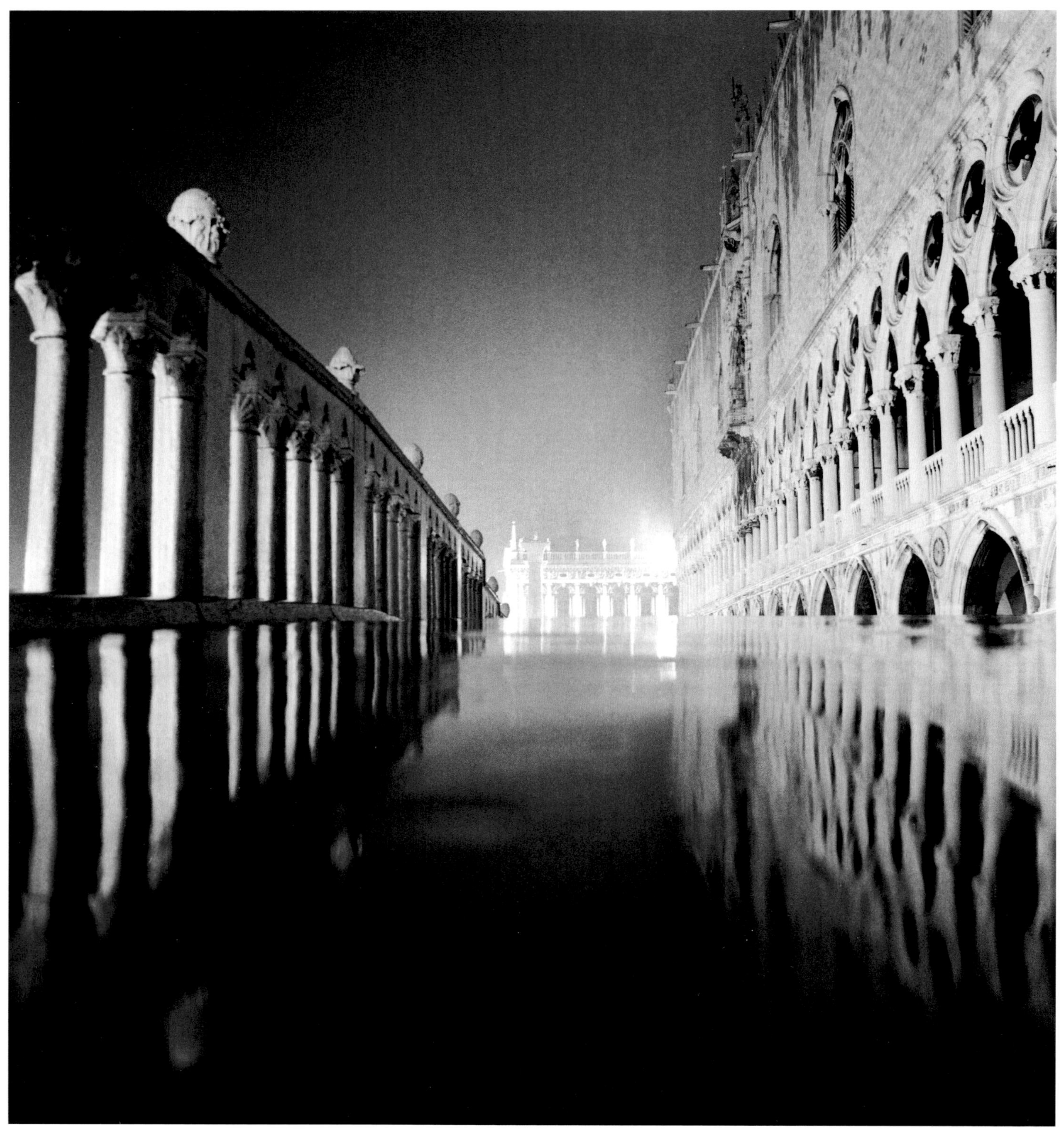

Riflesso di Palazzo Ducale / Palazzo Ducale Reflection, Venezia, Italia / Venice, Italy, 1987

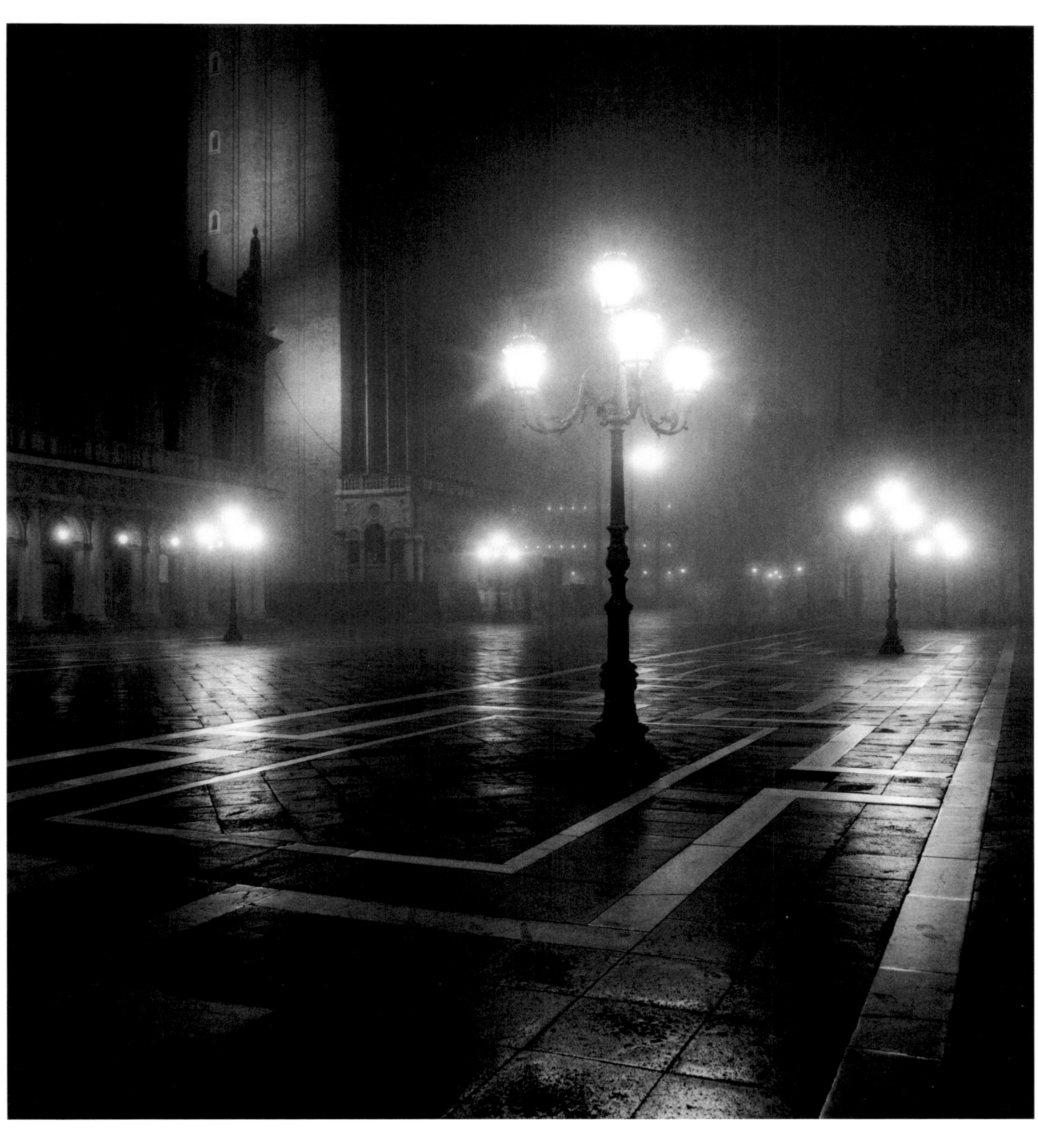

Lampioni di piazzetta San Marco / Piazzetta San Marco Lamps, Venezia, Italia / Venice, Italy, 2007

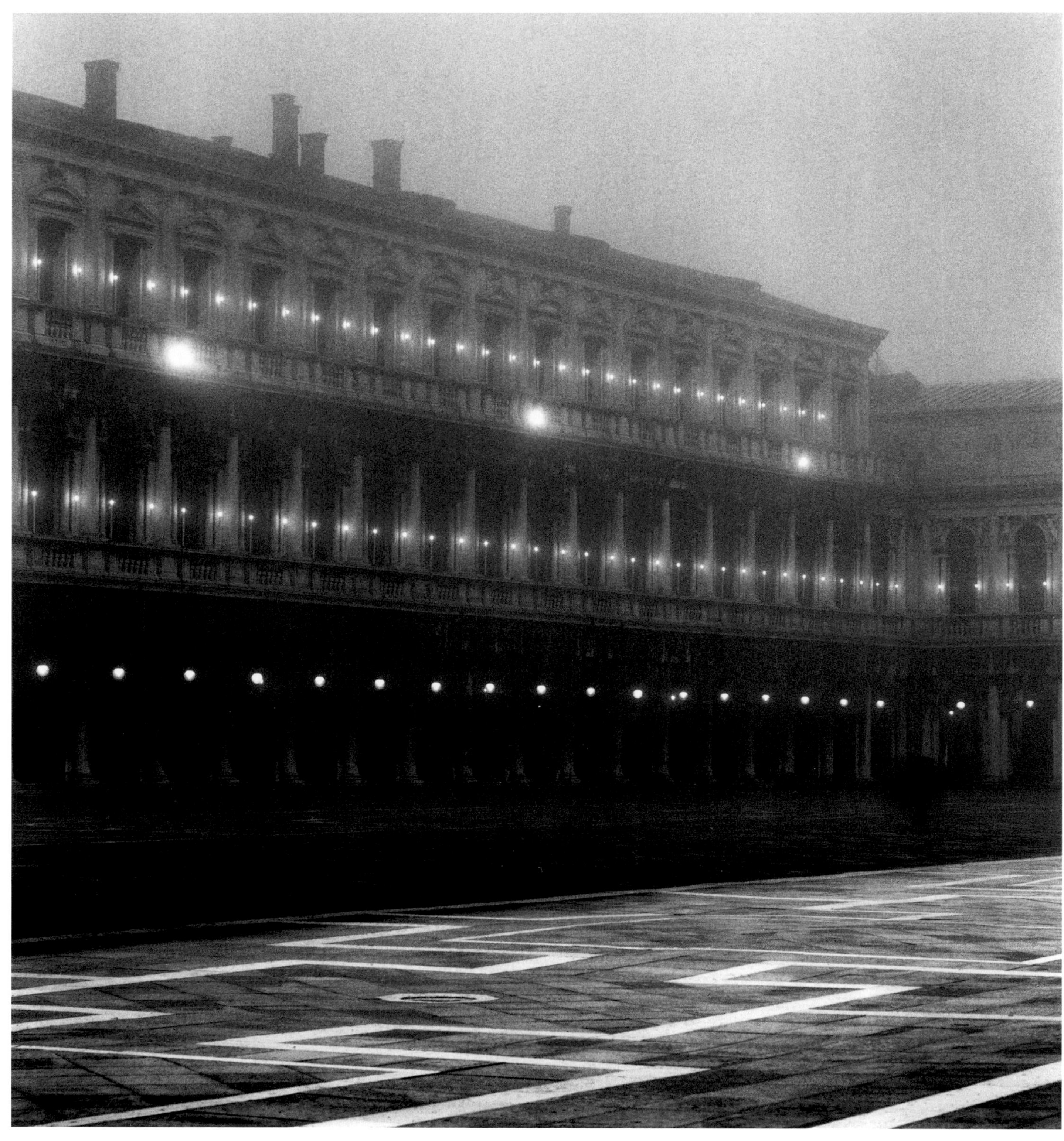

Passi, piazza San Marco / Footsteps, Piazza San Marco, Venezia, Italia / Venice, Italy, 2007

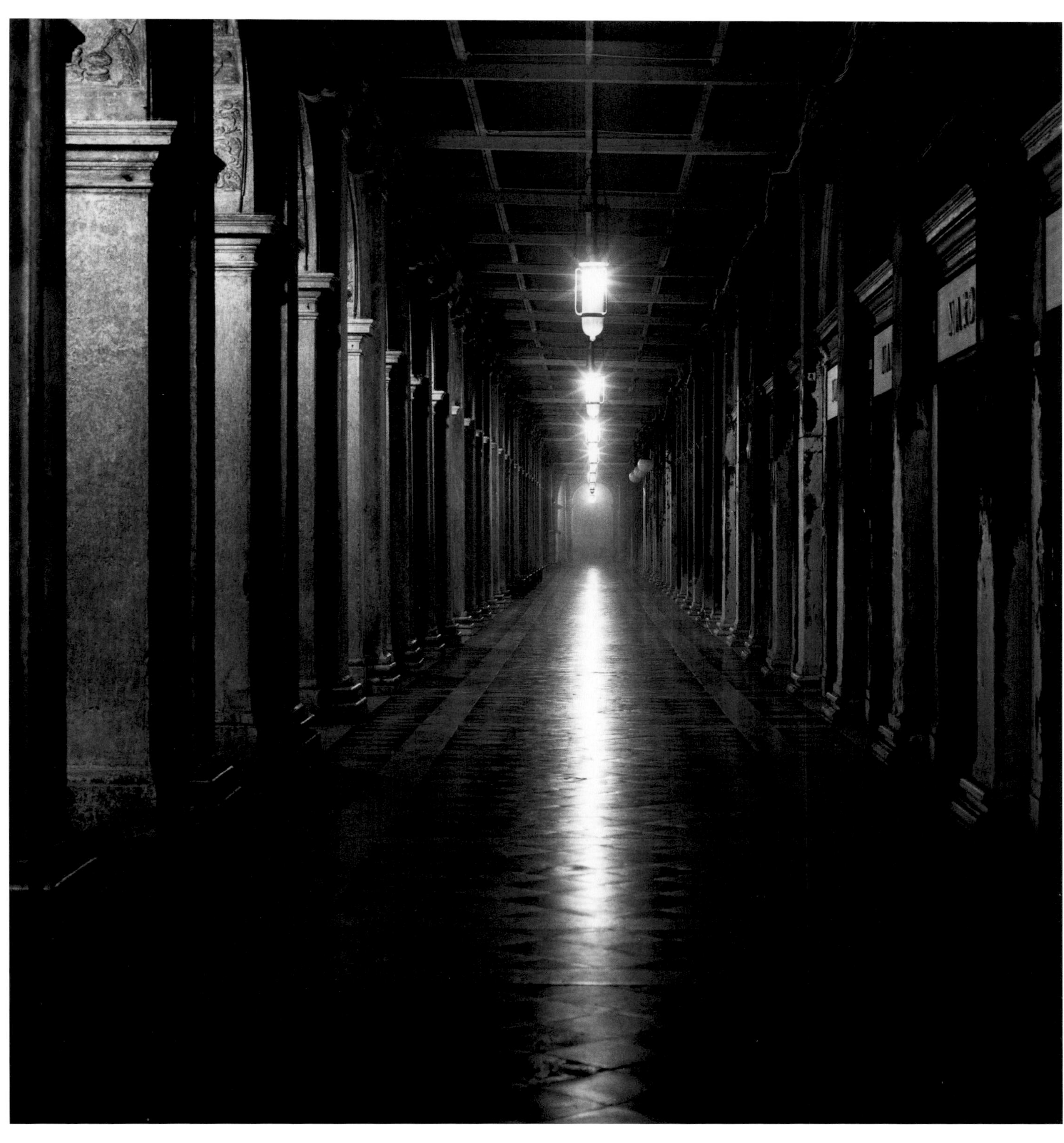

Procuratie Nuove, Venezia, Italia / Venice, Italy, 2022

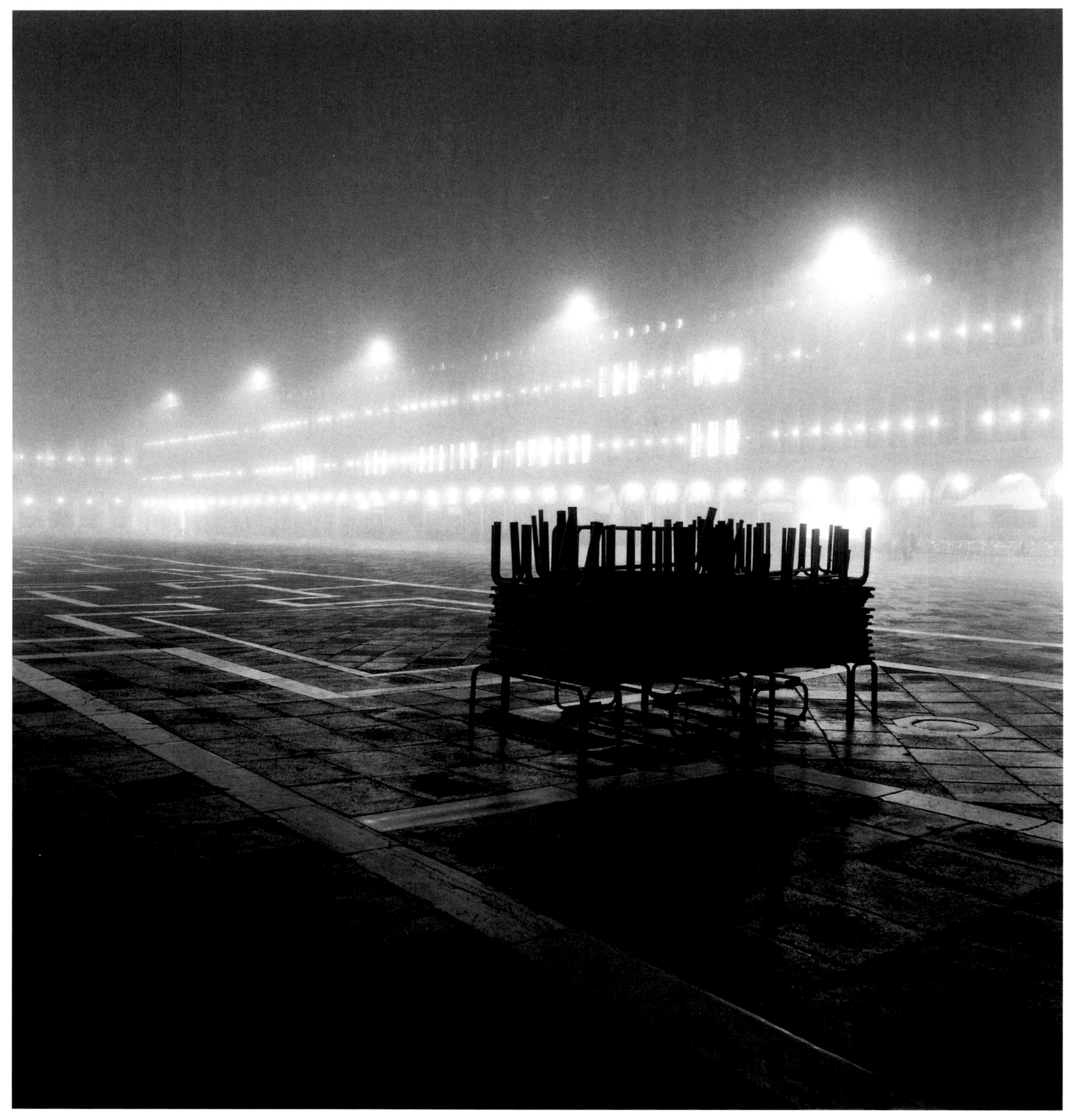

Passerelle per l'acqua alta / *Acqua Alta Supplies*, Venezia, Italia / Venice, Italy, 2022

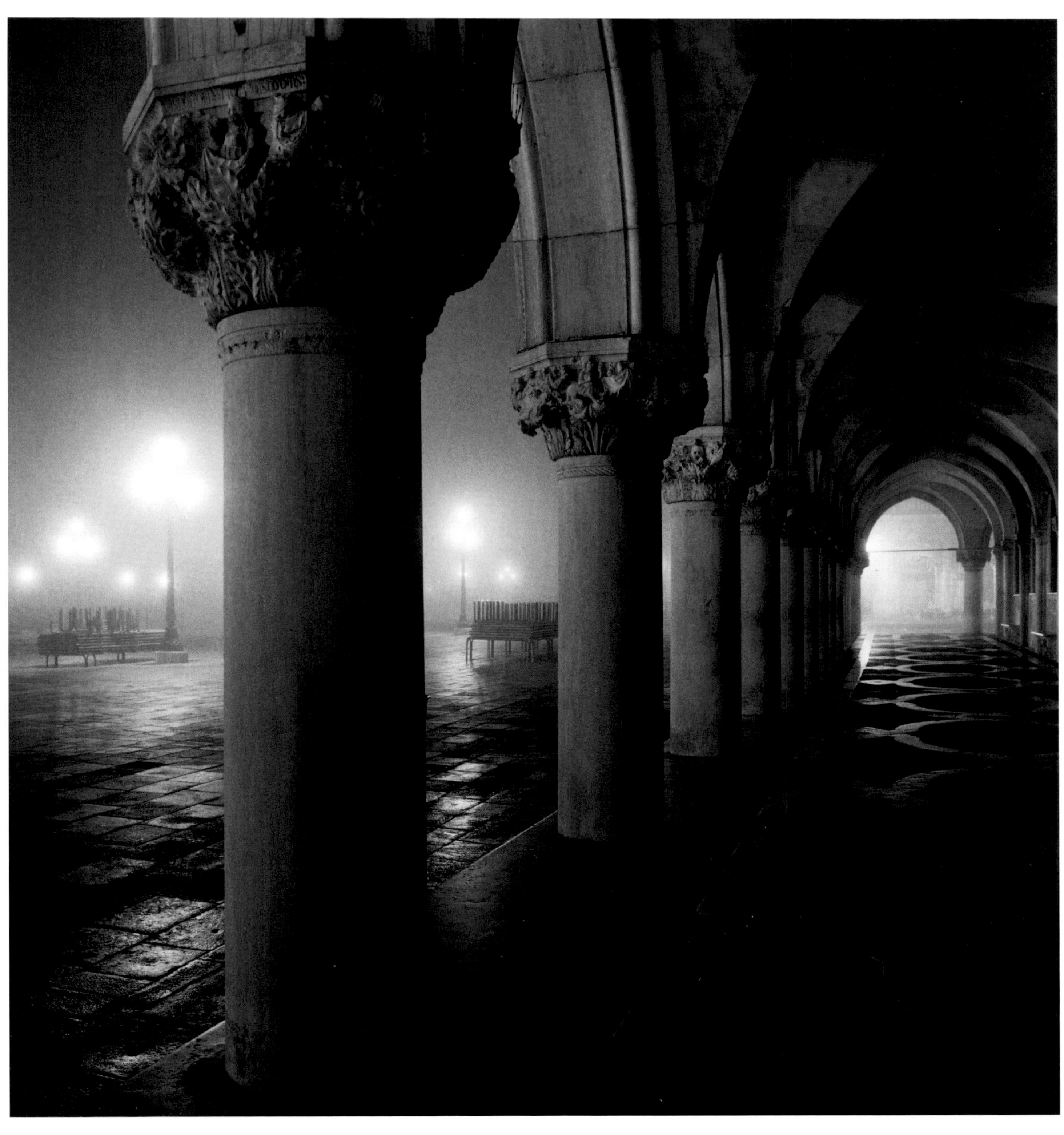

Colonne di notte / Night Columns, Venezia, Italia / Venice, Italy, 2022

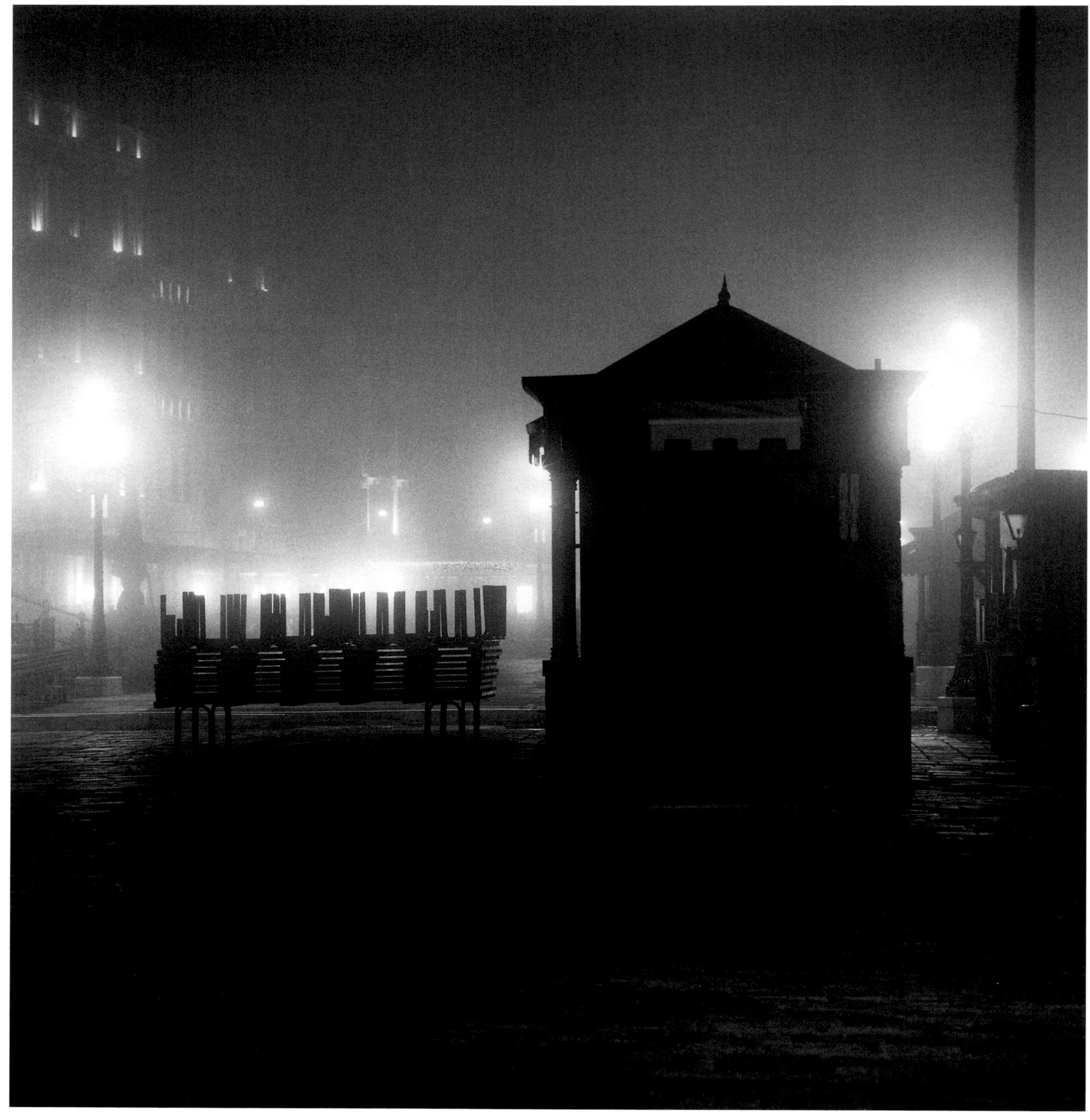

Edicola e passerelle per l'acqua alta / Newsstand and Acqua Alta Platforms, Venezia, Italia / Venice, Italy, 2022

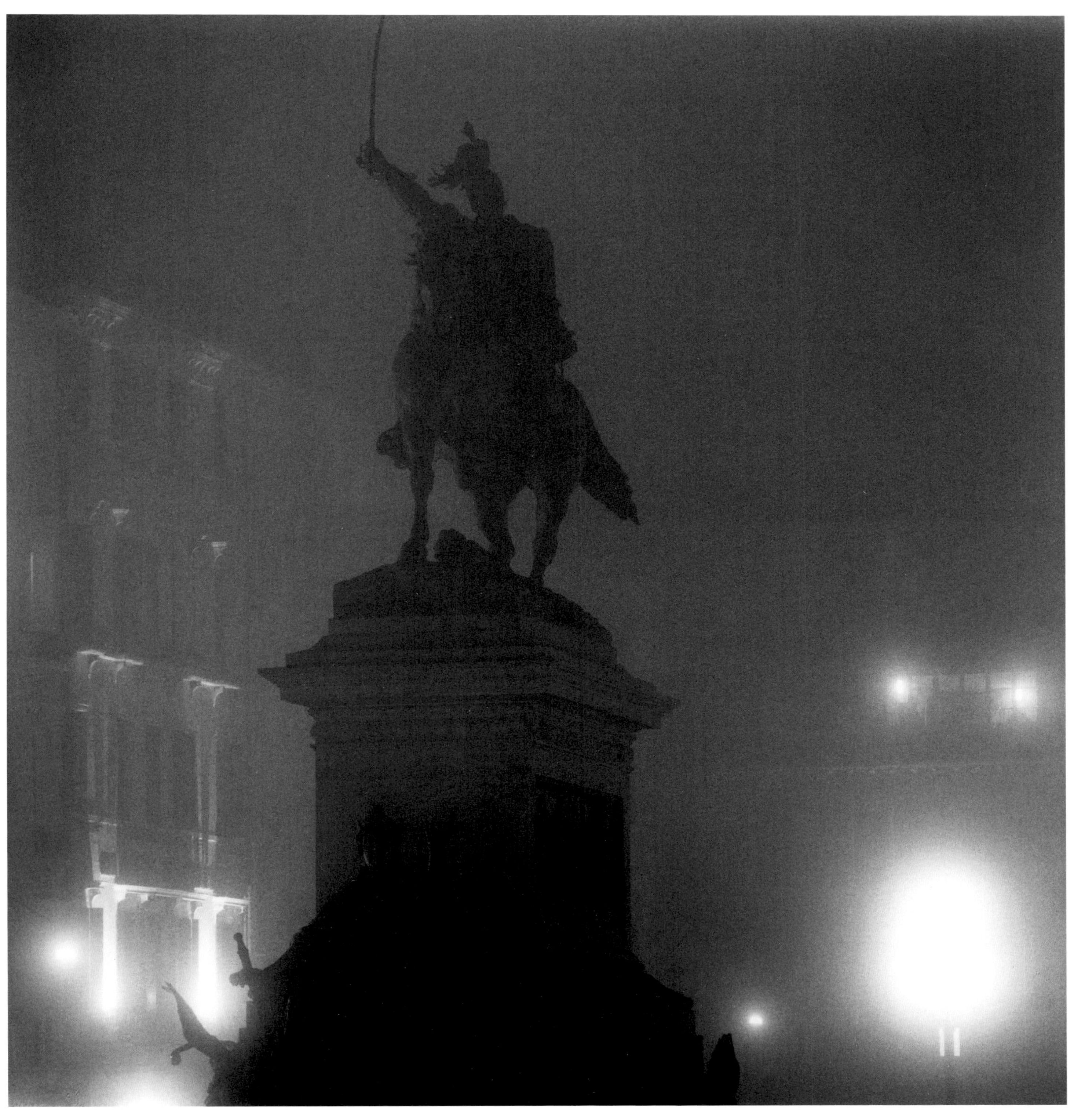

Statua di Vittorio Emanuele II / Vittorio Emanuele II Statue, Venezia, Italia / Venice, Italy, 2022

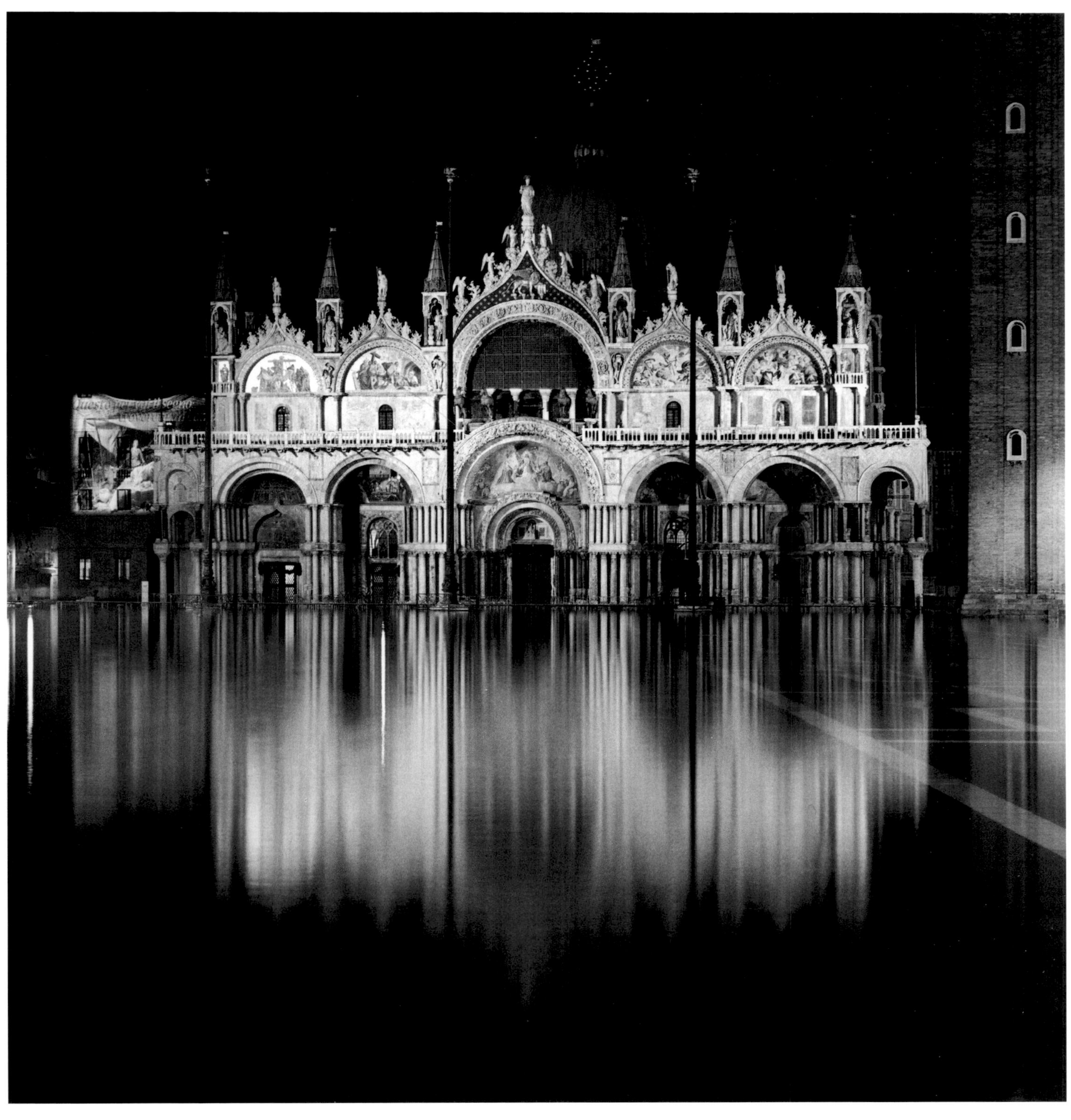

Basilica di San Marco, Studio 3 / Study 3, Venezia, Italia / Venice, Italy, 2019

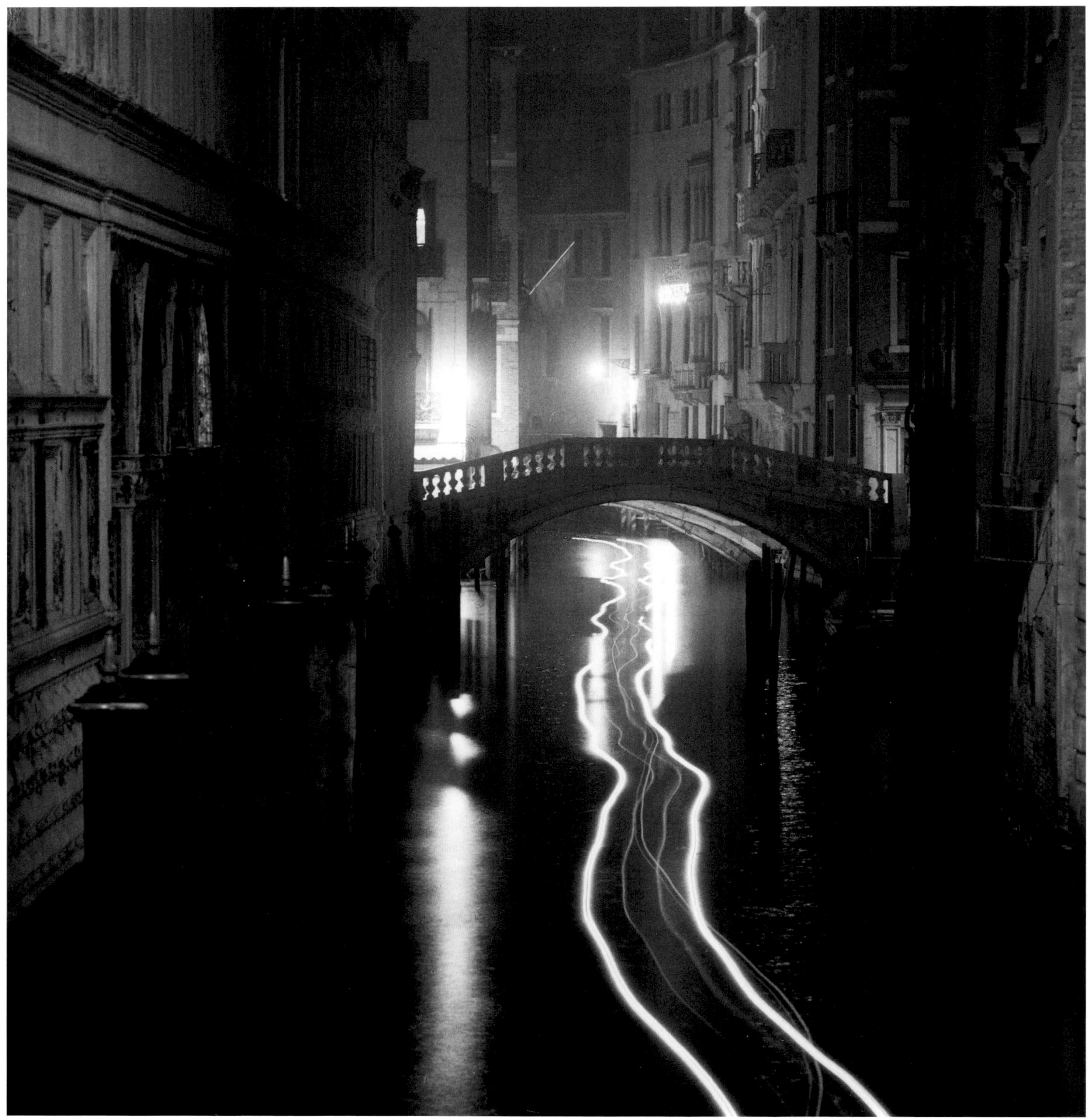

Ponte della Canonica, Venezia, Italia / Venice, Italy, 2022

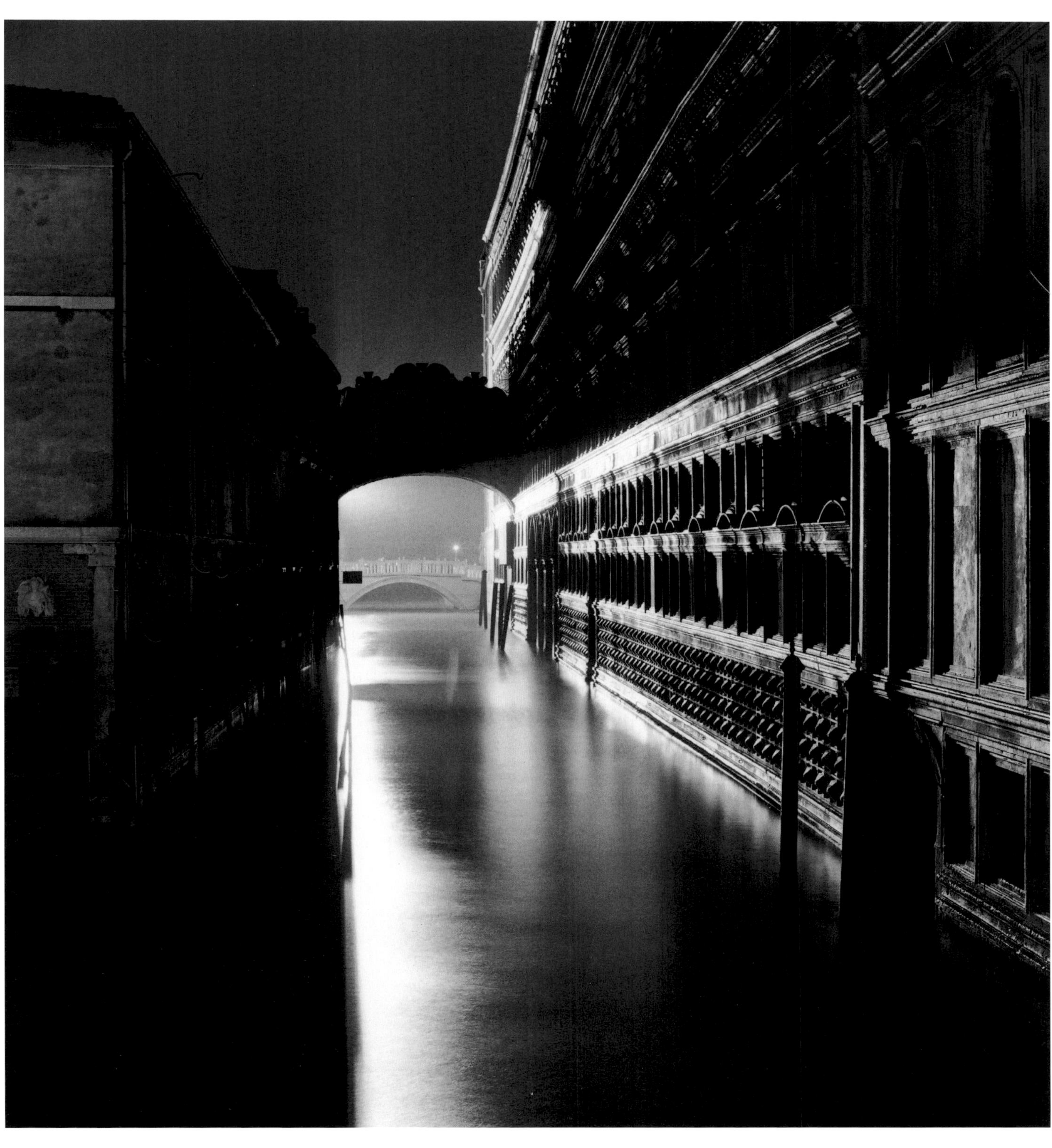

Ponte dei Sospiri, Venezia, Italia / Venice, Italy, 1987

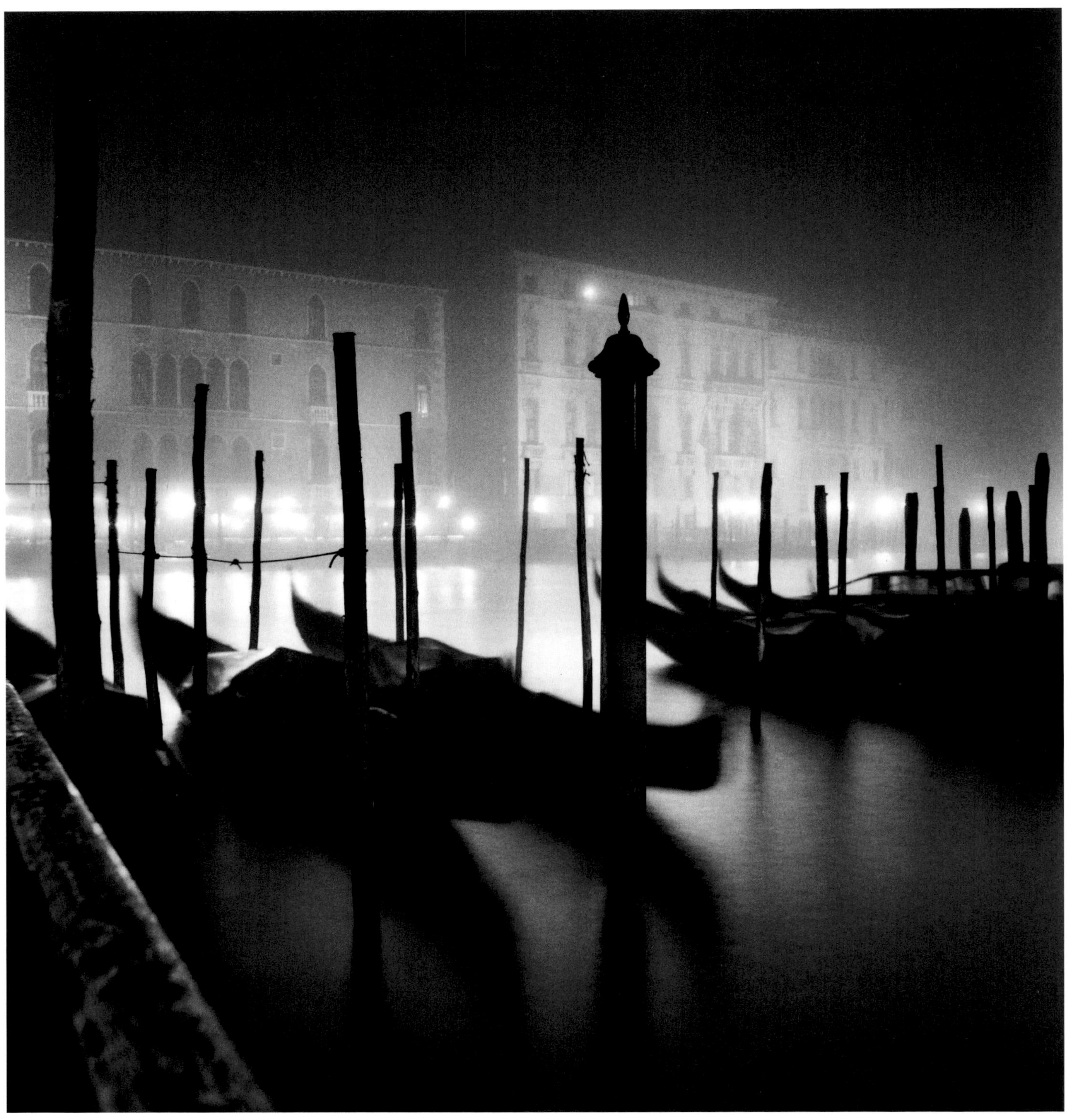

Veduta di Campo San Vio / Campo San Vio Viewpoint, Canal Grande, Venezia, Italia / Grand Canal, Venice, Italy, 2007

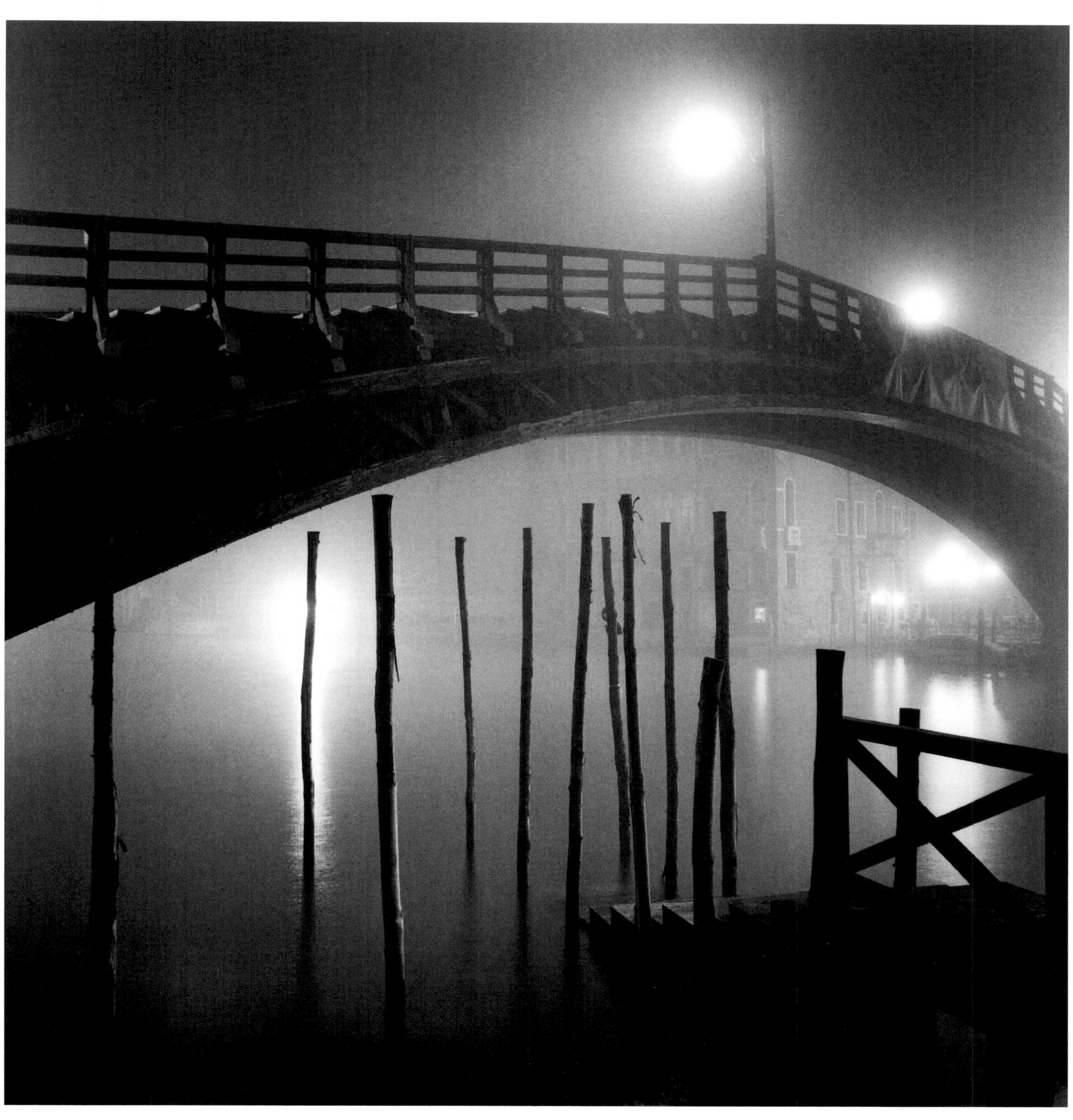

Ponte dell'Accademia, Venezia, Italia / Venice, Italy, 2007

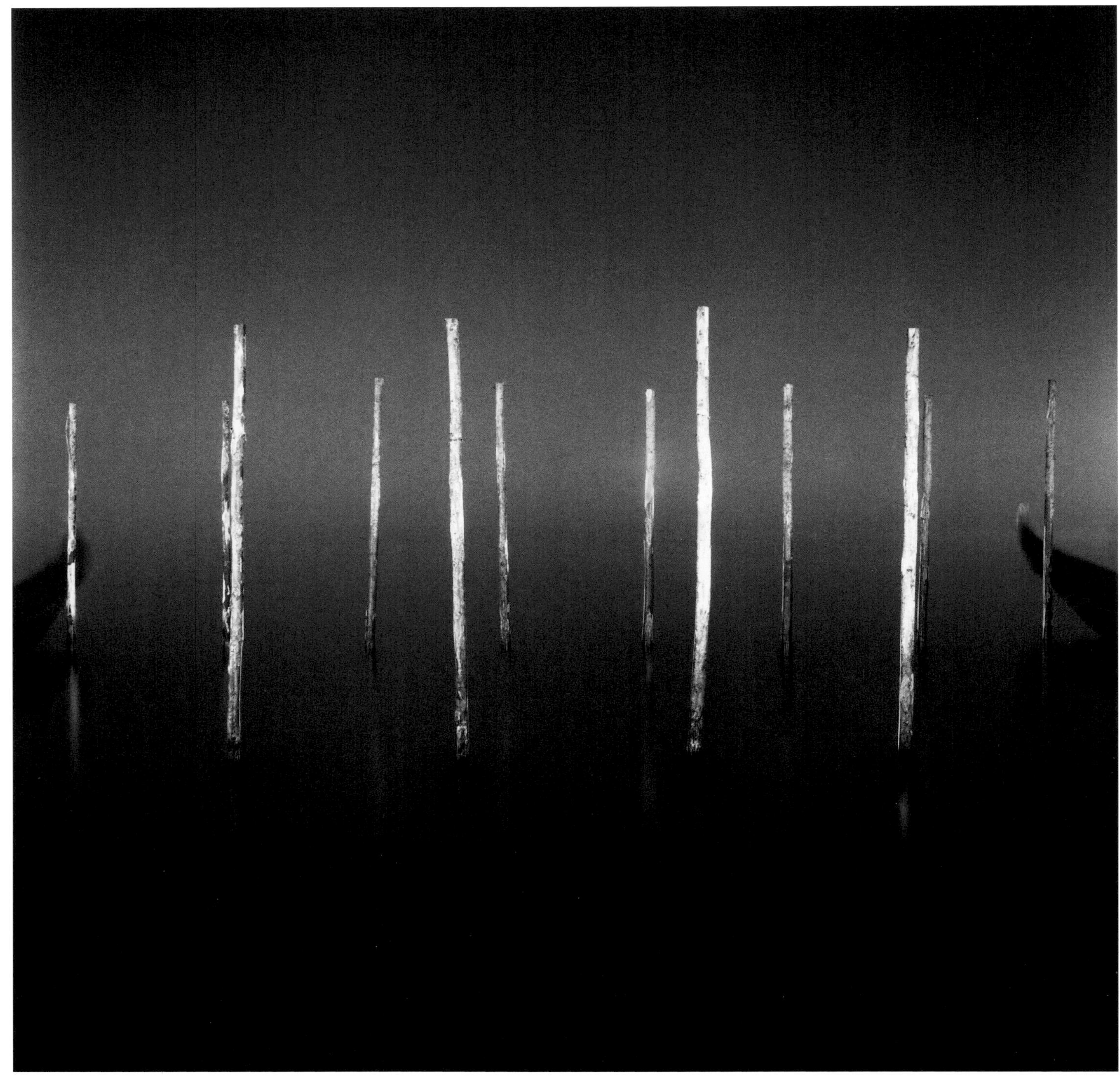

Dodici pali per l'ormeggio / *Twelve Docking Poles*, Venezia, Italia / Venice, Italy, 2022

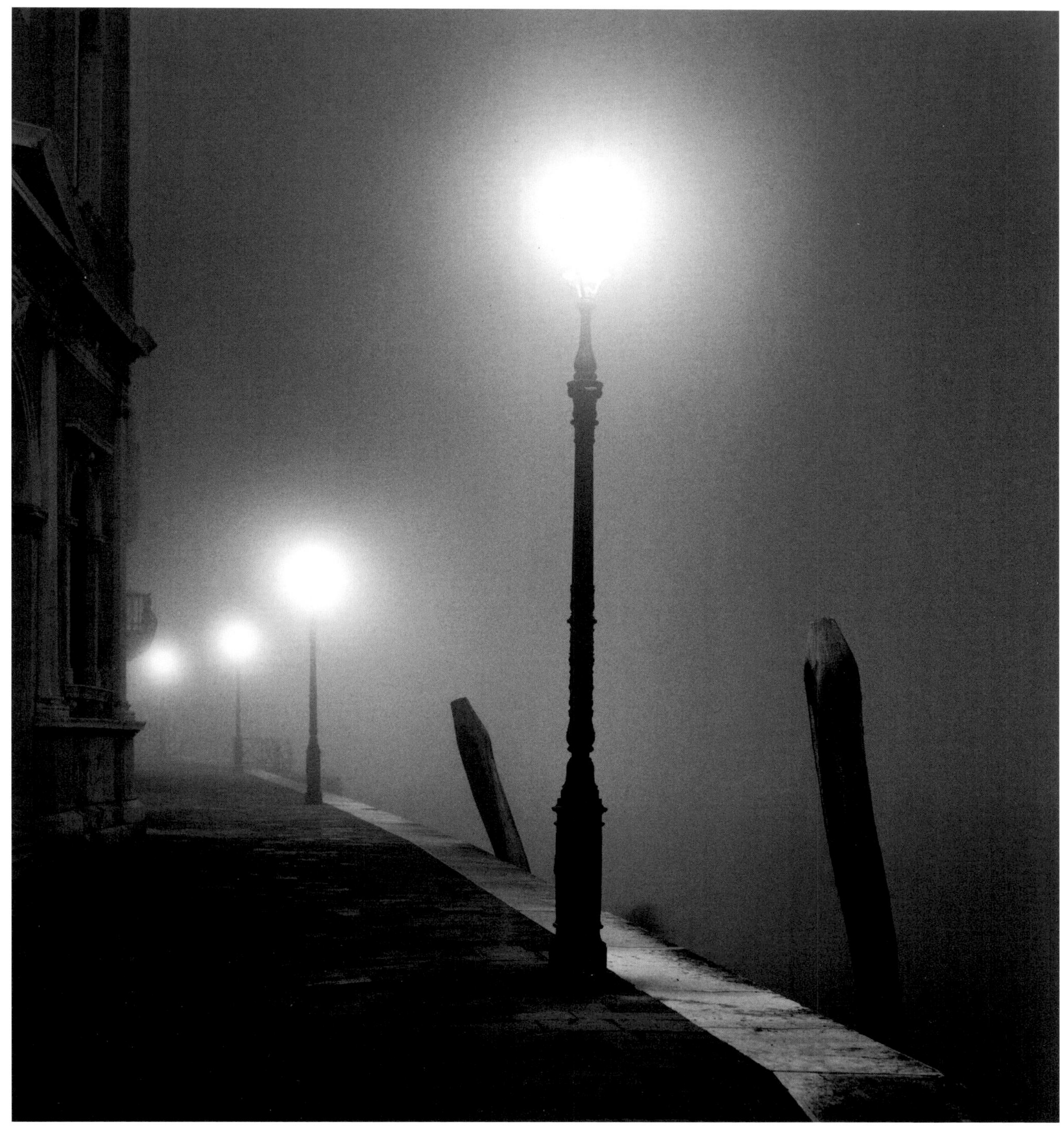

Quattro lampioni / Four Lamps, Fondamenta Zattere, Venezia, Italia / Venice, Italy, 2007

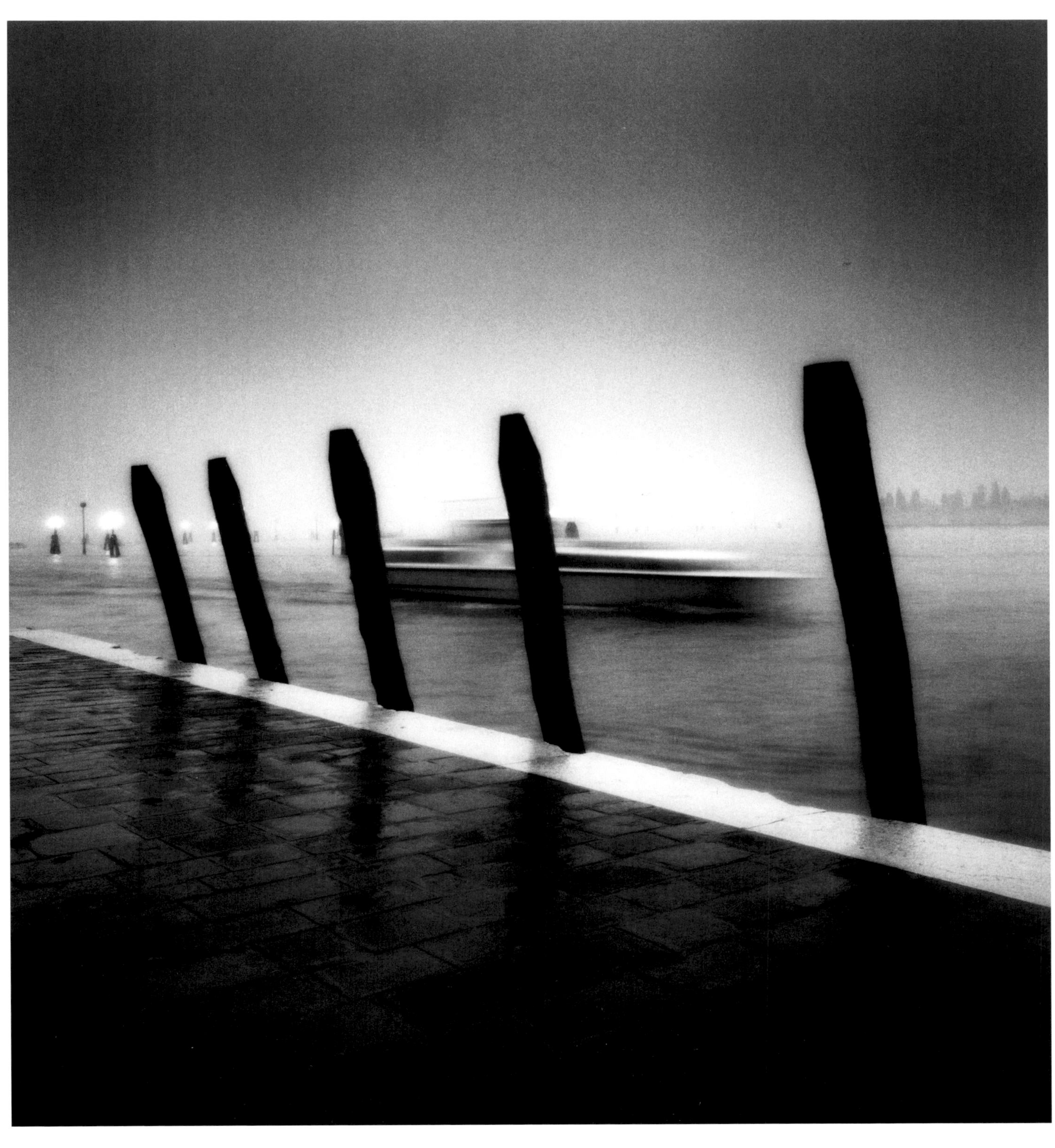

Barca in transito / Passing Boat, Fondamenta Nuove, Venezia, Italia / Venice, Italy, 2006

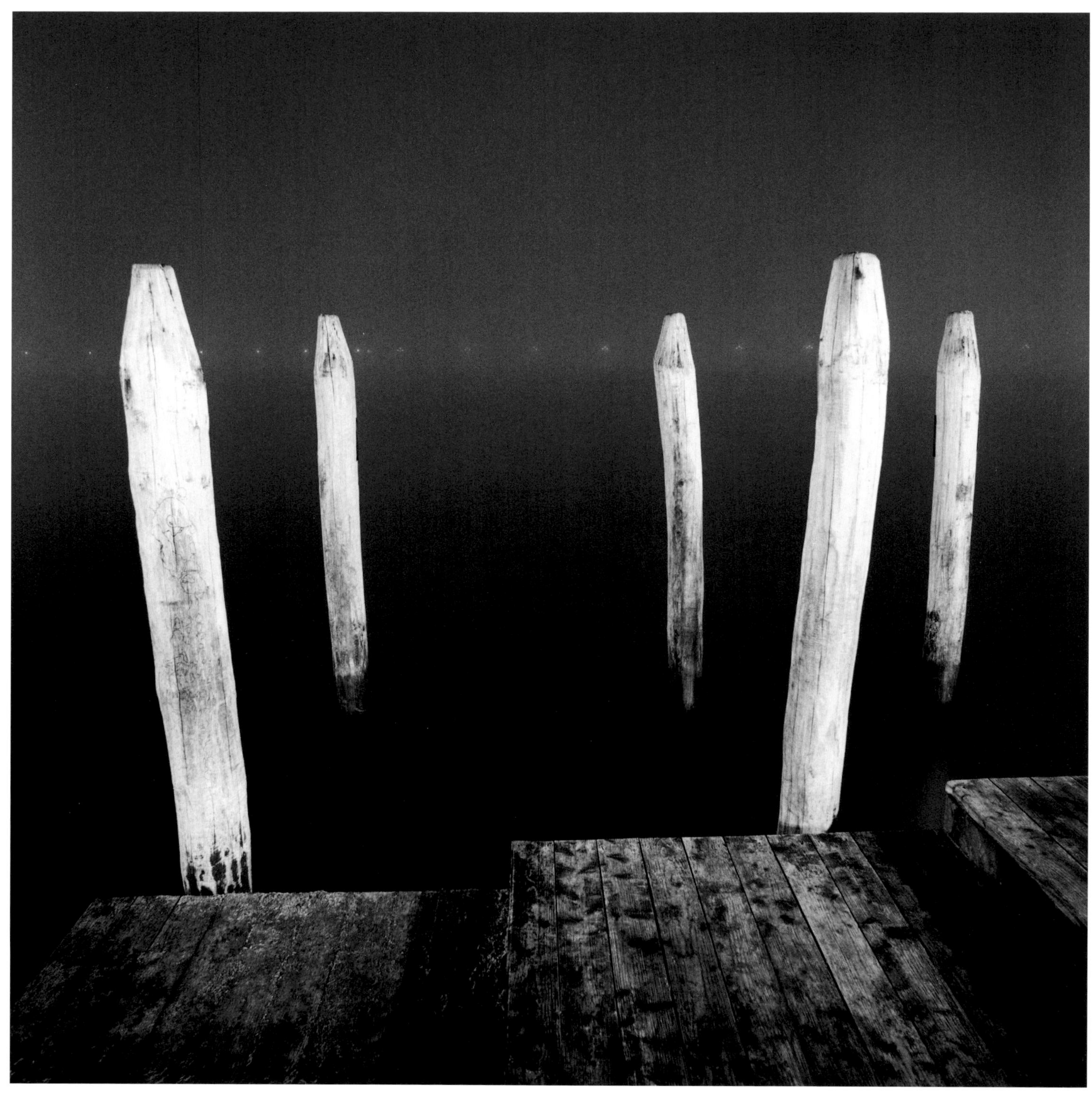

Cinque pali bianchi / Five White Posts, Venezia, Italia / Venice, Italy, 2008

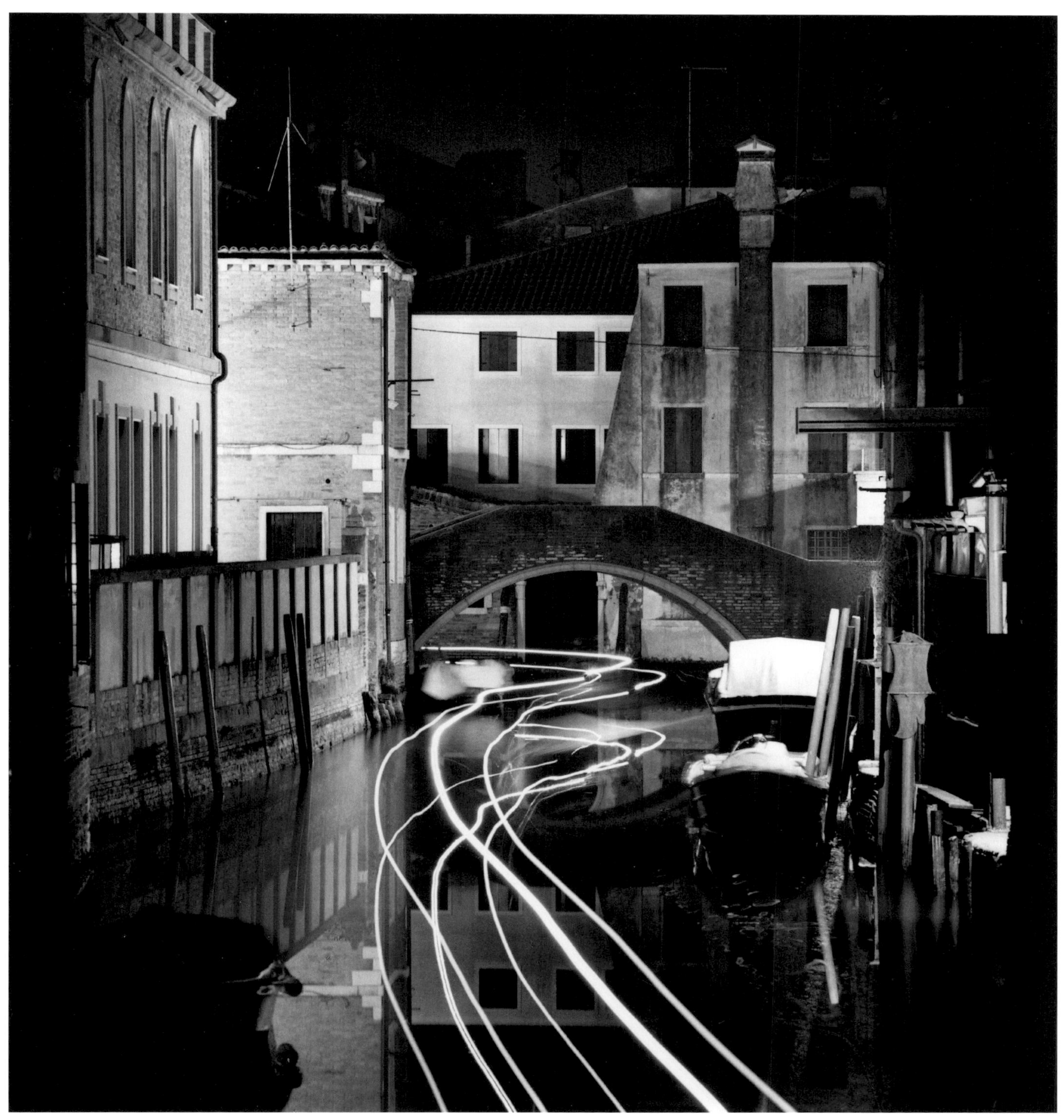

Canale di Dorsoduro di notte / *Dorsoduro Night Canal*, Venezia, Italia / Venice, Italy, 2022

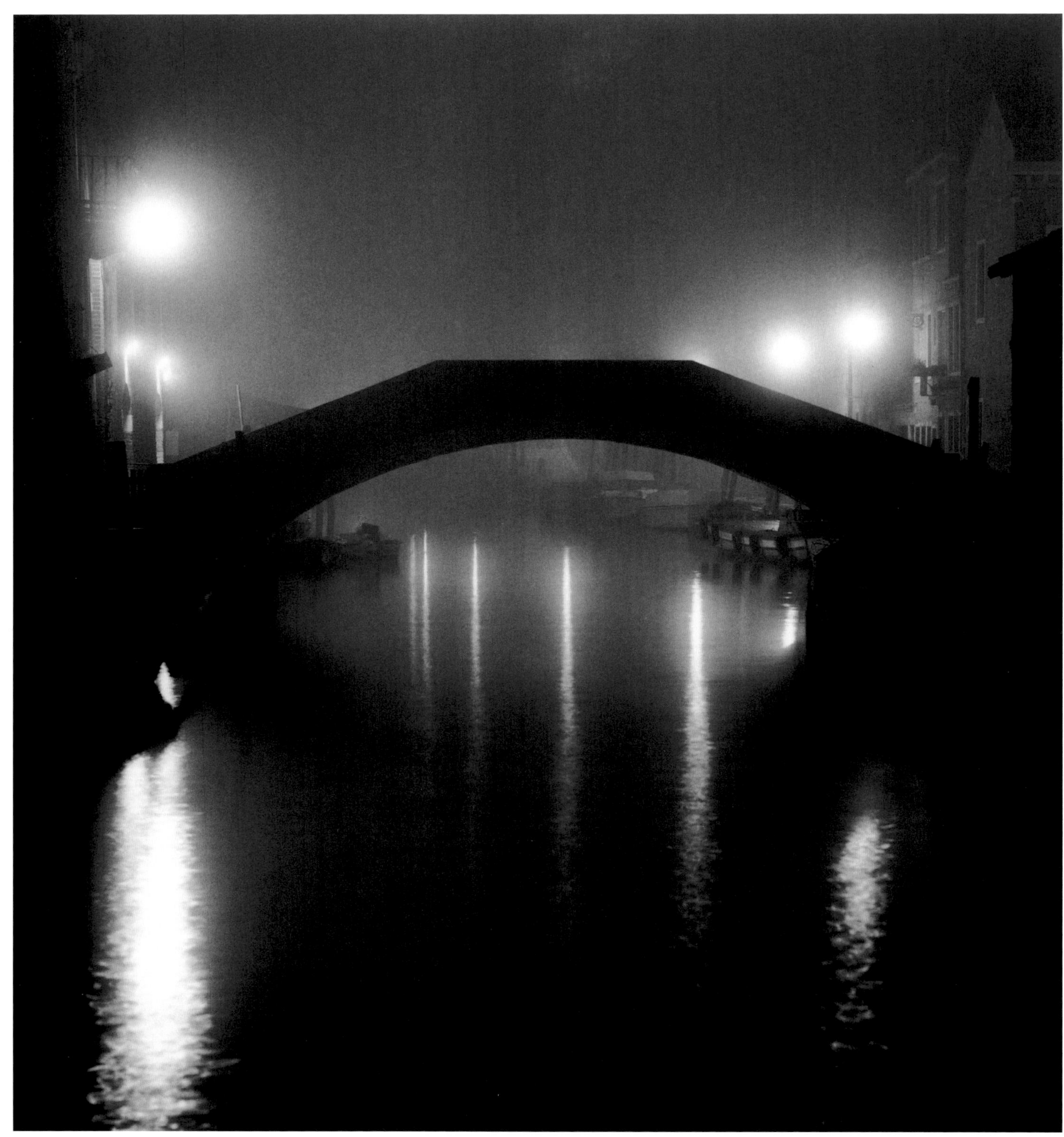

Ponte Fondamenta Bonini, Venezia, Italia / Venice, Italy, 2007

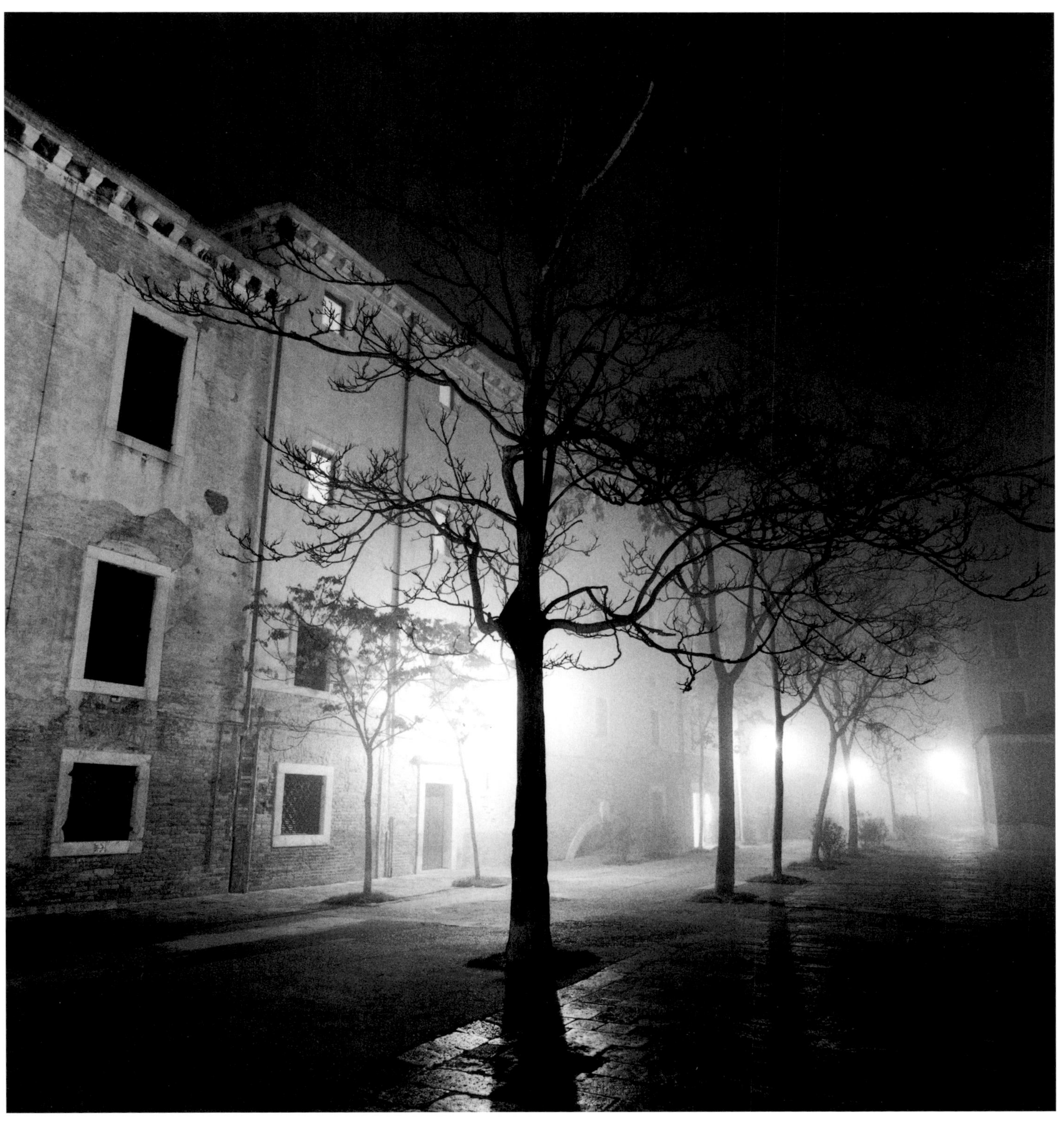

Undici alberi / Eleven Trees, Rio Terà dei Gesuati, Venezia, Italia / Venice, Italy, 2008

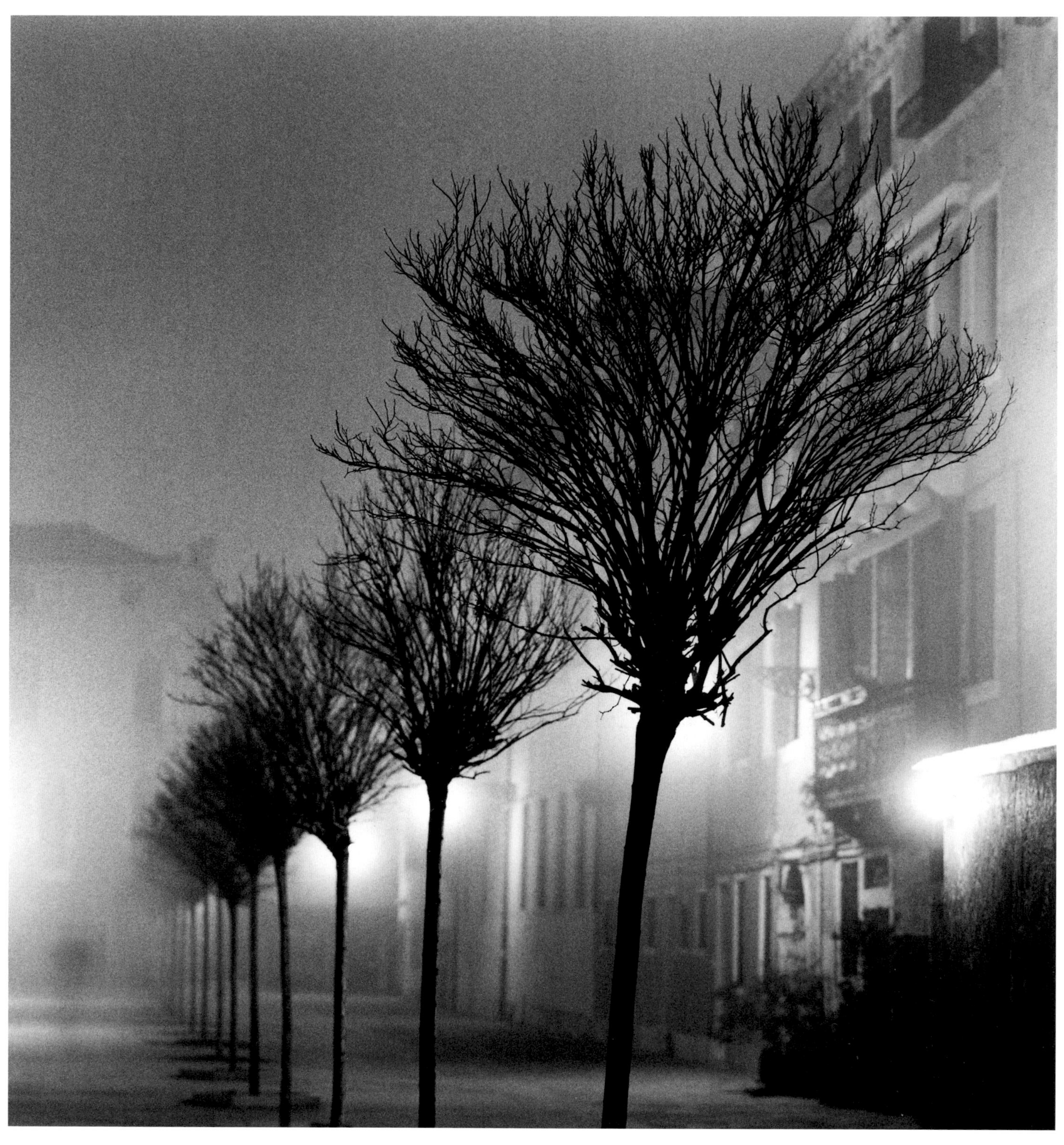

Dodici alberi / *Twelve Trees*, Sestiere Dorsoduro, Venezia, Italia / Venice, Italy, 2007

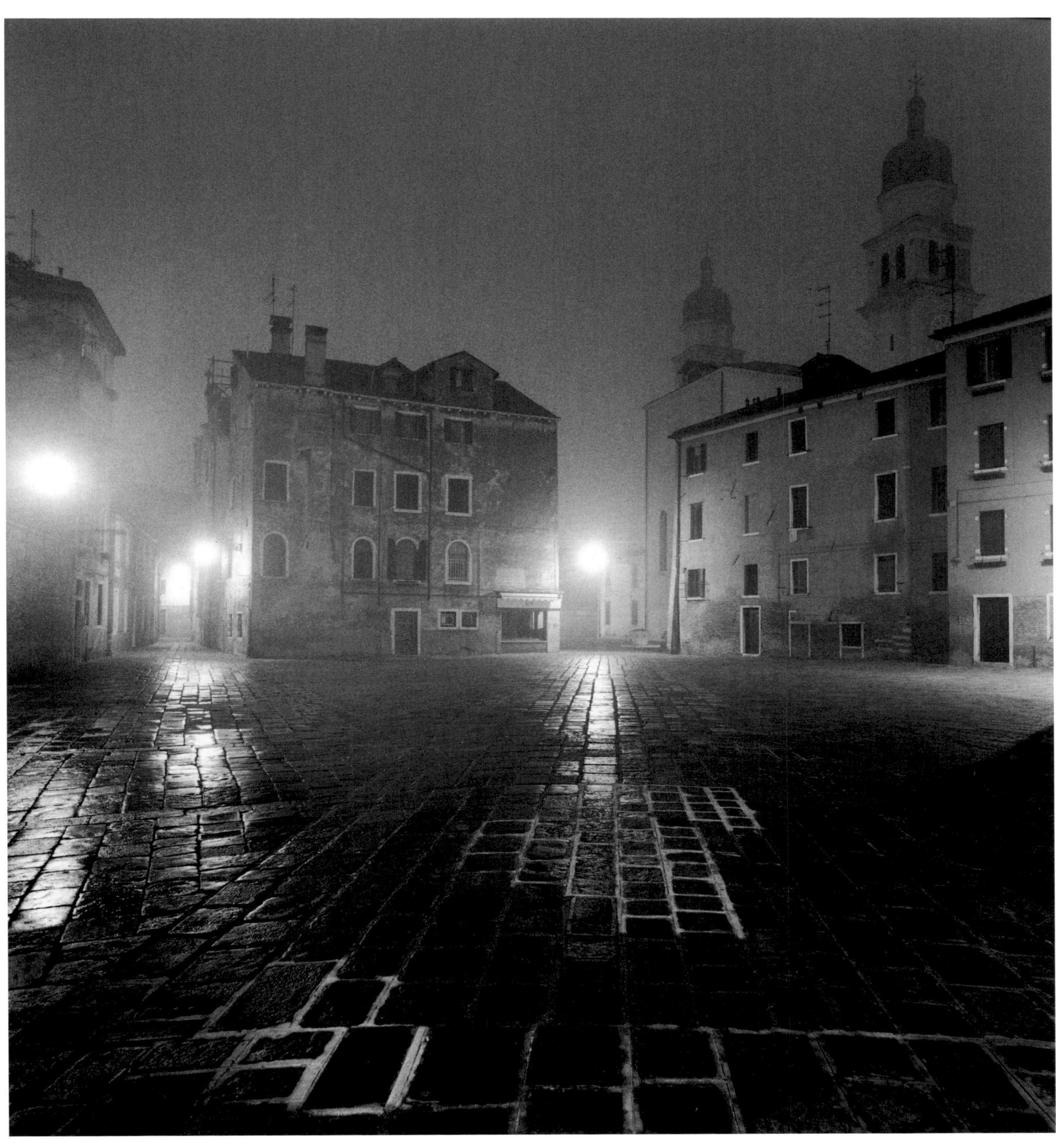

Campazzo San Sebastian, Venezia, Italia / Venice, Italy, 2008

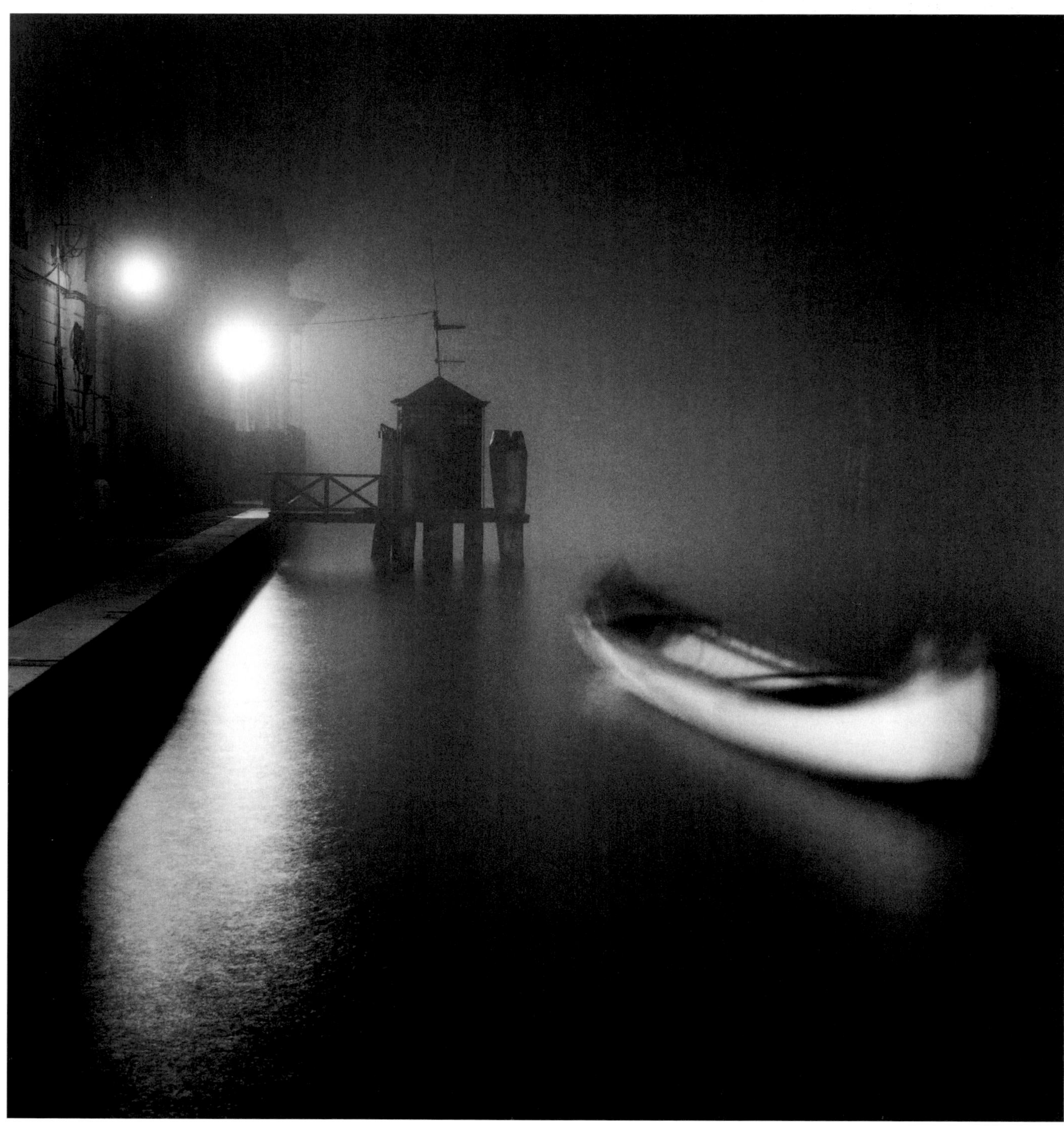

Barca bianca / White Boat, Fondamenta Zattere ai Saloni, Venezia, Italia / Venice, Italy, 2006

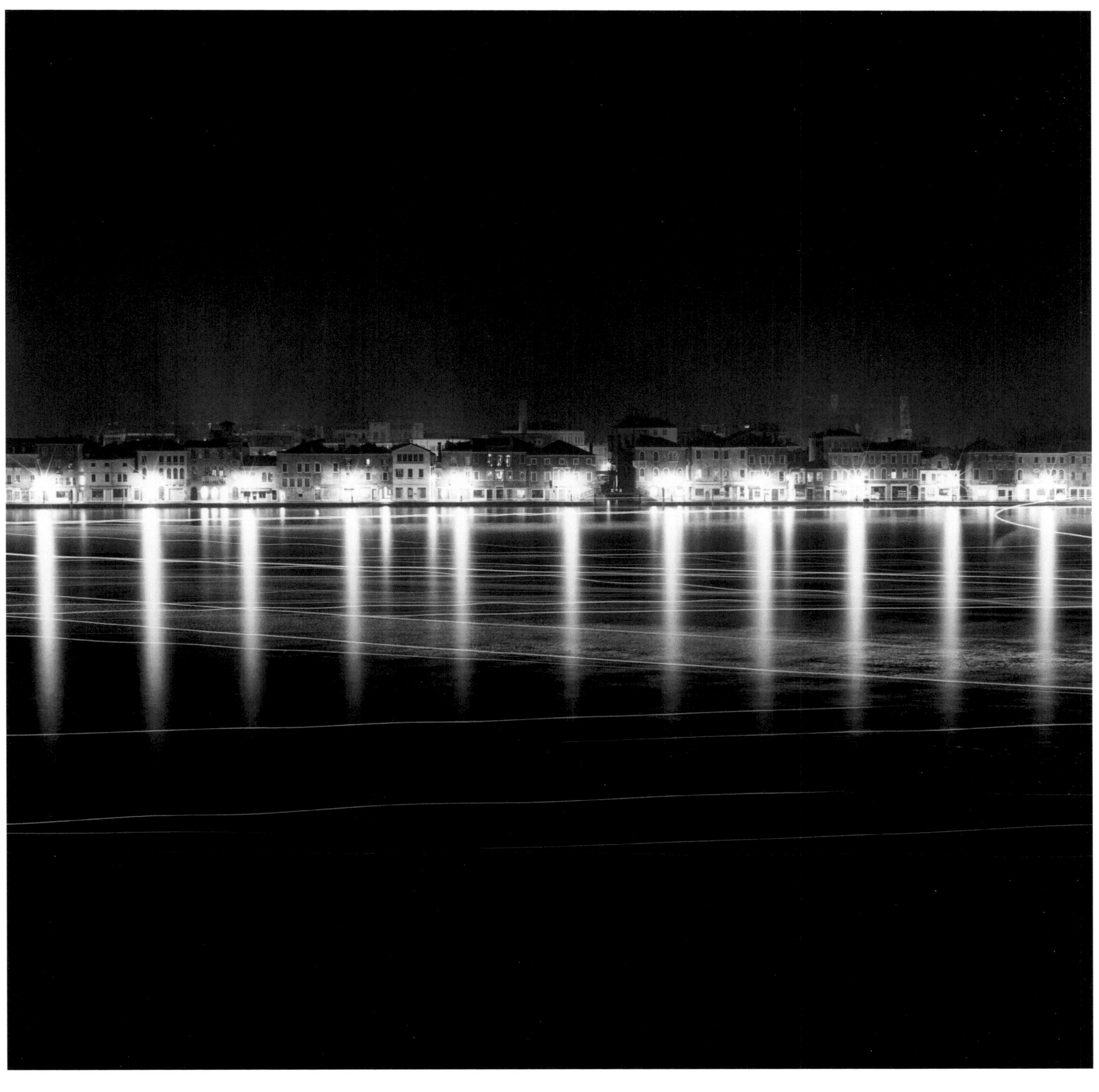

Isola della Giudecca di notte / Giudecca Island at Night, Venezia, Italia / Venice, Italy, 2017

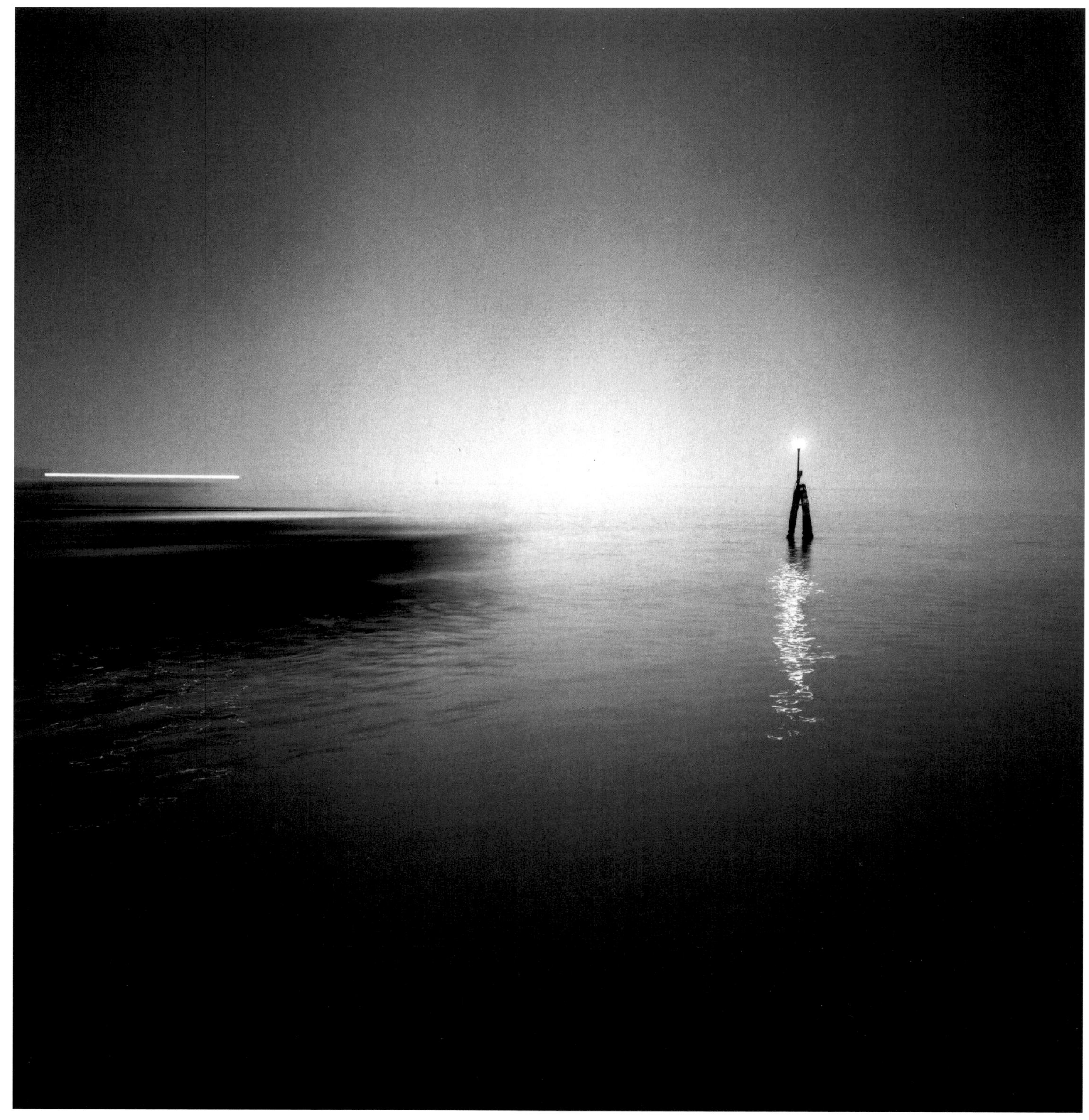

Luce guida / *Guiding Light*, Fondamenta Nuove, Venezia, Italia / Venice, Italy, 2007

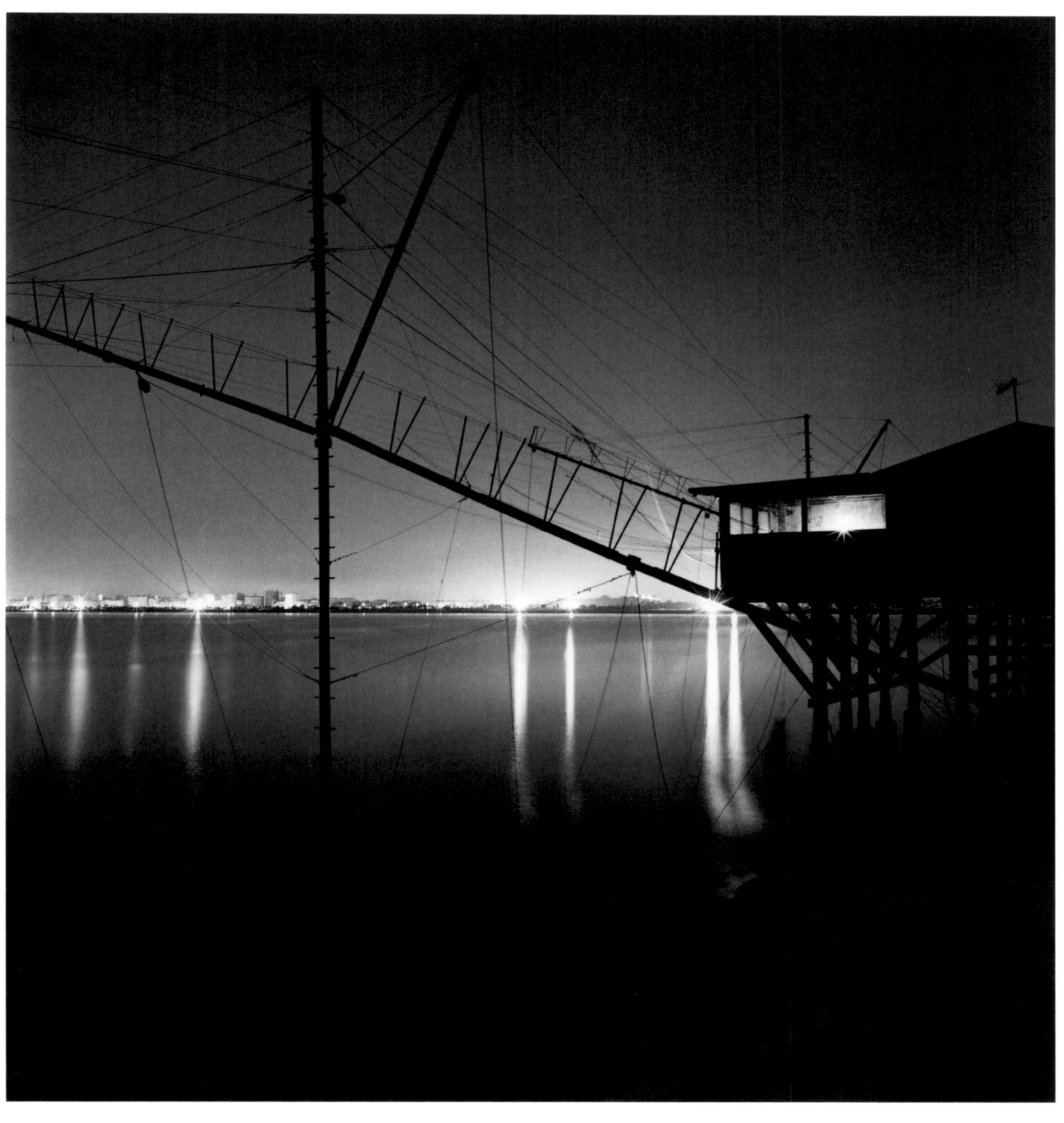

Trabucco di notte / *Night Trabucco*, Chioggia, Venezia, Italia / Venice, Italy, 2021

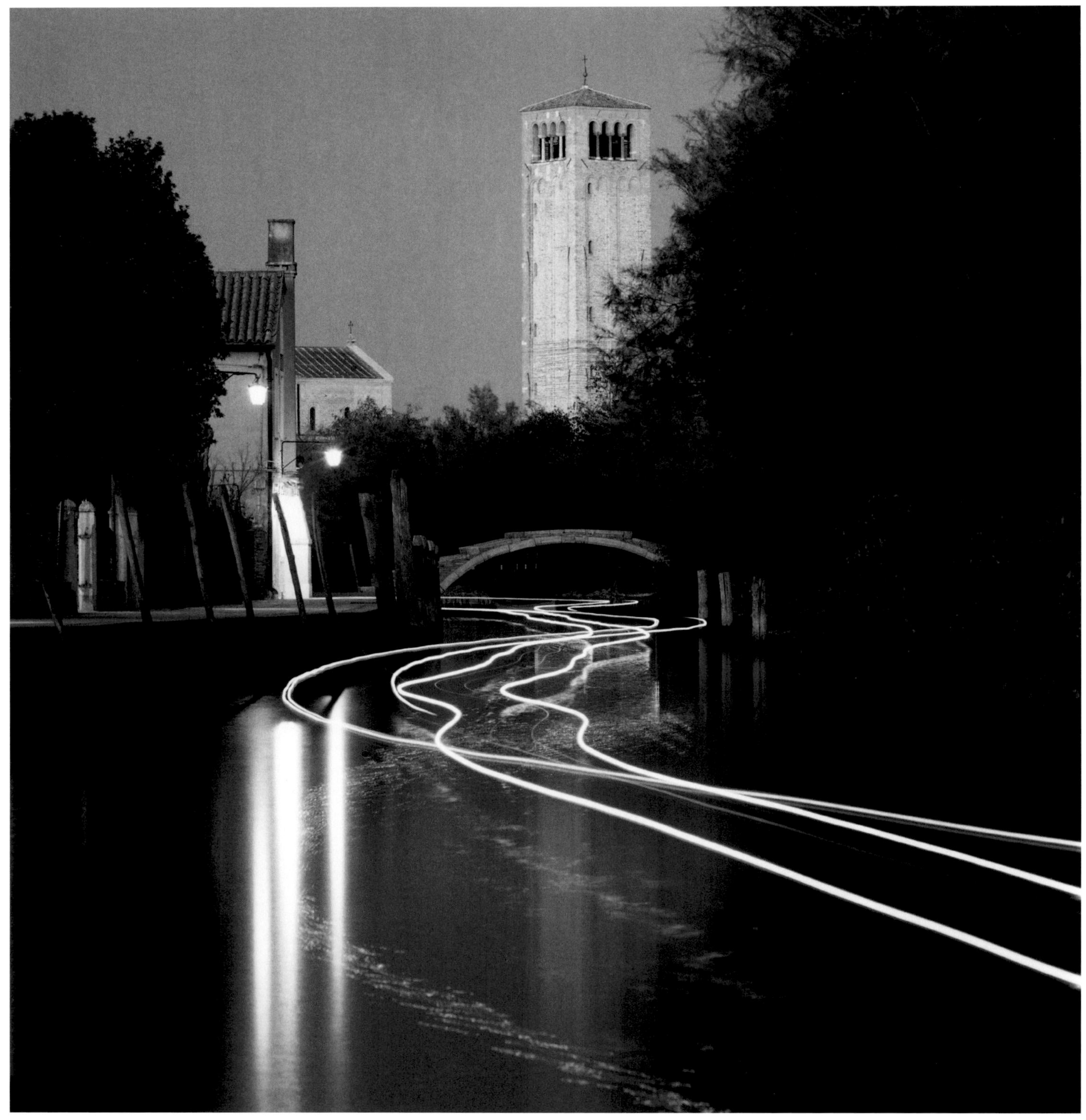

Ponte del Diavolo di notte / Devil's Bridge at Night, Torcello, Venezia, Italia / Venice, Italy, 2021

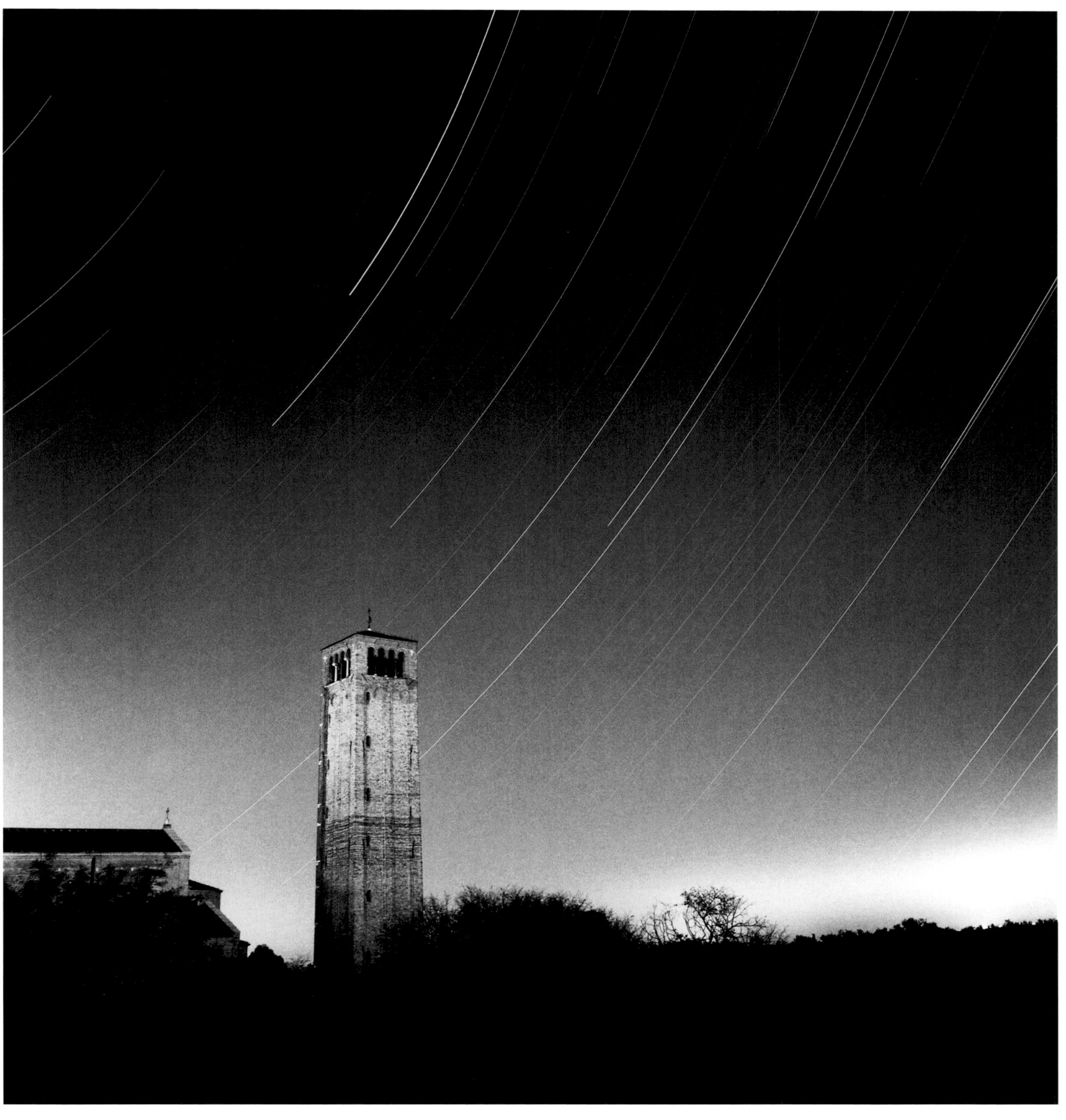

Basilica di Santa Maria Assunta, Torcello, Venezia, Italia / Venice, Italy, 2021

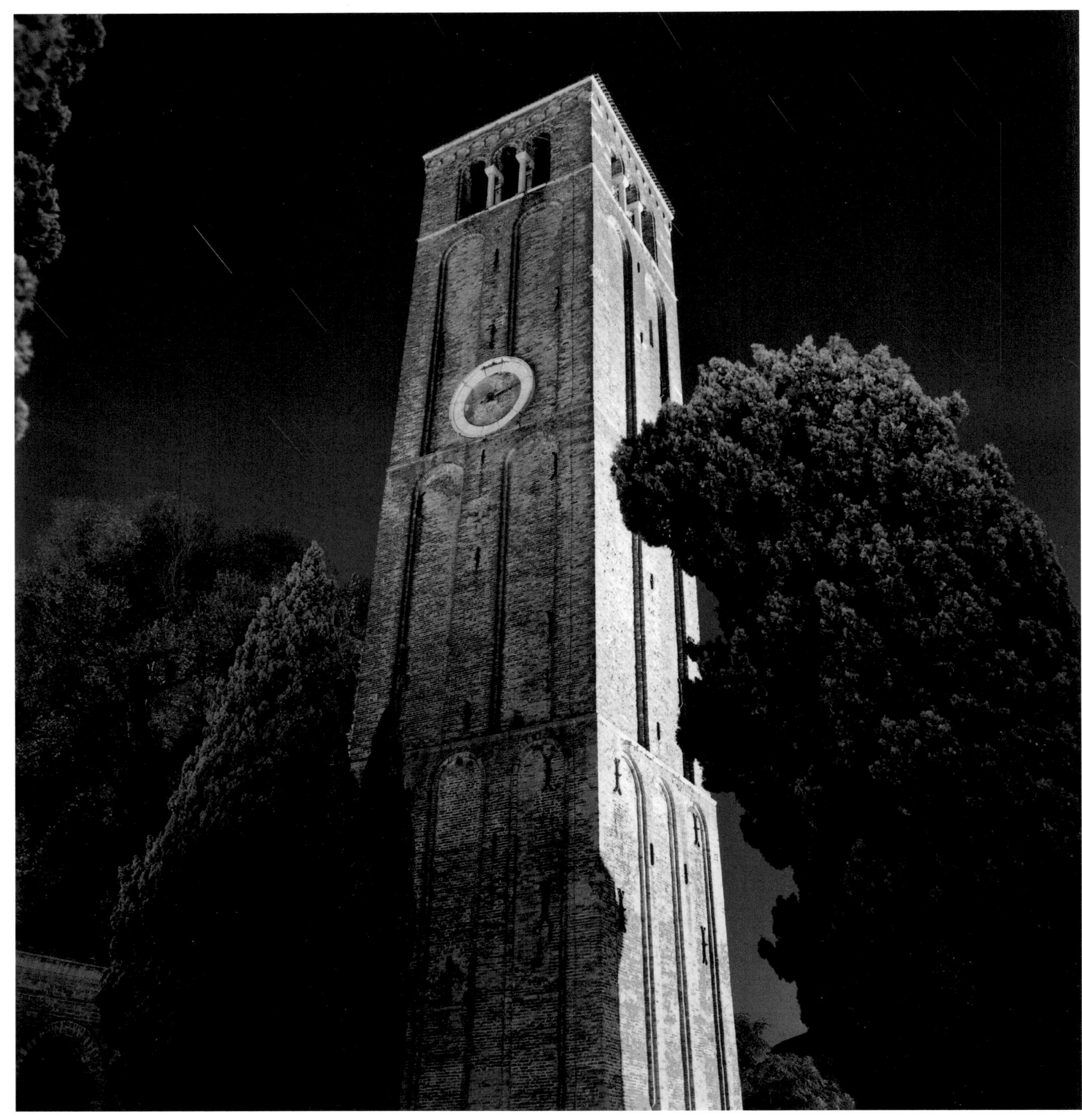

Basilica dei Santi Maria e Donato, Murano, Venezia, Italia / Venice, Italy, 2021

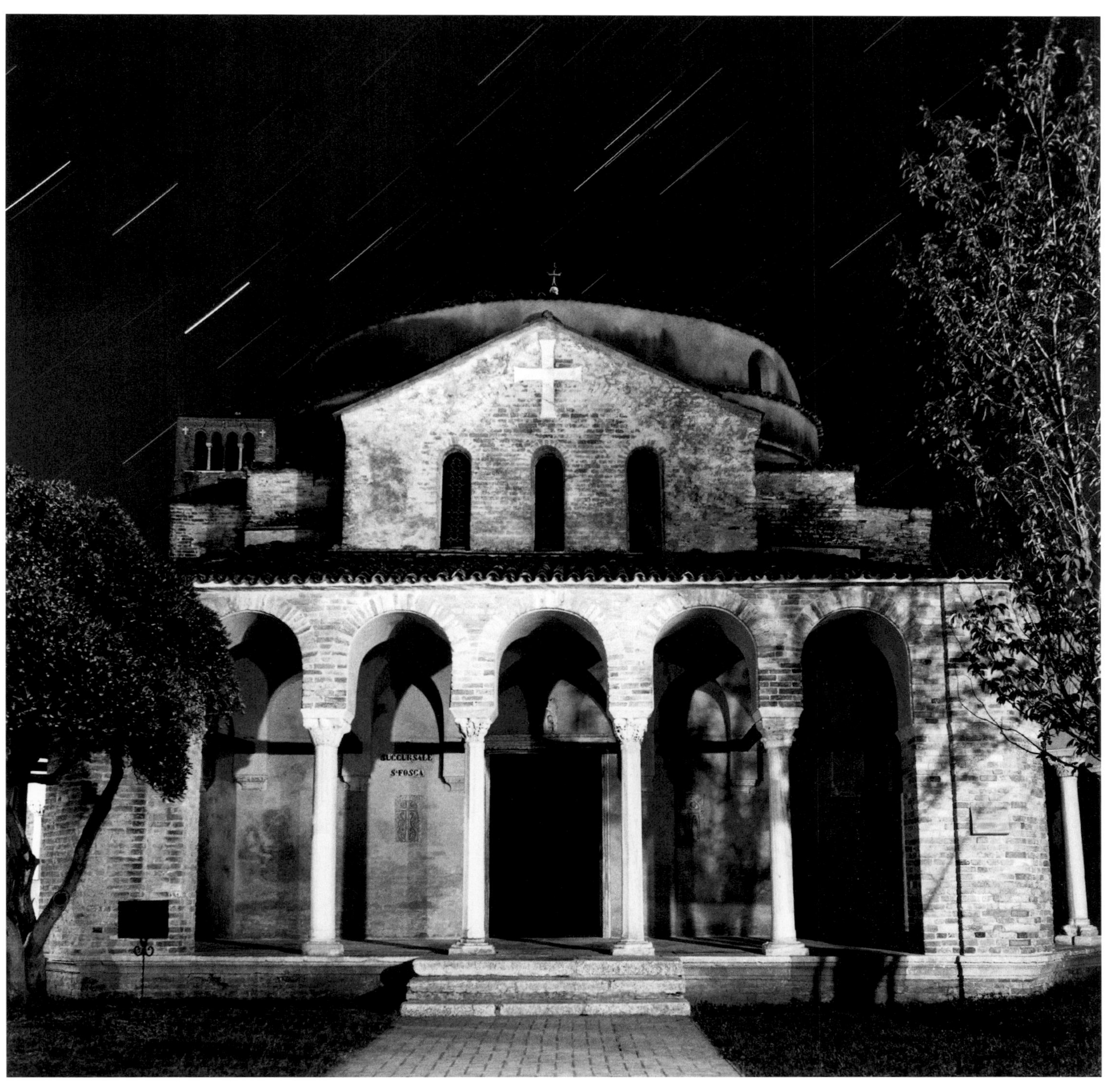

Chiesa di Santa Fosca, Studio 1 / Study 1, Torcello, Venezia, Italia / Venice, Italy, 2021

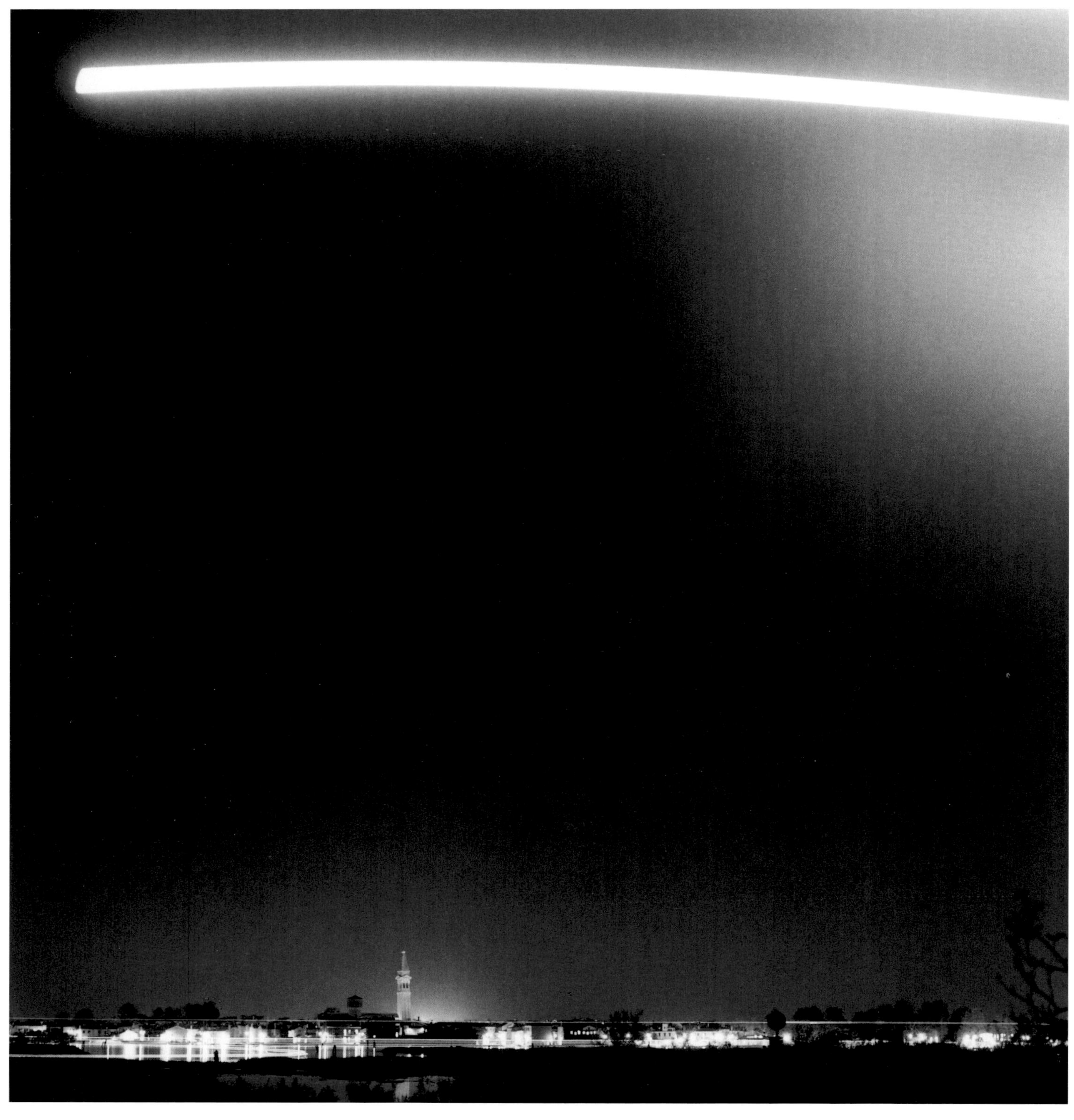

Scia luminosa sopra Burano / Moontrail over Burano, Torcello, Venezia, Italia / Venice, Italy, 2021

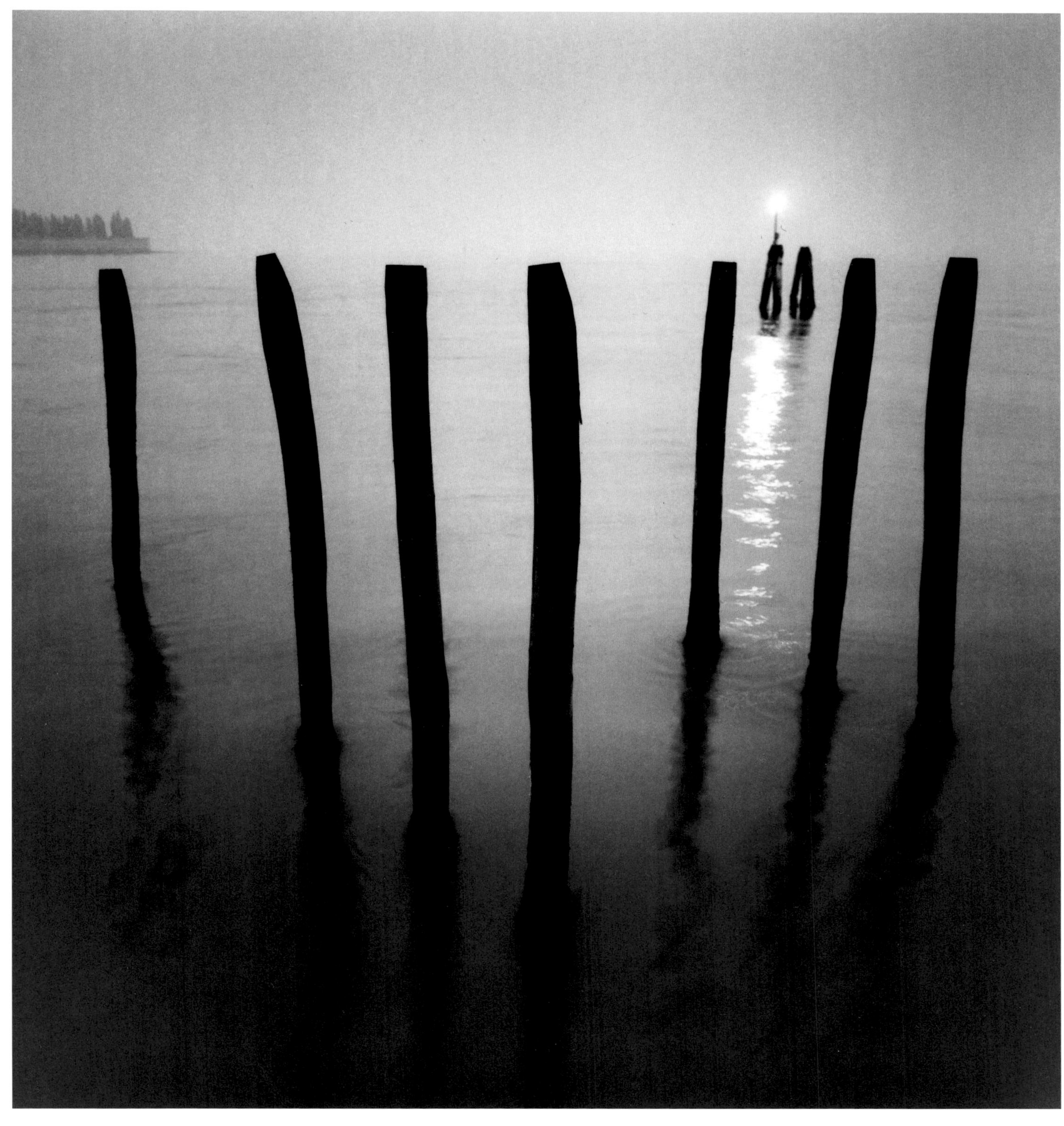

Segnalatore nel canale di notte / *Night Channel Marker*, Venezia, Italia / Venice, Italy, 2006

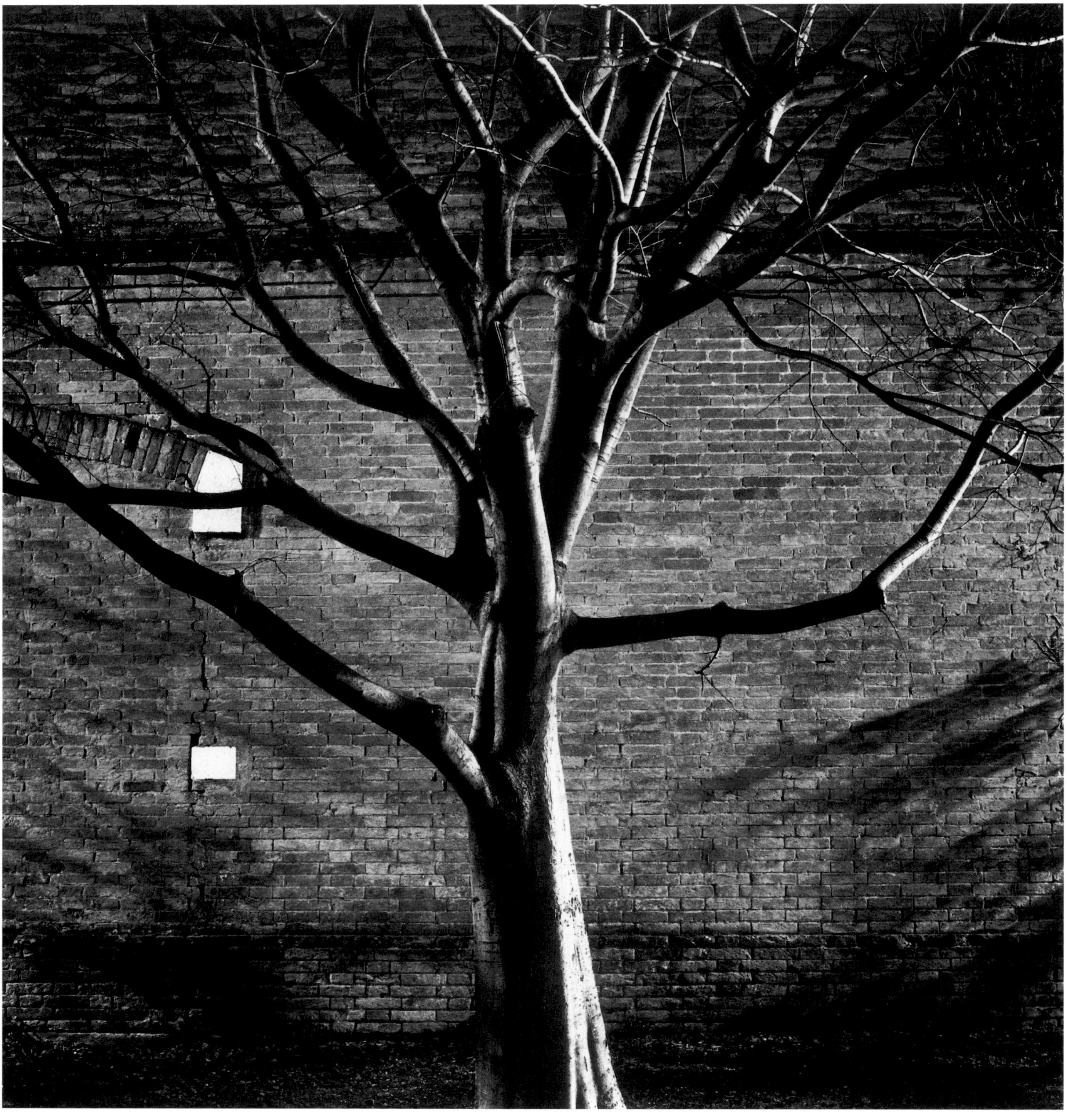

Albero a Dorsoduro / *Dorsoduro Tree*, Venezia, Italia / Venice, Italy, 2022

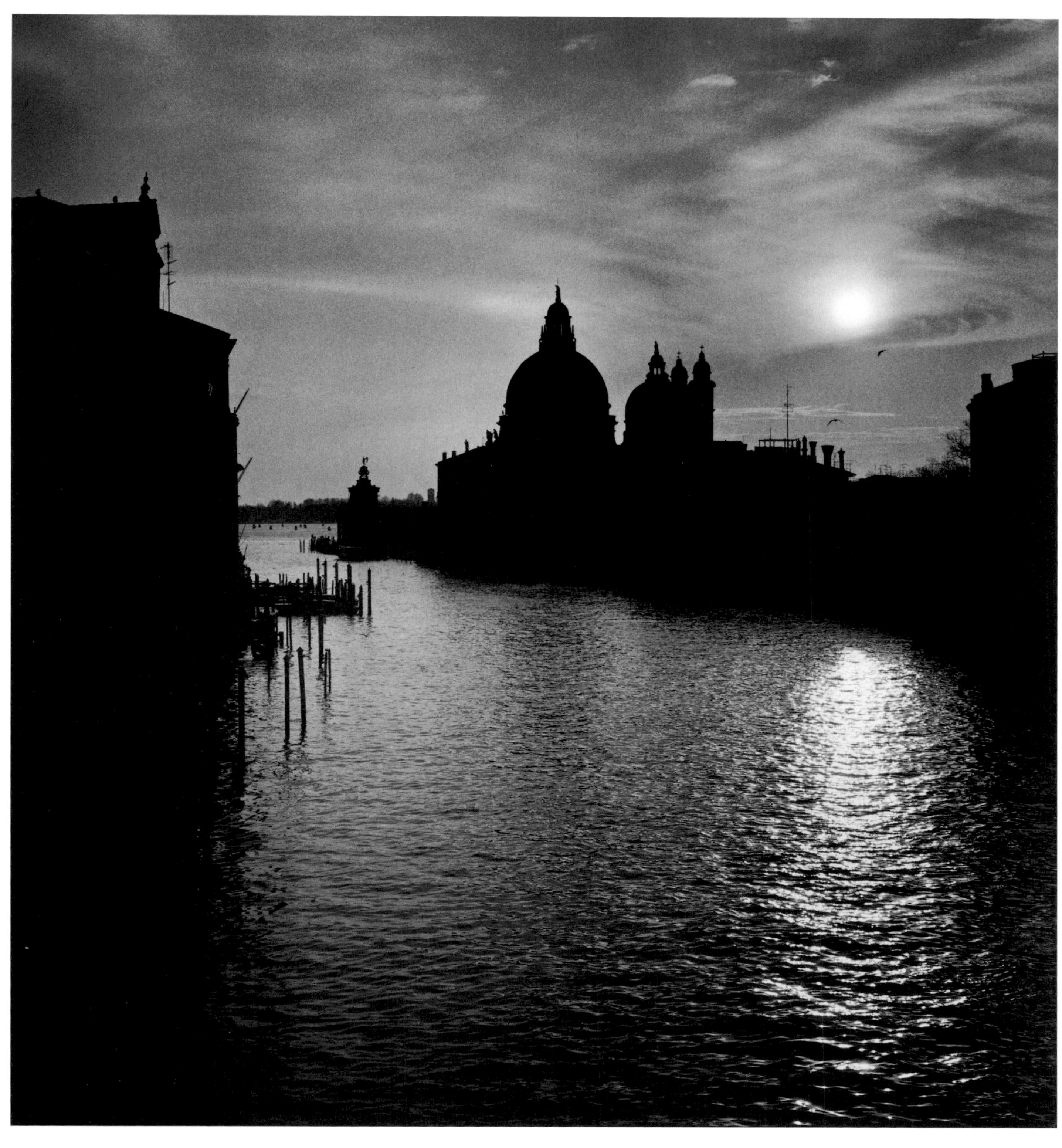

Canal Grande e Basilica di Santa Maria della Salute / Grand Canal and Basilica di Santa Maria della Salute, Venezia, Italia / Venice, Italy, 1987

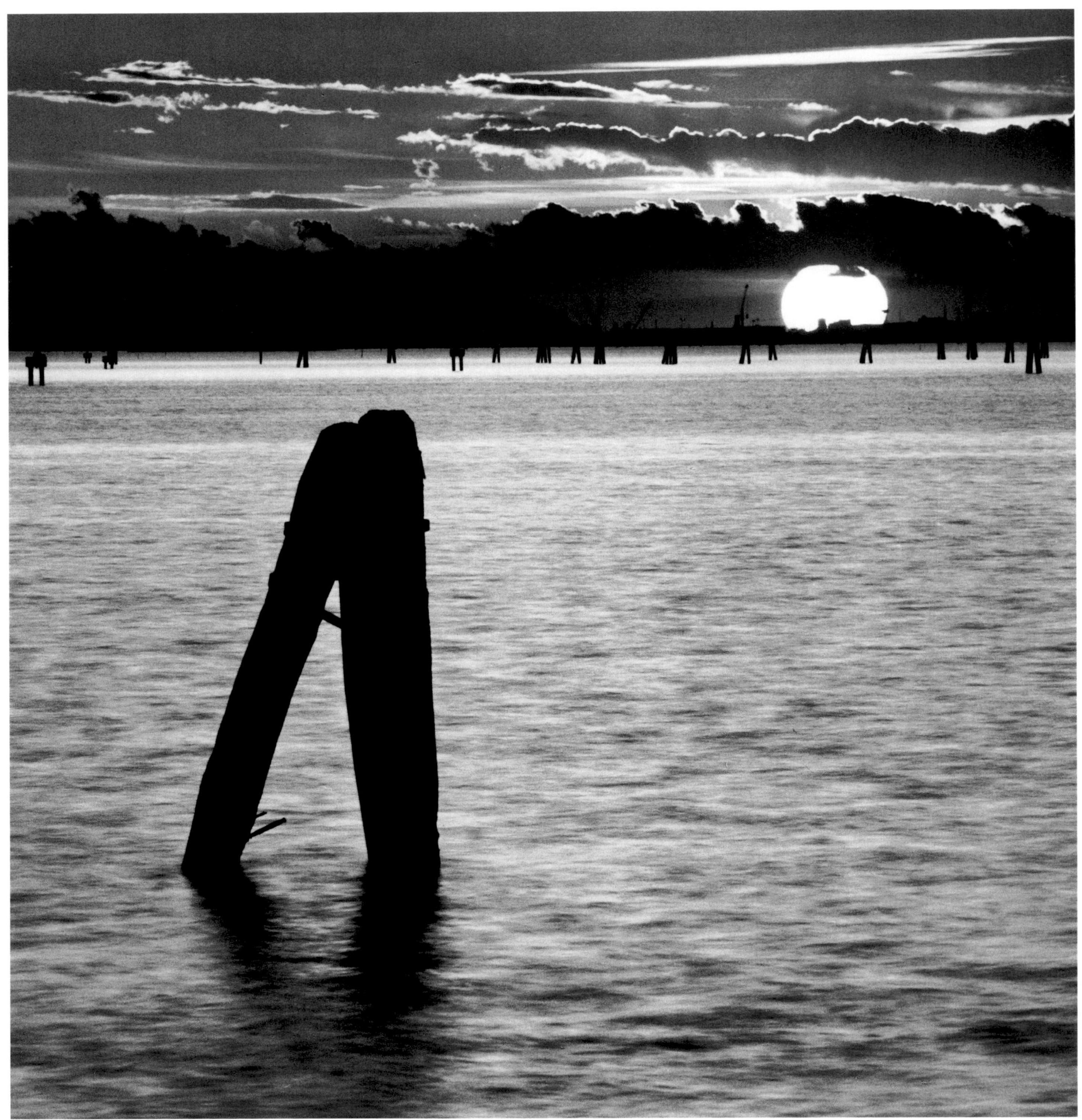

Bricola e veduta della laguna / *Bricola and Lagoon View*, Burano, Venezia, Italia / Venice, Italy, 2021

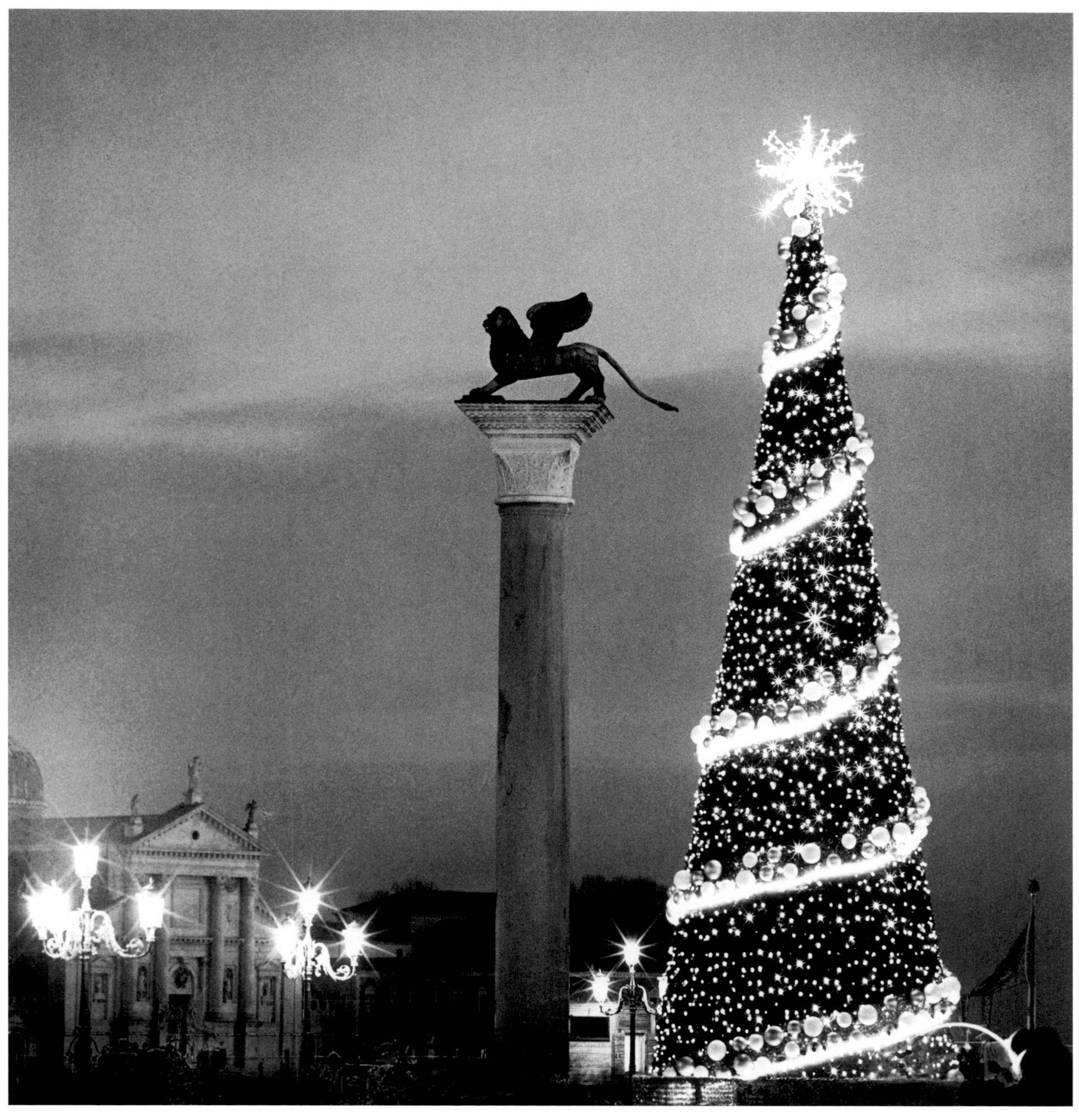

Leone alato e albero di Natale / Winged Lion and Christmas Tree, Venezia, Italia / Venice, Italy, 2019

Osservando Michael Kenna

Matteo Colla

Michael Kenna ha viaggiato per il mondo con le sue macchine fotografiche analogiche per più di cinquant'anni. Ha visto innumerevoli paesaggi e incontrato un'infinità di alberi, edifici e persone negli angoli più remoti della terra e nelle città più affollate. Nel 2006, su invito del curatore Sandro Parmiggiani, si è fermato nella pianura padana, a Reggio Emilia, per preparare la mostra antologica che si sarebbe tenuta qualche anno dopo a Palazzo Magnani. Grazie a questa mostra, Michael iniziò a esplorare il fiume Po. Negli anni successivi sarebbe tornato a fotografarlo con l'aiuto di guide locali. Una sera, il 24 ottobre 2017, insieme a Sandro Parmiggiani e agli amici della Bottega Photographica, fu organizzata una cena conviviale di benvenuto nel fienile ristrutturato della mia famiglia, ora adibito a luogo fotografico e di incontro. Ho avuto il piacere di conversare con Michael, senza immaginare che negli anni a venire sarebbe nata una collaborazione professionale e un'amicizia personale, che avrei seguito lui e i suoi progetti in tutto il nord Italia.

La mattina dopo, prima di una magnifica alba ricca di sfumature tonali, ho aiutato Michael a esplorare alcune insenature vicino a Borgoforte, in provincia di Mantova. Nei giorni successivi, si è alternato con i colleghi fotografi di Boretto e Colorno per esplorare il tratto del fiume Po nelle province di Parma, Reggio Emilia, Cremona e Mantova. È poi tornato a Reggio Emilia nell'ottobre del 2018 con l'obiettivo di perlustrare il delta del Po fino a Ferrara e Stellata, mentre il medio e alto corso del fiume, dalla sorgente alla provincia di Cremona, l'abbiamo esplorato nel marzo del 2019.

Il mio ruolo, sia per questa ricerca che per quella successiva su Venezia, è stato quello di identificare, prima delle sue visite in Italia, luoghi e possibili paesaggi che potessero interessare Michael. Cercando di interpretare la sua visione fotografica, raccoglievo immagini e informazioni sui luoghi e poi le condividevo con lui via e-mail. Poi, una volta arrivato in Italia, la sera prima di fotografare, di solito durante e dopo cena, discutevamo delle zone scelte e organizzavamo programmi specifici. Mi occupavo di gestire e coordinare i nostri spostamenti e la logistica delle necessità quotidiane, diventando una sorta di manager locale. Durante le sessioni fotografiche, documentavo il lavoro di Michael attraverso fotografie, video e disegni relativi ai soggetti inquadrati. Ho trovato queste informazioni molto utili per comprendere meglio i suoi metodi e le sue procedure di lavoro. Michael ha poi utilizzato questa documentazione anche per i titoli delle sue immagini.

Quando arrivavamo in una nuova località andavamo subito in esplorazione, per familiarizzare con essa. Il programma della giornata dipendeva principalmente dalle condizioni meteorologiche: l'ora dell'alba e del tramonto influenzavano notevolmente la qualità e la direzione della luce prevista e quindi il luogo in cui avremmo iniziato e terminato la sessione fotografica. Michael spesso prediligeva una luce chiara senza cielo coperto all'alba, al tramonto e di notte, mentre di giorno la presenza della nebbia, di nuvole o cieli che si aprivano dopo un temporale erano le situazioni più congeniali, ma non sono mai state regole rigide o prestabilite. Michael fotografa in tutte le situazioni atmosferiche, cercando il soggetto giusto per quel tipo di luce. Ad esempio, per la gioia di Michael, una notte di marzo in piazza San Marco a Venezia, è scesa improvvisamente una rara nebbia avvolgente che gli ha permesso di scattare suggestive fotografie metafisiche fino alle tre del mattino. Un'altra volta, alla sorgente del Po, a 1800 metri sul livello del mare, siamo arrivati nel pomeriggio e abbiamo trovato pochissima neve, ma alla mattina ci siamo svegliati entusiasti, accolti da 40 centimetri di neve fresca!

Una volta individuato un luogo da fotografare, sia su carte geografiche che attraverso immagini o da un sopralluogo preliminare, si sceglie una specifica zona da esplorare. Raggiunto il posto e dopo aver considerato la luce e il soggetto, Michael si avvicina lentamente, partendo da molto lontano. La sua concentrazione aumenta man mano che si avvicina al soggetto. Per tutto il tempo in cui realizza una fotografia cerca una continua verifica visivo-compositiva e luminosa. Credo che instauri un profondo e incessante dialogo cognitivo-emotivo con il soggetto attraverso una relazione silenziosa. Questo approccio

Observing Michael Kenna

Matteo Colla

Michael Kenna has travelled the world with his analogue cameras for more than fifty years. He has seen countless landscapes and met innumerable trees, buildings and people in the most remote corners of the earth and in the most crowded cities. In 2006, upon the invitation of curator Sandro Parmiggiani, he stopped in the Po Valley, Reggio Emilia, Italy, to prepare his anthological exhibition that was to be held a few years later at Palazzo Magnani. Thanks to this exhibition, Michael began to explore the Po River. In subsequent years, he returned to photograph the Po with the help of local guides. One evening, on 24 October 2017, together with Sandro Parmiggiani and friends from the Bottega Photographica, a convivial welcome dinner was organized in my family's renovated barn, which now serves as a photographic and meeting space. I had the pleasure of conversing with Michael, fully unaware that in the years to come, a professional collaboration and personal friendship would blossom, leading me to accompany him on his projects throughout northern Italy.

The next morning, before a magnificent sunrise full of tonal nuances, I helped Michael explore some ravines near Borgoforte, in the province of Mantua. In the following days, he alternated with fellow photographers from Boretto and Colorno to observe the stretch of the Po River in the provinces of Parma, Reggio, Cremona and Mantua. He returned to Reggio Emilia in October 2018 with the aim of scouting the Po delta all the way to Ferrara and Stellata. Finally, in March 2019, we ventured to the middle and upper reaches of the river, from its source to the province of Cremona.

My role, both for this research and later the one on Venice, was to identify places and potential interesting locations for Michael ahead of his visits. Trying to interpret his photographic vision, I collected images and information on places and shared them with him via email. The night before photographing, usually during and after dinner, we would discuss the locations and make specific plans. I organized and coordinated our trips with the logistics of daily needs, becoming a sort of local manager. During the photo sessions, I documented Michael at work through photographs, videos and drawings related to the framed subjects. I found this to be very useful in order to better understand his working methods and procedures. Michael also used this location documentation for his future image titles.

When we arrived at a new location, often scouted earlier, we would immediately begin exploring to become more familiar with it. The day's schedule depended mainly on the weather and the times of sunrise and sunset, which would greatly influence the quality and direction of the expected light, and thus the location we would start and finish in. Michael often preferred clear light without overcast skies at dawn, dusk and at night, while during the day the presence of fog, clouds or skies opening up after a thunderstorm were the most congenial, though there were no rigid or pre-established rules. Michael photographs in all weather conditions, looking for the right subject for that type of light. For instance, to Michael's delight, one March night in the Piazza San Marco, a rare enveloping fog suddenly descended, allowing him to take evocative metaphysical photographs until three o'clock in the morning. Another time, at the source of the Po River, 1,800 metres above sea level, we arrived in the afternoon to find very little snow; however, when we woke up the next morning, we were thrilled to be greeted by a fresh 40 centimetres of snow!

Once a place to be photographed is identified, either on maps, through images or from a preliminary survey, a route is chosen to explore. After reaching the location and assessing the light and subject matter, Michael slowly approaches, at first from a distance. His concentration increases as he gets closer to the subject. Throughout the entire time he makes a photograph, he engages in continuous visual-compositional and light verification. I believe he establishes a deep and incessant cognitive-emotional dialogue with the subject through a silent relationship. This focused approach to the subject often leads him to be on the border, to position himself on the threshold between the worlds of land and water, sometimes even venturing a little beyond.

di profonda concentrazione sul soggetto lo porta spesso a stare sul confine, a posizionarsi sulla soglia tra il mondo della terra e quello dell'acqua e a volte si spinge anche un po' oltre.
Una volta posizionato il treppiede a terra, con la macchina fotografica già montata, i movimenti diventano più precisi e millimetrici fino ad arrivare all'inquadratura finale. Calcola il tempo di esposizione e il diaframma dell'obiettivo con un esposimetro manuale. Le lunghe esposizioni di Michael diventano un'ulteriore fonte di meditazione e concentrazione attraverso il conteggio mentale dei secondi.
L'approccio di Michael con il soggetto da fotografare, qualunque esso sia, paesaggio o architettura, è innanzitutto quello di diventarne amico. Come dice lui stesso, "dopo aver chiesto il permesso di fotografare" mostra rispetto, umiltà e curiosità. Michael mantiene un costante e preciso approccio mentale e fisico – lasciando fluire l'energia e le sensazioni, fa spazio a qualcosa di imprevisto. Osservandolo fotografare, si ha facilmente l'impressione che tutto avvenga in modo semplice, spontaneo e libero, quasi come se fosse in risonanza con la natura. Mi sembra che in qualche modo faccia accadere le cose e poi le organizzi, prima nella sua mente e poi nel mirino della sua Hasselblad, in un ordine superiore. Le sue immagini distillate sono il risultato di lunghe previsualizzazioni che tengono conto di una composizione attenta e calibrata, spesso di pochi ma forti elementi in dialogo tra loro e combinati con una luce morbida ma caratterizzante. "Cerco ciò che non si vede", mi ha confidato durante una delle sue lunghe esposizioni che possono durare da pochi minuti a tutta la notte, "perché nell'invisibile c'è una presenza magica, misteriosa e imprevedibile".
Nel progetto sul territorio veneziano, e in particolare sulle isole che abbiamo esplorato, come Murano, Burano, Torcello, San Francesco del Deserto, San Lazzaro degli Armeni, Giudecca, Lido, Lazzaretto Vecchio e Poveglia, Michael era interessato soprattutto a camminare fino al loro margine più esterno o sui punti più lontani della terraferma. Con lo sguardo sempre rivolto all'acqua, al cielo e alle isole circostanti, sembrava che cercasse di cogliere qualcosa di trascendente per fissarlo sulla pellicola. Nei sestieri veneziani, invece, l'approccio era quasi invertito. Nelle calli e nei campi il tempo si è fermato e si respira ancora un'atmosfera densa di storia dei secoli passati, soprattutto di notte o all'alba; un'atmosfera di silenzio, di calma, di tranquillità e di riflessi luminosi fusi con un'architettura senza tempo, arcaica o sontuosa nei suoi raffinati dettagli. Così Michael rivolgeva il suo sguardo, a tutte le ore del giorno, più all'interno di questi vicoli e alla magnificenza di queste architetture uniche, piuttosto che al paesaggio esterno. Altrettanto importanti e fondamentali sono stati gli incontri casuali e non programmati che ci sono capitati e posso dire che ce ne sono stati parecchi. Statue pagane o cristiane, o altri soggetti in scala maggiore come gondole, ponti, piccole banchine, edifici o semplicemente alberi o paesaggi hanno spesso attirato la sua attenzione.
Io e Michael abbiamo camminato molto durante il tempo trascorso insieme e percorso migliaia di chilometri in auto e alcuni in barca, in un arco di tempo di quaranta giorni. Riconosco che questo viaggio, anche ideale, è solo una parte del suo processo fotografico. Per arrivare alle preziose stampe finali per le mostre e i libri, Michael trascorre innumerevoli ore e giorni, da solo, nella sua camera oscura, perché vuole ancora realizzare ogni stampa personalmente. Una volta mi ha scritto: "La musica di Mina suona nella camera oscura e io sto lavorando al mio prossimo libro".
Nelle parole di Roland Barthes, la fotografia, come il viaggio, "è un atto incerto e una costruzione paziente", e questo è ancora più vero se è analogica. Durante le serate dei vari viaggi, Michael e io rivedevamo spesso le stampe a contatto dei precedenti viaggi per conoscere meglio le immagini scelte e geolocalizzarle; poi capitava che le nostre riflessioni sul progetto in corso, spesso aiutati da una buona grappa barricata, ci portassero a parlare anche di altri artisti, fotografi, pittori o progetti futuri. Erano momenti preziosi.
I viaggi con certe persone ti cambiano la vita e il modo di percepire la realtà in tutta la sua complessità. Credo che le preziose e intime fotografie di Michael Kenna, quando le osserviamo nella loro profondità, possano fare la stessa cosa.

10 Aprile 2024

Once his tripod is placed on the ground, with the camera already mounted, the movements become more precise and millimetric until he arrives at the final framing. He calibrates the exposure time and lens diaphragm by means of a manual exposure metre. Michael's long-time exposures become a further source for meditation and concentration through the mental counting of seconds.

Michael's approach to the subject of a photograph, whatever it might be, landscape or architecture, is first to become friends with it. As he puts it, "after asking permission to photograph" he tries to show respect, humility and curiosity. Michael maintains a constant and precise mental and physical approach – letting energy and sensations flow, he makes space for something unforeseen to happen. Observing him photograph, one could easily have the impression that everything happens simply, spontaneously and freely, almost as if he was resonating with nature. It seems to me that he somehow makes things happen and then organizes them, first in his mind and then in the viewfinder of his Hasselblad, in a higher order. His distilled images are the result of long previsualizations that take into account a careful and calibrated composition, often of a few strong elements in dialogue with each other, combined with a soft but characterizing light. "I look for what cannot be seen", he confided to me during one of his long exposures that might last from a few minutes to all night, "because in the invisible there is a magical, mysterious and unpredictable presence".

In the project on the Venetian territory, and in particular on the islands we explored, such as Murano, Burano, Torcello, San Francesco del Deserto, San Lazzaro degli Armeni, Giudecca, Lido, Lazzaretto Vecchio and Poveglia, Michael was mainly interested in walking to their outermost edge or on the farthest points of dry land. With his gaze always turned to the water, the sky and the surrounding islands, he seemed to be trying to grasp something transcendent in order to fix it on film. In the Venetian sestieri, however, this approach was almost reversed. In the calli and campi, time has stood still and one can breathe an atmosphere dense with the history of past centuries, especially at night or at dawn; an atmosphere of silence, calm, tranquillity and luminous reflections fused with the timeless architecture, archaic or sumptuous in its refined details. Thus, Michael turned his gaze, at all hours of the day, more to the interior of these alleys and the magnificence of the unique architecture, rather than to the landscape outside. Equally important and fundamental were the chance and unplanned encounters that came our way, and I can say that there were quite a few. Pagan or Christian statues, or other larger-scale subjects such as gondolas, bridges, small docks, buildings or simply trees or landscapes often caught his attention.

Michael and I walked a lot during our time together, travelled thousands of kilometres by car and some by boat, over a time span of forty days. I recognize that this journey, which was ideal in itself, was only a part of Michael's photographic process. In order to achieve the precious final prints for exhibitions and books, Michael spends countless hours and days alone in his darkroom, for he still insists on making every print himself. He once wrote to me: "The music of Mina is playing in the darkroom, and I am working on my next book". In the words of Roland Barthes, photography, like travelling, "is an uncertain act and a patient construction", and this is even truer for analogue photography. During the evenings on the various trips, Michael and I would often review contact prints from previous trips to better know the chosen images and geolocate them; then it would happen that our reflections on the current project, often aided by a good Grappa Barricata, would lead us to discuss other artists, photographers, painters or future plans. These were treasured times. Some journeys with certain people change one's life and the way one perceives reality in all its complexity. I believe that Michael Kenna's precious and intimate photographs, when we observe them in their depths, can do the same thing.

10 April 2024

Cronologia

1953
Nasce a Widnes, Lancashire, Regno Unito.
1959-1964
Frequenta la St Bede's School, Widnes, Lancashire, Regno Unito.
1964-1972
Frequenta il St Joseph's College, Upholland, Lancashire, Regno Unito.
1972-1973
Frequenta la Banbury School of Art, Banbury, Oxfordshire, Regno Unito.
1973-1976
Frequenta il London College of Printing, Londra, Regno Unito.
1979
Prima mostra personale alla Equivalents Gallery, Seattle, Washington, USA. Partecipa alla mostra collettiva *Permanent Collection*, Australian National Gallery, Canberra, New South Wales, Australia.
1981
Riceve l'Imogen Cunningham Award, USA.
1982
Mostra personale presso la Infinity Gallery, Governors State University, University Park, Illinois, USA. Mostra collettiva *Form, Freud and Feeling*, San Francisco Museum of Modern Art, San Francisco, California, USA.
1983
Mostra personale al Fox Talbot Museum, Lacock, Wiltshire, Regno Unito. Partecipa alla mostra collettiva *Arbres*, Centre Georges Pompidou, Parigi, Francia, e alla mostra itinerante *Subject, Object or Pretext*, Musée des Beaux-Arts, Agen, Francia; Musée Bonnat, Bayonne, Francia; Galerie des Beaux-Arts, Bordeaux, Francia; Palais des Congrès et de la Culture, Le Mans, Francia; Institut français, Napoli, Italia.
1984
Viene pubblicata la prima monografia, *Michael Kenna. Photographs* (Weston & Wirtz Galleries). Mostra personale al Bampton Arts Center, Oxfordshire, Regno Unito. Partecipa a mostre collettive presso San Jose Museum of Art, San Jose, California, USA; Bibliothèque Nationale de France, Parigi, Francia; Santa Barbara Museum of Art, Santa Barbara, California, USA; Honolulu Academy of Arts, Hawaii, USA.
1985
Viene pubblicato *The Hound of the Baskervilles* (Arion Press). Mostra personale al Madison Arts Center, Madison, Wisconsin, USA. Partecipa a mostre collettive presso Fox Talbot Museum, Lacock, Wiltshire, Regno Unito; San Jose Museum of Art, San Jose, California, USA; Oakland Museum of Art, Oakland, California, USA.
1986
Mostre personali alle università statali di Chico e Stanislaus, USA. Partecipa a mostre collettive presso Hood Museum of Art, Hanover, New Hampshire, USA; Meridian House International, Washington, D.C., USA.
1987
Sono pubblicati *Night Walk* (Friends of Photography) e *Michael Kenna, 1977-1987* (Min Gallery). Mostre personali alla Min Gallery, Tokyo, e al Center for Fine Arts, Osaka, Giappone. Partecipa alla mostra collettiva al Museum Ludwig, Colonia, Germania Ovest.
1988
Mostra personale itinerante alla University of the Pacific Museum, Stockton, California, USA; Long Beach Museum of Art, California, USA; Tampa Museum of Art, Florida, USA. Mostre personali al J.B. Speed Museum, Louisville, Kentucky, USA; National Center for Photography, Bath, Avon, Regno Unito. Partecipa alla mostra collettiva al Musée d'Art Moderne, Strasburgo, Francia.
1989
Riceve il premio dell'Institute for Aesthetic Development, USA. Mostra personale al Visual Arts Center, Anchorage, Alaska, USA. Partecipa a mostre collettive presso Houston Center for Photography, Houston, Texas, USA; Oakland Museum of Art, Oakland, California, USA; Detroit Institute of Arts, Detroit, Michigan, USA; Nelson-Atkins Museum of Art, Kansas City, Missouri, USA; Fine Arts Center, Nashville, Tennessee, USA; Evansville Museum of Arts, Evansville, Indiana, USA; Mississippi Museum of Arts, Jackson, Mississippi, USA; Lowe Art Museum, Coral Gables, Florida, USA; Fox Talbot Museum, Lacock, Wiltshire, Regno Unito.
1990
Sono pubblicati *Le Desert de Retz* (Arion Press) e *Michael Kenna* (Min Gallery). Partecipa a mostre collettive presso Musée d'Art Moderne, Strasburgo, Francia; Roanoke Museum of Fine Arts, Roanoke, Virginia, USA; Sheldon Memorial Art Gallery, Lincoln, Nebraska, USA; Danville Museum of Fine Arts, Danville, Virginia, USA; The Snite Museum of Art, Notre Dame, Indiana, USA.
1991
Viene pubblicato *The Elkhorn Slough and Moss Landing* (Elkhorn Slough Foundation). Mostra personale al Palace of the Legion of Honor, San Francisco, California, USA. Partecipa a mostre collettive presso Palais de Tokyo, Parigi, Francia; Observatoire Astronomique, Strasburgo, Francia; Nora Eccles Harrison Museum of Art, Utah State University, Logan, Utah, USA; Museum of Photographic Arts, San Diego, California, USA; Mississippi Museum of Arts, Jackson, Mississippi, USA.
1992
Mostre personali presso Cleveland Art Museum, Cleveland, Ohio, USA; Center for Photographic Art, Carmel, California, USA; University

Chronology

1953
Born in Widnes, Lancashire, UK.
1959–64
Attends St Bede's School, Widnes, Lancashire, UK.
1964–72
Attends St Joseph's College, Upholland, Lancashire, UK.
1972–73
Attends Banbury School of Art, Banbury, Oxfordshire, UK.
1973–76
Attends London College of Printing, London, UK.
1979
First solo exhibition at Equivalents Gallery, Seattle, Washington, USA. Included in group exhibition *Permanent Collection*, Australian National Gallery, Canberra, New South Wales, Australia.
1981
Receives Imogen Cunningham Award, USA.
1982
Solo exhibition at Infinity Gallery, Governors State University, University Park, Illinois, USA. Included in group exhibition *Form, Freud and Feeling*, San Francisco Museum of Modern Art, San Francisco, California, USA.
1983
Solo exhibition at Fox Talbot Museum, Lacock, Wiltshire, UK. Included in the group exhibition *Arbres*, Centre Georges Pompidou, Paris, France, and travelling exhibition *Subject, Object or Pretext*, Musée des Beaux-Arts, Agen, France; Musée Bonnat, Bayonne, France; Galerie des Beaux-Arts, Bordeaux, France; Palais des Congrès et de la Culture, Le Mans, France; French Cultural Center, Naples, Italy.
1984
Michael Kenna: Photographs (Weston & Wirtz Galleries), the first monograph, is published. Solo exhibition at Bampton Arts Center, Oxfordshire, UK. Included in group exhibitions at San Jose Museum of Art, San Jose, California, USA; Bibliothèque Nationale de France, Paris, France; Santa Barbara Museum of Art, Santa Barbara, California, USA; Honolulu Academy of Arts, Hawaii, USA.
1985
The Hound of the Baskervilles (Arion Press) is published. Solo exhibition at Madison Arts Center, Madison, Wisconsin, USA. Included in group exhibitions at Fox Talbot Museum, Lacock, Wiltshire, UK; San Jose Museum of Art, San Jose, California, USA; Oakland Museum of Art, Oakland, California, USA.
1986
Solo exhibitions at Chico and Stanislaus California state universities, USA. Included in group exhibitions at Hood Museum of Art, Hanover, New Hampshire, USA; Meridian House International, Washington, D.C., USA.
1987
Night Walk (Friends of Photography) and *Michael Kenna, 1977–1987* (Min Gallery) are published. Solo exhibitions at Min Gallery, Tokyo, and Center for Fine Arts, Osaka, Japan. Included in group exhibition at Museum Ludwig, Cologne, West Germany.
1988
Travelling solo exhibition at University of the Pacific Museum, Stockton, California, USA; Long Beach Museum of Art, California, USA; Tampa Museum of Art, Florida, USA. Solo exhibitions at J. B. Speed Museum, Louisville, Kentucky, USA; National Center for Photography, Bath, Avon, UK. Included in group exhibition at Musée d'Art Moderne, Strasbourg, France.
1989
Receives Institute for Aesthetic Development Award, USA. Solo exhibition at Visual Arts Center, Anchorage, Alaska, USA. Included in group exhibitions at Houston Center for Photography, Houston, Texas, USA; Oakland Museum of Art, Oakland, California, USA; Detroit Institute of Arts, Detroit, Michigan, USA; Nelson-Atkins Museum of Art, Kansas City, Missouri, USA; Fine Arts Center, Nashville, Tennessee, USA; Evansville Museum of Arts, Evansville, Indiana, USA; Mississippi Museum of Arts, Jackson, Mississippi, USA; Lowe Art Museum, Coral Gables, Florida, USA; Fox Talbot Museum, Lacock, Wiltshire, UK.
1990
Le Desert de Retz (Arion Press) and *Michael Kenna* (Min Gallery) are published. Included in group exhibitions at Musée d'Art Moderne, Strasbourg, France; Roanoke Museum of Fine Arts, Roanoke, Virginia, USA; Sheldon Memorial Art Gallery, Lincoln, Nebraska, USA; Danville Museum of Fine Arts, Danville, Virginia, USA; The Snite Museum of Art, Notre Dame, Indiana, USA.
1991
The Elkhorn Slough and Moss Landing (Elkhorn Slough Foundation) is published. Solo exhibition at Palace of the Legion of Honor, San Francisco, California, USA. Included in group exhibitions at Palais de Tokyo, Paris, France; Observatoire Astronomique, Strasbourg, France; Nora Eccles Harrison Museum of Art, Utah State University, Logan, Utah, USA; Museum of Photographic Arts, San Diego, California, USA; Mississippi Museum of Arts, Jackson, Mississippi, USA.
1992
Solo exhibitions at Cleveland Art Museum, Cleveland, Ohio, USA; Center for Photographic Art, Carmel, California, USA; University Art Museum, Ann Arbor, Michigan, USA; Kalamazoo Institute of Arts, Kalamazoo, Michigan, USA. Included in group exhibitions at Museum of Photographic Arts, San Diego, California, USA; Musée des Beaux-Arts, Nantes,

Art Museum, Ann Arbor, Michigan, USA; Kalamazoo Institute of Arts, Kalamazoo, Michigan, USA. Partecipa a mostre collettive presso Museum of Photographic Arts, San Diego, California, USA; Musée des Beaux-Arts, Nantes, Francia; Boca Raton Museum of Art, Boca Raton, Florida, USA; Musée Carnavalet, Parigi, Francia; Queens Museum, Queens, New York, USA; New Jersey Center for the Visual Arts, Summit, New Jersey, USA; Musée Nicéphore-Niépce, Chalon-sur-Saône, Francia.

1993

Mostre personali all'International Center for Photography, New York, USA; Shands Cancer Center, University of Florida, Gainesville, USA. Partecipa a mostre collettive presso San Francisco Museum of Modern Art, San Francisco, California, USA; Madison Art Center, Madison, Wisconsin, USA; San Jose Museum of Art, San Jose, California, USA; Whatcom Museum of History and Art, Bellingham, Washington, USA; University of Iowa Museum of Art, Iowa City, Iowa, USA.

1994

Viene pubblicato *Michael Kenna. A Twenty Year Retrospective* (Treville). Mostra personale al Bethel College, St Paul, Minnesota, USA. Partecipa a mostre collettive presso Musée Carnavalet, Parigi, Francia; Graham Foundation, Chicago, Illinois, USA; Museum of Fine Arts, Houston, Texas, USA; Museum of Fine Arts, Santa Fe, New Mexico, USA; De Cordova Museum, Lincoln, Massachusetts, USA; Center for Fine Arts, Miami, Florida, USA; Laguna Art Museum, Laguna Beach, California, USA.

1995

The Rouge (Ram) viene pubblicato in concomitanza con la mostra personale presso il Detroit Institute of Arts, Detroit, Michigan, USA. *A Twenty Year Retrospective* al Palm Beach Photographic Centre, Palm Beach, Florida, USA, si sposta al Musée Nicéphore-Niépce, Chalon-sur-Saône, Francia; Mois de la Photographie, Galerie des Poncettes, MAMAC, Nizza, Francia. Partecipa a mostre collettive presso M.H. de Young Memorial Museum, San Francisco, California, USA; Detroit Institute of Arts, Detroit, Michigan, USA; Denver Art Museum, Denver, Colorado, USA; Princeton Art Museum, Princeton, New Jersey, USA.

1996

Viene pubblicato *The Silverdo Squatters* (Arion Press). Mostra personale al Monterey Museum of Art, Monterey, California, USA. Partecipa a mostre collettive presso Galerie du Petit Château, Sceaux, Francia; San Jose Museum of Art, San Jose, California, USA.

1997

Sono pubblicati *Le Nôtre's Gardens* (RAM e The Huntington Library) e *Monique's Kindergarten* (Nazraeli Press). Mostra personale alla Prague House of Photography, Praga, Repubblica Ceca. Mostra personale *Le Nôtre's Gardens* presso Virginia Steele Scott Gallery, The Huntington Library, Art Collections and Botanical Gardens, San Marino, California, USA; Fred Jones Jr. Museum of Art, University of Oklahoma, Norman, USA; Art Associates Gallery, Lake Charles, Louisiana, USA. Mostra personale *Esprit de Le Nôtre* al Musée Promenade de Marly-le-Roi, Louveciennes, Francia. Partecipa a mostre collettive presso Musée Matisse, Nizza, Francia; Maison Européenne de la Photographie, Parigi, Francia.

1998

Mostre personali presso Longview Museum of Fine Arts, Longview, Texas, USA; University of Kentucky Art Museum, Lexington, Kentucky, USA. Partecipa alla mostra collettiva itinerante *Paris sous l'objectif* a Villa Medici, Roma, Italia. Fino a tutto il 2003 la mostra è allestita alla National Library, San Pietroburgo, Russia; National Gallery, Praga, Repubblica Ceca; e in altre sedi a Teheran, Iran, e Weimar, Germania. Partecipa a mostre collettive presso Triton Museum of Art, Santa Clara, California, USA; Smithsonian Institute, New York, USA; Villa Medici, Roma, Italia.

1999

Mostre personali presso Aspen Art Museum, Aspen, Colorado, USA; Musée Jean de la Fontaine, Château Thierry, Francia. Partecipa a mostre collettive all'University of Oregon Museum of Art, Eugene, Oregon, USA; Patrimoine Photographique, Hôtel de Sully, Parigi, Francia; San Jose Museum of Art, San Jose, California, USA.

2000

Viene pubblicato *Night Work* (Nazraeli Press). La serie *Concentration Camps* viene donata al Patrimoine Photographique, Francia (ora conosciuto come Médiathéque du Patrimoine et de la Photographie). Insignito del titolo di Cavaliere dell'Ordine delle Arti e delle Lettere dal Ministero francese della Cultura. Partecipa a mostre collettive al Musée Nicéphore-Niépce, Chalon-sur-Saône, Francia; Longview Museum of Art, Longview, Texas, USA; University Art Museum, Long Beach, California, USA; Musée National de la Marine, Parigi, Francia; UC Berkeley Art Museum, Berkeley, California, USA; Detroit Institute of Art, Detroit, Michigan, USA; High Museum of Art, Atlanta, Georgia, USA.

2001

Sono pubblicati *L'Impossible Oubli* (Marval), *Impossible to Forget* (Nazraeli Press) e *Easter Island* (Nazraeli Press). Mostre personali all'Albright-Knox Art Gallery, Buffalo, New York; Friends of Photography, San Francisco, California, USA. Partecipa alla mostra collettiva itinerante *Mémoire des Camps*, Patrimoine Photographique, Hôtel de Sully, Parigi, Francia, e in seguito al Fotomuseum Winterthur, Winterthur, Svizzera; Palazzo Magnani, Reggio Emilia, Italia; Museu Nacional d'Art de Catalunya, Barcellona, Spagna; e all'International Museum of the Red Cross and Red Crescent, Ginevra, Svizzera. Partecipa a mostre collettive all'University of Michigan Museum of Art, Ann Arbor, Michigan, USA; Arken Museum of Modern Art, Ishøj, Danimarca; High Museum of Art, Atlanta, Georgia, USA; Ansel Adams Center, San Francisco, California, USA; San Jose Institute of Contemporary Art, San Jose, California, USA; Boise Art Museum, Idaho, USA; Parrish Art Museum, Southampton, New York, USA.

2002

Sono pubblicati *Et la Dentelle?* (Marval) e *Calais Lace* (Nazraeli Press) in occasione della mostra al Musée des Beaux-Arts, Calais, Francia. Mostre personali al Center for Photographic Arts, Carmel, California, USA; Cornell Museum, Delray Beach, Florida, USA; Museum of Saint-Riquier Abbey, Saint-Riquier, Francia. Partecipa a mostre collettive all'Okyo Fuji Art Museum, Tokyo, Giappone; Hiroshima Prefectural Museum, Hiroshima, Giappone; Redbrick Warehouse No. 1, Yokohama, Giappone; Hamamatsu Municipal Museum of Art, Hamamatsu, Giappone; Shimonoseki City Art Museum, Shimonoseki, Giappone; Museum of Modern Art, Liegi, Belgio.

2003

Sono pubblicati *Japan* (Nazraeli Press) e *Boarding School* (Nazraeli Press). Mostre personali all'International Center for Contemporary Art, Tacoma, USA; Jordan Schnitzer Museum of Art, Eugene, Oregon,

France; Boca Raton Museum of Art, Boca Raton, Florida, USA; Musée Carnavalet, Paris, France; Queens Museum, Queens, New York, USA; New Jersey Center for the Visual Arts, Summit, New Jersey, USA; Musée Nicéphore-Niépce, Chalon-sur-Saône, France.

1993

Solo exhibitions at International Center for Photography, New York, USA; Shands Cancer Center, University of Florida, Gainesville, USA. Included in group exhibitions at San Francisco Museum of Modern Art, San Francisco, California, USA; Madison Art Center, Madison, Wisconsin, USA; San Jose Museum of Art, San Jose, California, USA; Whatcom Museum of History and Art, Bellingham, Washington, USA; University of Iowa Museum of Art, Iowa City, Iowa, USA.

1994

Michael Kenna: A Twenty Year Retrospective (Treville) is published. Solo exhibition at Bethel College, St Paul, Minnesota, USA. Included in group exhibitions at Musée Carnavalet, Paris, France; Graham Foundation, Chicago, Illinois, USA; Museum of Fine Arts, Houston, Texas, USA; Museum of Fine Arts, Santa Fe, New Mexico, USA; De Cordova Museum, Lincoln, Massachusetts, USA; Center for Fine Arts, Miami, Florida, USA; Laguna Art Museum, Laguna Beach, California, USA.

1995

The Rouge (RAM) is published to coincide with a solo exhibition at Detroit Institute of Arts, Detroit, Michigan, USA. *A Twenty Year Retrospective* at Palm Beach Photographic Centre, Palm Beach, Florida, USA, travels to Musée Nicéphore-Niépce, Chalon-sur-Saône, France; Mois de la Photographie, Galerie des Poncettes, MAMAC, Nice, France. Included in group exhibitions at M. H. de Young Memorial Museum, San Francisco, California, USA; Detroit Institute of Arts, Detroit, Michigan, USA; Denver Art Museum, Denver, Colorado, USA; Princeton Art Museum, Princeton, New Jersey, USA.

1996

The Silverdo Squatters (Arion Press) is published. Solo exhibition at Monterey Museum of Art, Monterey, California, USA. Included in group exhibitions at Galerie du Petit Château, Sceaux, France; San Jose Museum of Art, San Jose, California, USA.

1997

Le Nôtre's Gardens (RAM and The Huntington Library) and *Monique's Kindergarten* (Nazraeli Press) are published. Solo exhibition at Prague House of Photography, Prague, Czech Republic. *Le Nôtre's Gardens* solo exhibition at Virginia Steele Scott Gallery, The Huntington Library, Art Collections and Botanical Gardens, San Marino, California, USA; Fred Jones Jr. Museum of Art, University of Oklahoma, Norman, USA; Art Associates Gallery, Lake Charles, Louisiana, USA. *Esprit de Le Nôtre* solo exhibition at Musée Promenade de Marly-le-Roi, Louveciennes, France. Included in group exhibitions at Musée Matisse, Nice, France; Maison Européenne de la Photographie, Paris, France.

1998

Solo exhibitions at Longview Museum of Fine Arts, Longview, Texas, USA; University of Kentucky Art Museum, Lexington, Kentucky, USA. Included in the group exhibition *Paris sous l'objectif* at Villa Medici, Rome, Italy. Exhibition travels until the end of 2003 to National Library, St Petersburg, Russia; National Gallery, Prague, Czech Republic; and at venues in Tehran, Iran, and Weimar, Germany. Included in group exhibitions at Triton Museum of Art, Santa Clara, California, USA; Smithsonian Institute, New York, USA; Villa Medici, Rome, Italy.

1999

Solo exhibitions at Aspen Art Museum, Aspen, Colorado, USA; Musée Jean de la Fontaine, Château Thierry, France. Included in group exhibitions at University of Oregon Museum of Art, Eugene, Oregon, USA; Patrimoine Photographique, Hôtel de Sully, Paris, France; San Jose Museum of Art, San Jose, California, USA.

2000

Night Work (Nazraeli Press) is published. Gift of the *Concentration Camps* series to Patrimoine Photographique, France (now known as the Médiathéque du Patrimoine et de la Photographie). Awarded Chevalier of the Order of Arts and Letters by the French Ministry of Culture. Included in group exhibitions at Musée Nicéphore-Niépce, Chalon-sur-Saône, France; Longview Museum of Art, Longview, Texas, USA; University Art Museum, Long Beach, California, USA; Musée National de la Marine, Paris, France; UC Berkeley Art Museum, Berkeley, California, USA; Detroit Institute of Art, Detroit, Michigan, USA; High Museum of Art, Atlanta, Georgia, USA.

2001

L'Impossible Oubli (Marval), *Impossible to Forget* (Nazraeli Press), and *Easter Island* (Nazraeli Press) are published. Solo exhibitions at Albright-Knox Art Gallery, Buffalo, New York; Friends of Photography, San Francisco, California, USA. Included in the travelling group exhibition *Mémoire des Camps*, Patrimoine Photographique, Hôtel de Sully, Paris, France, and later at Fotomuseum Winterthur, Winterthur, Switzerland; Palazzo Magnani, Reggio Emilia, Italy; Museu Nacional d'Art de Catalunya, Barcelona, Spain; and International Museum of the Red Cross and Red Crescent, Geneva, Switzerland. Included in group exhibitions at University of Michigan Museum of Art, Ann Arbor, Michigan, USA; Arken Museum of Modern Art, Ishøj, Denmark; High Museum of Art, Atlanta, Georgia, USA; Ansel Adams Center, San Francisco, California, USA; San Jose Institute of Contemporary Art, San Jose, California, USA; Boise Art Museum, Idaho, USA; Parrish Art Museum, Southampton, New York, USA.

2002

Et la Dentelle? (Marval) and *Calais Lace* (Nazraeli Press) are published to coincide with a solo exhibition at Musée des Beaux-Arts, Calais, France. Solo exhibitions at Center for Photographic Arts, Carmel, California, USA; Cornell Museum, Delray Beach, Florida, USA; Museum of Saint-Riquier Abbey, Saint-Riquier, France. Included in group exhibitions at Okyo Fuji Art Museum, Tokyo, Japan; Hiroshima Prefectural Museum, Hiroshima, Japan; Redbrick Warehouse No. 1, Yokohama, Japan; Hamamatsu Municipal Museum of Art, Hamamatsu, Japan; Shimonoseki City Art Museum, Shimonoseki, Japan; Museum of Modern Art, Liège, Belgium.

2003

Japan (Nazraeli Press) and *Boarding School* (Nazraeli Press) are published. Solo exhibitions at International Center for Contemporary Art, Tacoma, USA; Jordan Schnitzer Museum of Art, Eugene, Oregon, USA; Galerie Le Château d'Eau, Toulouse, France. Solo travelling exhibition *Impossible to Forget* at the Holocaust Museum, Houston, Texas, and then multiple venues in the USA over eight years, and finally to Casa Samano Museum, Bogotá, Colombia. Included in group travelling exhibition *Objectif Paris* at National Council for Culture, Arts & Letters, Kuwait City, Kuwait. The exhibition travels to eleven museums in the Middle East,

USA; Galerie Le Château d'Eau, Tolosa, Francia. Mostra personale itinerante *Impossible to Forget* all'Holocaust Museum, Houston, Texas; successivamente la mostra si sposta in diverse sedi negli Stati Uniti nel corso di otto anni, e infine al Casa Samano Museum, Bogotá, Colombia. Partecipa alla mostra collettiva itinerante *Objectif Paris* al National Council for Culture, Arts & Letters, Kuwait City, Kuwait. La mostra è allestita in undici musei in Medio Oriente, in India e in Asia Orientale fino al 2007. Partecipa a mostre collettive al Pasadena Museum for California Art, Pasadena, California, USA; Williams College Museum of Art, Williamstown, Massachusetts, USA; Tanabe City Art Museum, Tanabe, Honshu, Giappone; Onomichi City Art Museum, Onomichi, Honshu, Giappone.

2004

Sono pubblicati *Retrospective Two* (Nazraeli Press) e *Ratcliffe Power Station* (Nazraeli Press). Partecipa a mostre collettive al Musée Malraux, Le Havre, Francia; Amon Carter Museum, Fort Worth, Texas, USA; Everson Museum of Art, Syracuse, New York, USA; Musée Carnavalet, Parigi, Francia; Photographic Center Northwest, Seattle, Washington, USA.

2005

Mostre personali alla Sordoni Gallery, Wilkes University, Pennsylvania, USA; Centro internazionale di fotografia Scavi Scaligeri, Verona, Italia; Villa Tamaris Centre d'Art, La Seyne-sur-Mer, Francia. Partecipa a mostre collettive alla National Gallery of Art, Bombay, India; CIMA Gallery, Calcutta, India; Capital Library, Pechino, Cina; Fundación Foto Colectania, Barcellona, Spagna.

2006

Sono pubblicati *Hokkaido* (Nazraeli Press) e *In Japan* (RAM, Tokyo). Mostra personale *Japan* al Tokyo Metropolitan Museum, Tokyo, Giappone; Palm Beach Photography Museum, Delray Beach, Florida, USA; New Art Center, Roche Court, Salisbury, Regno Unito; Carré Amelot, La Rochelle, Francia. Partecipa alla mostra collettiva *Picturing Eden* alla George Eastman House, International Museum of Photography and Film, Rochester, New York, USA; Museum of Photographic Arts, San Diego, California, USA; John and Mable Ringling Museum of Art, Sarasota, Florida, USA. Partecipa alla mostra collettiva alla Conciergerie, Parigi, Francia.

2007

Sono pubblicati *Mont St Michel* (Nazraeli Press) e *Montecito Garden* (Nazraeli Press). Mostra personale *Thirty Year Retrospective* allo Shanghai Art Museum, Shanghai, Cina; Banbury Museum, Banbury, Oxfordshire, Regno Unito. Mostra personale all'University of Michigan Museum of Art, Ann Arbor, Michigan, USA. Partecipa a mostre collettive al Museum of Fine Arts, Ho Chi Minh City, Vietnam; Centre Culturel Français, Hanoi, Vietnam; Ayala Museum, Manila, Filippine; City Hall, Singapore City, Singapore; Jogja Gallery, Yogyakarta, Indonesia; Galerie CCCL, Surabaya, Indonesia; National Gallery of Indonesia, Giacarta, Indonesia; Tucson Museum of Art, Tucson, Arizona, USA; Portland Museum of Art, Portland, Oregon, USA.

2008

Viene pubblicato *Recent Travels* (HSBC). Mostre personali al Monterey Museum of Art, Monterey, California, USA; Museum of Tbilisi History, Tbilisi, Georgia; Kushiro Museum of Art, Kushiro, Hokkaido, Giappone. Partecipa a mostre collettive alla Bibliothèque Nationale de France–François Mitterrand, Parigi, Francia; Centro Cultural Banco do Brasil, Rio de Janeiro, Brasile.

2009

Sono pubblicati *Michael Kenna: Retrospective* (Bibliothèque de France), *In Hokkaido* (RAM, Tokyo), *Love in Black and White* (Nazraeli Press) e *Heiden Hotel* (Nazraeli Press). Mostra personale *Michael Kenna: Retrospective* alla Bibliothèque Nationale de France, Parigi, Francia; Centro Andaluz de la Fotografía, Almería, Spagna; Moscow Museum of Modern Art, Mosca, Russia. Partecipa a mostre collettive all'Amon Carter Museum, Fort Worth, Texas, USA; Musée des Beaux-Arts, Caen, Francia; Musée Malraux, Le Havre, Francia; Fundació Forum Tarragona, Spagna; Tacoma Art Museum, Tacoma, Washington, USA.

2010

Sono pubblicati *Immagini del Settimo Giorno* (Skira), *Huangshan* (Nazraeli Press) e *Venezia* (Nazraeli Press). Mostra personale *Immagini del Settimo Giorno* a Palazzo Magnani, Reggio Emilia, Italia. Mostre personali al Miyanomori Art Museum, Sapporo, Hokkaido, Giappone; Shanghai International Art, Shanghai, Cina. Partecipa a mostre collettive al Château de Versailles, Versailles, Francia; De Saisset Museum, Santa Clara University, California, USA; Palazzo della Ragione, Milano, Italia.

2011

Sono pubblicati *In France* (RAM, Tokyo) e *Philosopher's Tree* (Gallery K.O.N.G). Mostra personale *Venice* al Jardin Raymond VI del Musée des Abattoirs, Tolosa, Francia; Columbia Museum of Art, Columbia, Carolina del Sud, USA. Partecipa a mostre collettive presso il Madison Museum of Contemporary Art, Madison, Wisconsin, USA; Tacoma Art Museum, Tacoma, Washington, USA.

2012

Sono pubblicati *Thomas Jefferson's Paris Walks* (Arion Press) e *Tranquil Morning* (Gallery K.O.N.G.). Mostre personali al Tacoma Art Museum, Washington, USA; Palazzo Casamarte, Aprutino, Abruzzo, Italia. Partecipa a mostre collettive all'École Nationale Superieure des Beaux-Arts, Parigi, Francia; Center for Alternative Photography, New York, USA; Monterey Museum of Art, Monterey, California, USA; FRAC Haute-Normandie, Mont-Saint-Aignan, Francia.

2013

Sono pubblicati *Shinan* (Nazraeli Press) e *A Journey Through Asia* (Tasveer Arts). Riceve il premio fotografico Hae-sun Lee dalla Photographic Artist Association of Korea, Seul, Corea del Sud. La mostra personale *A Journey Through Asia* inaugura al Tasveer Arts di Bangalore per poi spostarsi in varie altre sedi in India. Mostra personale *60th Birthday* al Brindley, Runcorn, Cheshire, Regno Unito. Partecipa a mostre collettive al Kushiro Art Museum, Hokkaido, Giappone; Bascom Center for the Visual Arts, Highlands, Carolina del Nord, USA; Fototropia Gallery, Guatemala City, Guatemala; Columbia Museum of Art, Columbia, Carolina del Sud, USA; High Museum of Art, Atlanta, Georgia, USA; Ringling Museum of Art, Sarasota, Florida, USA.

2014

Sono pubblicati *France* (Nazraeli Press) e *China* (Posts and Telecom Press). Mostra personale al Musée Carnavalet, Parigi, Francia. Partecipa a mostre collettive al Toledo Museum of Art, Toledo, Ohio, USA; Museo Centro Gaiás, Santiago de Compostela, Spagna; Portland Art Museum, Portland, Oregon, USA; Cummer Museum, Jacksonville, Florida, USA; Carré Amelot, La Rochelle, Francia; National Art Museum of China, Pechino, Cina; Palazzo Magnani, Reggio Emilia, Italia.

India, and East Asia through 2007. Included in group exhibitions at Pasadena Museum for California Art, Pasadena, California, USA; Williams College Museum of Art, Williamstown, Massachusetts, USA; Tanabe City Art Museum, Tanabe, Honshu, Japan; Onomichi City Art Museum, Onomichi, Honshu, Japan.

2004

Retrospective Two (Nazraeli Press) and *Ratcliffe Power Station* (Nazraeli Press) are published. Included in group exhibitions at Musée Malraux, Le Havre, France; Amon Carter Museum, Fort Worth, Texas, USA; Everson Museum of Art, Syracuse, New York, USA; Musée Carnavalet, Paris, France; Photographic Center Northwest, Seattle, Washington, USA.

2005

Solo exhibitions at Sordoni Gallery, Wilkes University, Pennsylvania, USA; Centro internazionale di fotografia Scavi Scaligeri, Verona, Italy; Villa Tamaris Centre d'Art, La Seyne-sur-Mer, France. Included in group exhibitions at National Gallery of Art, Bombay, India; CIMA Gallery, Calcutta, India; Capital Library, Beijing, China; Fundación Foto Colectania, Barcelona, Spain.

2006

Hokkaido (Nazraeli Press) and *In Japan* (RAM, Tokyo) are published. *Japan* solo exhibition at Tokyo Metropolitan Museum, Tokyo, Japan; Palm Beach Photography Museum, Delray Beach, Florida, USA; New Art Center, Roche Court, Salisbury, UK; Carré Amelot, La Rochelle, France. Included in group exhibition *Picturing Eden* at George Eastman House, International Museum of Photography and Film, Rochester, New York, USA; Museum of Photographic Arts, San Diego, California, USA; John and Mable Ringling Museum of Art, Sarasota, Florida, USA. Included in group exhibition at La Conciergerie, Paris, France.

2007

Mont St Michel (Nazraeli Press) and *Montecito Garden* (Nazraeli Press) are published. *Thirty Year Retrospective* solo exhibition at Shanghai Art Museum, Shanghai, China; Banbury Museum, Banbury, Oxfordshire, UK. Solo exhibition at University of Michigan Museum of Art, Ann Arbor, Michigan, USA. Included in group exhibitions at Museum of Fine Arts, Ho Chi Minh City, Vietnam; Centre Culturel Français, Hanoi, Vietnam; Ayala Museum, Manila, Philippines; City Hall, Singapore City, Singapore; Jogja Gallery, Yogyakarta, Indonesia; Galerie CCCL, Surabaya, Indonesia; National Gallery of Indonesia, Jakarta, Indonesia; Tucson Museum of Art, Tucson, Arizona, USA; Portland Museum of Art, Portland, Oregon, USA.

2008

Recent Travels (HSBC) is published. Solo exhibitions at Monterey Museum of Art, Monterey, California, USA; Museum of Tbilisi History, Tbilisi, Georgia; Kushiro Museum of Art, Kushiro, Hokkaido, Japan. Included in group exhibitions at Bibliothèque Nationale de France–François Mitterrand, Paris, France; Centro Cultural Banco do Brasil, Rio de Janeiro, Brazil.

2009

Michael Kenna: Retrospective (Bibliothèque de France), *In Hokkaido* (RAM, Tokyo), *Love in Black and White* (Nazraeli Press), and *Heiden Hotel* (Nazraeli Press) are published. *Michael Kenna: Retrospective* at Bibliothèque Nationale de France, Paris, France; Centro Andaluz de la Fotografía, Almería, Spain; Moscow Museum of Modern Art, Moscow, Russia. Included in group exhibitions at Amon Carter Museum, Fort Worth, Texas, USA; Musée des Beaux-Arts, Caen, France; Musée Malraux, Le Havre, France; Fundació Forum Tarragona, Spain; Tacoma Art Museum, Tacoma, Washington, USA.

2010

Immagini del Settimo Giorno (Skira), *Huangshan* (Nazraeli Press), *Venezia* (Nazraeli Press) are published. *Immagini del Settimo Giorno* solo exhibition at Palazzo Magnani, Reggio Emilia, Italy. Solo exhibitions at Miyanomori Art Museum, Sapporo, Hokkaido, Japan; Shanghai International Art, Shanghai, China. Included in group exhibitions at Château de Versailles, Versailles, France; De Saisset Museum, Santa Clara University, California, USA; Palazzo della Ragione, Milan, Italy.

2011

In France (RAM, Tokyo) and *Philosopher's Tree* (Gallery K.O.N.G) are published. *Venice* solo exhibitions at Jardin Raymond VI of the Musée des Abattoirs, Toulouse, France; Columbia Museum of Art, Columbia, South Carolina, USA. Included in group exhibitions at Madison Museum of Contemporary Art, Madison, Wisconsin, USA; Tacoma Art Museum, Tacoma, Washington, USA.

2012

Thomas Jefferson's Paris Walks (Arion Press) and *Tranquil Morning* (Gallery K.O.N.G.) are published. Solo exhibitions at Tacoma Art Museum, Washington, USA; Palazzo Casamarte, Aprutino, Abruzzo, Italy. Included in group exhibitions at École Nationale Superieure des Beaux-Arts, Paris, France; Center for Alternative Photography, New York, USA; Monterey Museum of Art, Monterey, California, USA; FRAC Haute-Normandie, Mont-Saint-Aignan, France.

2013

Shinan (Nazraeli Press) and *A Journey Through Asia* (Tasveer Arts) are published. Receives the Hae-sun Lee Photography Award from the Photographic Artist Association of Korea, Seoul, South Korea. *A Journey Through Asia* solo exhibition opens at Tasveer Arts in Bangalore and travels to several other venues in India. *60th Birthday* solo exhibition at the Brindley, Runcorn, Cheshire, UK. Included in group exhibitions at Kushiro Art Museum, Hokkaido, Japan; Bascom Center for the Visual Arts, Highlands, North Carolina, USA; Fototropia Gallery, Guatemala City, Guatemala; Columbia Museum of Art, Columbia, South Carolina, USA; High Museum of Art, Atlanta, Georgia, USA; Ringling Museum of Art, Sarasota, Florida, USA.

2014

France (Nazraeli Press) and *China* (Posts and Telecom Press) are published. Solo exhibition at Musée Carnavalet, Paris, France. Included in group exhibitions at Toledo Museum of Art, Toledo, Ohio, USA; Museo Centro Gaiás, Santiago de Compostela, Spain; Portland Art Museum, Portland, Oregon, USA; Cummer Museum, Jacksonville, Florida, USA; Carré Amelot, La Rochelle, France; National Art Museum of China, Beijing, China; Palazzo Magnani, Reggio Emilia, Italy.

2015

Forms of Japan (Prestel) and *Kussharo Lake Tree* (Nazraeli Press) are published. Solo exhibitions at Musée des Beaux-Arts de Nancy, Lorraine, France; Samuel P. Harn Museum of Art, Gainesville, Florida, USA. Included in group exhibition at Parc du Château de Saint-Germain-en-Laye, Yvelines, France.

2016

Confessionali (Corsiero Editore), *Rouge* (Prestel) and *In Hokkaido* (RAM, Tokyo) are published. Receives Higashikawa Special Photographer Award, Hokkaido, Japan. Solo exhibitions at Museu Arxiu Municipal, Vilassar de

2015
Sono pubblicati *Forms of Japan* (Prestel) e *Kussharo Lake Tree* (Nazraeli Press). Mostre personali al Musée des Beaux-Arts de Nancy, Lorena, Francia; Samuel P. Harn Museum of Art, Gainesville, Florida, USA. Partecipa alla mostra collettiva al Parc du Château de Saint-Germain-en-Laye, Yvelines, Francia.
2016
Sono pubblicati *Confessionali* (Corsiero Editore), *Rouge* (Prestel) e *In Hokkaido* (RAM, Tokyo). Riceve il premio fotografico Higashikawa Special, Hokkaido, Giappone. Mostre personali al Museu Arxiu Municipal, Vilassar de Dalt, Spagna; Cultuurcentrum Mechelen, Mechelen, Belgio; Abbazia di Mont Saint-Michel, Normandia, Francia. Partecipa a mostre collettive all'Irie Taikichi Memorial Museum of Photography, Nara, Giappone; Musée d'Art Moderne et Contemporain, Strasburgo, Francia; Cincinnati Art Museum, Cincinnati, Ohio, USA.
2017
Sono pubblicati *Huangshan* (Nazraeli Press), *Holga* (Prestel) e *Abruzzo* (Nazraeli Press). Mostre personali al Claustre de Sant Bonaventura de Llucmajor, Maiorca, Spagna; Museo Evaristo Valle, Gijón, Asturie, Spagna; Museo de Artes Visuales, Universidad Jorge Tadeo Lozano, Bogotá, Colombia; Palazzo Casamarte, Loreto Aprutino, Abruzzo, Italia; Princeton Art Museum, Princeton, New Jersey, USA; Oratorio di San Spiridione, Reggio Emilia, Italia; Monogram Asia Space, Giacarta, Indonesia. Partecipa a mostre collettive alla Galerie Le Château d'Eau, Tolosa, Francia; Bibliothèque Nationale de France–François Mitterrand, Parigi, Francia; Art Gallery of Nova Scotia, Halifax, Nuova Scozia, Canada; Victoria and Albert Museum, Londra, Regno Unito.
2018
Sono pubblicati *Michael Kenna: A 45 Year Odyssey* (RAM, Tokyo), *Rafu* (Nazraeli Press), *DMZ – The 38th Parallel* (Nazraeli Press) e *One Sunday in Beijing* (Éditions Bessard). La serie *Confessionali* viene donata a Fscire, Bologna, Italia. Mostra personale al Tokyo Photographic Art Museum, Tokyo, Honshu, Giappone. Partecipa a mostre collettive al Musée de l'Elysée, Losanna, Svizzera; Maison Européene de la Photographie, Parigi, Francia; Musée Guimet, Parigi, Francia; Fundación Gilberto Alzate Avendaño, Bogotá, Colombia; Racine Art Museum, Racine, Wisconsin, USA; Savina Museum of Contemporary Art, Seul, Corea del Sud; Fondation Caillebotte, Yerres, Francia; Musée des Plans-Reliefs, Invalides, Parigi, Francia.
2019
Sono pubblicati *Beyond Architecture* (Prestel), *Des Oiseaux* (Éditions Xavier Barral) e *Korea – Part 1* (Gallery K.O.N.G.). Mostra personale ai Portland Japanese Gardens, Portland, Oregon, USA. Partecipa alla mostra personale allo Yale Center for British Art, New Haven, Connecticut, USA.
2020
Sono pubblicati *Il fiume Po* (Corsiero Editore), *Notre-Dame de Paris* (Nazraeli Press) e *Buddha* (Prestel). La serie *Concentration Camps* viene donata al Musée de la Résistance Nationale, Champigny-sur-Marne, Francia. Mostre personali al Sunset Art Museum, Aphae Island, Shinan, Corea del Sud; Reggia di Colorno, Parma, Italia. Partecipa a mostre collettive al Bolton Museum, Lancashire, Regno Unito; Tacoma Art Museum, Tacoma, Washington, USA.
2021
Sono pubblicati *Northern England 1983–1986* (Nazraeli Press) e *St Joseph's College, Upholland* (Prestel). Mostra personale *La Lumière de l'ombre: photographies des camps nazis* al Musée de la Résistance Nationale, Champigny-sur-Marne, Francia, poi al Mémorial de Caen, a Rivesaltes e a Tolosa. Mostre personali al Museum Kot-Deungg, Pyeongchang, Gangwon-do, Corea del Sud; Palazzo Ducale, Guastalla, Italia; Columbia Museum of Art, Carolina del Sud, USA. Partecipa a mostre collettive all'Abbaye de la Sauve-Majeure, Francia e a Palazzo Borghese, Roma, Italia.
2022
Sono pubblicati *Flesh of Stone* (Éditions Noir) e *Arbres/Trees* (Skira Paris). Tutto il suo archivio viene donato alla Médiathèque du Patrimoine et de la Photographie, Francia. È insignito del titolo di Ufficiale dell'Ordine delle Arti e delle Lettere dal Ministero francese della Cultura. La serie *Buddha* viene donata a Fscire, Bologna, Italia. Mostre personali a Palazzo Loredan, Venezia, Italia; Chiesa di Santa Maria della Vita, Bologna, Italia; Musée des Beaux-Arts, Nancy, Francia; Château Rambouillet, Francia. Partecipa a mostre collettive all'Hungarian House of Photography, Budapest, Ungheria; Galerie Le Château d'Eau, Tolosa, Francia; Piknic Art Space, Seul, Corea del Sud.
2023
Sono pubblicati *Photographs & Stories* (Nazraeli Press) e *Mémoire photographique du Camp de Rivesaltes* (Memorial du Camp de Rivesaltes). Mostre personali a Palazzo da Mosto, Reggio Emilia, Italia; Memorial du Camp de Rivesaltes, Francia; International Photography Center, Maiorca, Spagna; Château de Haroue, Lorena, Francia; Center for Photographic Art, Carmel, California, USA. Partecipa a mostre collettive all'Headley-Whitney Museum, Lexington, Kentucky, USA; Landskrona Foto Museum, Landskrona, Svezia; Hallie Ford Museum, Salem, Oregon, USA; Bowers Museum, Santa Ana, California, USA; Bibliothèque Nationale de France–François Mitterrand, Parigi, Francia.
2024
Viene pubblicato *Japan/A Love Story* (Nazraeli Press). Mostre personali al Daikanyama Hillside Forum, Tokyo, Giappone; Asia House, Londra, Regno Unito. Partecipa alle mostre collettive *Extinction Collection*, Palace of Westminster, Londra, Regno Unito; *Power of Photography*, Naples Art Institute, Naples, Florida, USA; *Shades of Compassion*, San Juan Island Museum of Art, Washington, USA, e Amarillo Museum of Art, Amarillo, Texas, USA.

Dalt, Spain; Cultuurcentrum Mechelen, Mechelen, Belgium; Abbaye du Mont Saint-Michel, Normandy, France. Included in group exhibitions at Irie Taikichi Memorial Museum of Photography, Nara, Japan; Musée d'Art Moderne et Contemporain, Strasbourg, France; Cincinnati Art Museum, Cincinnati, Ohio, USA.

2017

Huangshan (Nazraeli Press), *Holga* (Prestel) and *Abruzzo* (Nazraeli Press) are published. Solo exhibitions at Claustre de Sant Bonaventura de Llucmajor, Mallorca, Spain; Museo Evaristo Valle, Gijón, Asturias, Spain; Museo de Artes Visuales, Universidad Jorge Tadeo Lozano, Bogotá, Colombia; Palazzo Casamarte, Loreto Aprutino, Abruzzo, Italy; Princeton Art Museum, Princeton, New Jersey, USA; San Spiridione Church, Reggio Emilia, Italy; Monogram Asia Space, Jakarta, Indonesia. Included in group exhibitions at Galerie Le Château d'Eau, Toulouse, France; Bibliothèque Nationale de France–François Mitterrand, Paris, France; Art Gallery of Nova Scotia, Halifax, Nova Scotia, Canada; Victoria and Albert Museum, London, UK.

2018

Michael Kenna: A 45 Year Odyssey (RAM, Tokyo), *Rafu* (Nazraeli Press), *DMZ – The 38th Parallel* (Nazraeli Press) and *One Sunday in Beijing* (Éditions Bessard) are published. Gift of the *Confessionali* series to Fscire, Bologna, Italy. Solo exhibition at Tokyo Photographic Art Museum, Tokyo, Honshu, Japan. Included in group exhibitions at Musée de l'Elysée, Lausanne, Switzerland; Maison Européene de la Photographie, Paris, France; Musée Guimet, Paris, France; Fundación Gilberto Alzate Avendaño, Bogotá, Colombia; Racine Art Museum, Racine, Wisconsin, USA; Savina Museum of Contemporary Art, Seoul, South Korea; La Fondation Caillebotte, Yerres, France; Musée des Plans-Reliefs, Invalides, Paris, France.

2019

Beyond Architecture (Prestel), *Des Oiseaux* (Éditions Xavier Barral) and *Korea – Part 1* (Gallery K.O.N.G.) are published. Solo exhibition at Portland Japanese Gardens, Portland, Oregon, USA. Included in group exhibition at Yale Center for British Art, New Haven, Connecticut, USA.

2020

Il fiume Po (Corsiero Editore), *Notre-Dame de Paris* (Nazraeli Press) and *Buddha* (Prestel) are published. Gift of the series on *Concentration Camps* to the Musée de la Résistance Nationale, Champigny-sur-Marne, France. Solo exhibitions at Sunset Art Museum, Aphae Island, Shinan, South Korea; Reggia di Colorno, Parma, Italy. Included in group exhibitions at Bolton Museum, Lancashire, UK; Tacoma Art Museum, Tacoma, Washington, USA.

2021

Northern England 1983–1986 (Nazraeli Press) and *St Joseph's College, Upholland* (Prestel) are published. *La Lumière de l'ombre: photographies des camps nazis* solo exhibition at Musée de la Résistance Nationale, Champigny-sur-Marne, France, then at Mémorial de Caen, at Rivesaltes, and Toulouse. Solo exhibitions at Museum Kot-Deungg, Pyeongchang, Gangwon-do, South Korea; Palazzo Ducale, Guastalla, Italy; and Columbia Museum of Art, South Carolina, USA. Included in group exhibitions at Abbaye de la Sauve-Majeure, France; Palazzo Borghese, Rome, Italy.

2022

Flesh of Stone (Éditions Noir), and *Arbres/Trees* (Skira Paris) are published. Gift of life archive to Médiathèque du Patrimoine et de la Photographie, France. Awarded the Officer of the Order of Arts and Letters by the French Ministry of Culture. Gift of the *Buddha* series to Fscire, Bologna, Italy. Solo exhibitions at Palazzo Loredan, Venice, Italy; Chiesa di Santa Maria della Vita, Bologna, Italy; Musée des Beaux-Arts, Nancy, France; Château Rambouillet, France. Included in group exhibitions at Hungarian House of Photography, Budapest, Hungary; Galerie Le Château d'Eau, Toulouse, France; Piknic Art Space, Seoul, South Korea.

2023

Photographs & Stories (Nazraeli Press) and *Mémoire photographique du Camp de Rivesaltes* (Memorial du Camp de Rivesaltes) are published. Solo exhibitions at Palazzo da Mosto, Reggio Emilia, Italy; Memorial du Camp de Rivesaltes, France; International Photography Center, Mallorca, Spain; Château de Haroue, Lorraine, France; Center for Photographic Art, Carmel, California, USA. Included in group exhibitions at Headley-Whitney Museum, Lexington, Kentucky, USA; Landskrona Foto Museum, Landskrona, Sweden; Hallie Ford Museum, Salem, Oregon, USA; Bowers Museum, Santa Ana, California, USA; Bibliothèque Nationale de France–François Mitterrand, Paris, France.

2024

Japan/A Love Story (Nazraeli Press) is published and solo exhibitions held at Daikanyama Hillside Forum, Tokyo, Japan; Asia House, London, UK. Included in group exhibitions *Extinction Collection*, Palace of Westminster, London, UK; *Power of Photography*, Naples Art Institute, Naples, Florida, USA; *Shades of Compassion*, San Juan Island Museum of Art, Washington, USA, and Amarillo Museum of Art, Amarillo, Texas, USA.

In copertina / Cover
Basilica di San Marco, Studio 3 / Study 3, Venezia, Italia / Venice, Italy, 2019

SKIRA ARTE

Art director
Luigi Fiore

Coordinamento editoriale / Editorial coordination
Eva Vanzella

Redazione / Copy editor
Carlotta Santuccio

Impaginazione / Layout
Fayçal Zaouali

Traduzioni / Translations
Barbara Venturi (testo di / text by Michael Kenna) e / and Lenore Rosenberg (testo di / text by Sandro Parmiggiani), per / for Scriptum, Roma

ÉDITIONS SKIRA PARIS
14, rue Serpente - 75006 Paris
www.skira.net

Senior editor
Nathalie Prat-Couadau

Responsabile editoriale / Editorial manager
Juliette Chambon

Responsabile progetti editoriali e commerciali / Commercial and editorial project manager
Meryl Mason

Junior editor
Roxanne Rebours

Assistente editoriale / Editorial assistant
Paul Bonete

First published in Italy in 2024 by
Skira editore S.p.A.
Palazzo Casati Stampa
via Torino 61
20123 Milano
Italy

Printed and bound in Italy. First edition

ISBN: 978-88-572-5325-1 (Italian trade)
978-88-572-5243-8 (International trade)

Finito di stampare nel mese di luglio 2024
a cura di Skira editore, Milano
Printed in Italy

www.skira.net